Introdução à Ciência de Dados e Sistemas Interativos:
Uma Abordagem Aplicada

Ana Grasielle Dionísio Corrêa
Arnaldo Rabello de Aguiar Vallim Filho
Maria Amelia Eliseo
Valéria Farinazzo Martins (orgs.)

Introdução à Ciência de Dados e Sistemas Interativos:
Uma Abordagem Aplicada

Editora Livraria da Física
São Paulo — 2024

Copyright © 2024 Editora Livraria da Física

1a. Edição

Editor: Victor Pereira Marinho e José Roberto Marinho
Projeto gráfico e diagramação: Thiago Augusto Silva Dourado
Capa: Fabrício Ribeiro

Texto em conformidade com as novas regras ortográficas do Acordo da Língua Portuguesa.

Dados Internacionais de Catalogação na Publicação (CIP)

(Câmara Brasileira do Livro, SP, Brasil)

Introdução à ciência de dados e sistemas interativos : uma abordagem aplicada / organização Ana Grasielle Dionísio Corrêa...[et al.]. -- São Paulo : LF Editorial, 2024.

Vários autores.

Outros organizadores: Arnaldo Rabello de Aguiar Vallim Filho, Maria Amelia Eliseo, Valéria Farinazzo Martins.

Bibliografia.

ISBN 978-65-5563-434-1

1. Aprendizagem de máquina 2. Ciência da computação 3. Ciências de dados 4. Dados - Análise I. Corrêa, Ana Grasielle Dionísio. II. Vallim Filho, Arnaldo Rabello de Aguiar. III. Eliseo, Maria Amelia. IV. Martins, Valéria Farinazzo.

24-196794   CDD–005.73

Índices para catálogo sistemático:

1. Ciências de dados   005.73

Eliane de Freitas Leite – Bibliotecária – CRB 8/8415

Todos os direitos reservados. Nenhuma parte desta obra poderá ser reproduzida sejam quais forem os meios empregados sem a permissão da Editora. Aos infratores aplicam-se as sanções previstas nos artigos 102, 104, 106 e 107 da Lei n. 9.610, de 19 de fevereiro de 1998.

Impresso no Brasil

Printed in Brazil

www.lfeditorial.com.br
Visite nossa livraria no Instituto de Física da USP
www.livrariadafisica.com.br
Telefones:
(11) 39363413 - Editora
(11) 26486666 - Livraria

Sumário

Introdução 1

1 Organização e Arquitetura de Sistemas Interativos 3
   1.1 Introdução 3
   1.2 Processos de *Design* de Sistemas Interativos 6
       1.2.1 Design Centrado no Usuário 9
       1.2.2 Métodos Ágeis 11
       1.2.3 Arquitetura da Informação 14
   1.3 Características e estrutura de sistemas interativos 18
       1.3.1 Interações entre o usuário e o ambiente virtual ... 20
           1.3.1.1 Interfaces Táteis ou Hápticas 21
           1.3.1.2 Interfaces Gestuais 22
           1.3.1.3 Interfaces de Locomoção 23
           1.3.1.4 Interfaces Auditivas 24
           1.3.1.5 Interfaces de Voz 25
       1.3.2 Interfaces multimodais e interfaces multimodais-multissensor 26
   1.4 Aplicações 28

  1.4.1 Realidade Virtual, Aumentada e Mista 28
  1.4.2 Internet das Coisas (IoT) 30
  1.4.3 Sistema preditivo 31
 1.5 Atividades 33
  1.5.1 Atividades teóricas 33
  1.5.2 Atividades práticas 34
 1.6 Conclusões 34
Referências 35

2 Design de Interação e Experiência do Usuário 41

 2.1 Introdução 41
 2.2 O que é design de interação e experiência do usuário . . . 43
 2.3 O Processo de Design de Interação 45
  2.3.1 Estabelecimento de Requisitos 46
  2.3.2 Geração de Designs Alternativos 47
  2.3.3 Prototipação de Ideias Potenciais 49
  2.3.4 Avaliação do Produto 50
 2.4 Pontos de Destaque 51
  2.4.1 Metáforas de Interação 51
  2.4.2 Personas e Cenários 53
  2.4.3 Análise de Tarefas 54
  2.4.4 Modelos de Ciclo de Vida de Interação Humano-
    Computador 56
    2.4.4.1 Modelo de Ciclo de Vida Estrela 56
    2.4.4.2 Modelo de Ciclo de Vida da Engenharia
      de Usabilidade 58
 2.5 Estudo de Caso 59
 2.6 Atividades 62
  2.6.1 Atividades teóricas 62

| | | 2.6.2 Atividades práticas . . . . 63 |
| | 2.7 | Conclusões . . . . 64 |

Referências 64

3 **Análise de Usabilidade de Sistemas Interativos: Uma Visão Introdutória e Prática**   **69**

    3.1   Introdução 69

    3.2   Fundamentos: Paradigmas de Avaliação de Usabilidade . . 70

    3.3   Métricas de Usabilidade 74

    3.4   Estudo de caso 80

         3.4.1   Objeto de Estudo "Simulador de Montanha Russa para Interface Touchscreen" 80

              3.4.1.1   Acessibilidade do Simulador de Montanha Russa 82

              3.4.1.2   Mecanismos de Interação 83

    3.5   Objetivo da Avaliação de Usabilidade 84

         3.5.1   Participantes 84

         3.5.2   Tarefas dos Participantes 84

         3.5.3   Protocolo de Pesquisa 85

         3.5.4   Treinamento 86

         3.5.5   Métricas de Usabilidade 86

         3.5.6   Resultados de Usabilidade 86

    3.6   Atividades 88

Referências 90

Apêndice A: Fase de Treinamento – Montanha Russa 92

Apêndice B: Percepção do Simulador Montanha Russa 93

Apêndice C: Tarefas do Simulador Montanha Russa 94

Apêndice D: Questionário de Satisfação da Interação 95

4 Coleta, Armazenamento e Visualização de Dados — 97
- 4.1 Introdução 97
- 4.2 Data Pipelines 99
- 4.3 Etapas do Data Pipeline 104
  - 4.3.1 Coleta de Dados 104
  - 4.3.2 Processamento e Armazenamento 108
  - 4.3.3 Análise e Visualização de Dados 111
- 4.4 Exemplos de Aplicações 119
- 4.5 Conclusões 124
- 4.6 Proposição de Atividade 125
- Referências 127

5 Introdução à Aprendizagem de Máquina — 133
- 5.1 Fundamentos do Aprendizado de Máquina 133
- 5.2 Aprendizagem Supervisionada 136
  - 5.2.1 Algoritmos Clássicos 139
    - 5.2.1.1 Árvores de Decisão (*Decision Tree*) 139
    - 5.2.1.2 K Vizinhos mais próximos (K *nearest neighbor*) 141
    - 5.2.1.3 Avaliação de Modelos 145
  - 5.2.2 Exercícios de Aplicação 148
- 5.3 Aprendizagem Não-Supervisionada 150
  - 5.3.1 Fundamentos 150
  - 5.3.2 Algoritmos Clássicos 153
    - 5.3.2.1 Algoritmos Hierárquicos 153
    - 5.3.2.2 Algoritmo Particional 157
    - 5.3.2.3 Validação de Agrupamento 160
  - 5.3.3 Exercícios de Aplicação 162
- Referências 162

6 Meta-Heurísticas e Técnicas de Otimização Aplicadas 167

- 6.1 Introdução 167
- 6.2 Programação Matemática 170
  - 6.2.1 Modelagem em Programação Matemática 170
    - 6.2.1.1 Pesquisa Operacional e as Técnicas de Otimização 171
  - 6.2.2 Programação Linear 173
  - 6.2.3 Atividades de Modelos Exatos 184
    - 6.2.3.1 Atividades Conceituais 184
    - 6.2.3.2 Atividades de Modelagem – Problemas Clássicos de Otimização. 185
- 6.3 Meta-Heurísticas 189
  - 6.3.1 Conceitos e Visão Geral de Meta-heurísticas 189
  - 6.3.2 Taxonomias das Meta-heurísticas 196
  - 6.3.3 Meta-heurísticas Baseadas em Trajetória (solução única) 201
    - 6.3.3.1 *Simulated Annealing* – SA 201
    - 6.3.3.2 Busca Tabu *(Tabu Search – TS)* 206
    - 6.3.3.3 GRASP – *Greedy Randomized Adaptive Search Procedure* (Procedimento de Busca Adaptativa Aleatória Gulosa) 211
  - 6.3.4 Meta-heurísticas Baseadas em População de Soluções 216
    - 6.3.4.1 Algoritmo Genético *(Genetic Algorithm – GA)*. 217
    - 6.3.4.2 Otimização por Colônia de Formigas (*Ant Colony Optimization – ACO*) 223
    - 6.3.4.3 Colônia Artificial de Abelhas (*Artificial Bee Colony – ABC*) 227

    6.3.4.4 Otimização por Enxame de Partículas [*PSO – Particle Swarm Optimization*] . . 232

  6.3.5 Atividades Meta-heurísticas 235

    6.3.5.1 Atividades Conceituais 235

    6.3.5.2 Atividades de Modelagem – Aplicações de Meta-heurísticas 237

Referências 239

7 Governança de Dados   243

7.1 Introdução 243

7.2 Pilares Fundamentais da Governança de Dados 246

  7.2.1 Alinhamento estratégico 246

    7.2.1.1 Conceitos 246

    7.2.1.2 Estruturas Organizacional 247

  7.2.2 Evolução Arquitetural de Dados e Soluções 249

    7.2.2.1 Evolução na plataforma de Dados 249

    7.2.2.2 Qualidade de Dados 251

    7.2.2.3 Gestão de Metadados 252

    7.2.2.4 Catálogo de Dados 256

  7.2.3 Risco, Segurança, Privacidade e Compliance 257

    7.2.3.1 Segurança de Dados 257

    7.2.3.2 Leis de proteção de dados 259

7.3 Governança como agente de valor para negócios 262

7.4 Exemplo de Aplicações 264

  7.4.1 Criação de um Repositório de Termos de Negócios . 264

  7.4.2 Gestão de consentimento para manipulação de dados 265

7.5 Proposição de Atividades 265

Referências 266

8 Pesquisa Aplicada, Inovação e Produção Tecnológica em Mestrados Profissionais 269

- 8.1 Introdução 269
- 8.2 Pesquisa básica e pesquisa aplicada 271
- 8.3 Inovação 275
  - 8.3.1 Processos de Inovação 277
  - 8.3.2 Ecossistemas de Inovação 278
- 8.4 Da Pesquisa à Inovação 279
- 8.5 Formação e Produção por Mestrados Profissionais 281
- 8.6 Tipos de Produção Técnica/Tecnológica esperados para a Computação, segundo a CAPES 285
  - 8.6.1 Produto Bibliográfico 286
  - 8.6.2 Ativos de Propriedade Intelectual 289
  - 8.6.3 Software/Aplicativo 302
  - 8.6.4 Tecnologia Social 303
  - 8.6.5 Curso de Formação Profissional 305
  - 8.6.6 Produto de Editoração 305
  - 8.6.7 Evento Organizado 306
  - 8.6.8 Norma ou Marco Regulatório 306
  - 8.6.9 Base de dados técnico-científica 307
  - 8.6.10 Empresa ou Organização Social Inovadora 308
  - 8.6.11 Participação em comissão técnico-científica, membro de conselho gestor ou comitê técnico 308
  - 8.6.12 Considerações importantes! 309
- 8.7 Levantamento de conhecimento tecnológico 309
  - 8.7.1 Entendo um pouco mais sobre patentes 311
  - 8.7.2 Estrutura de um Documento de Patente 313
  - 8.7.3 Bases de informação sobre propriedade intelectual 314

      8.7.4   Processo de Busca de Informação Tecnológica em Bases de Patentes 315

              8.7.4.1   Planejamento 316

              8.7.4.2   Execução 320

              8.7.4.3   Análise 321

              8.7.4.4   Relato 321

8.8   Conclusões 322

Agradecimentos 324

Referências 324

Introdução

Esta é uma obra que teve por objetivo desenvolver um texto didático, que apresentasse conceitos, fundamentos e soluções tecnológicas sobre temas voltadas para Ciência de Dados, Métodos Analíticos Aplicados e Sistemas Interativos, assuntos destinados a pesquisadores, professores e alunos de cursos de pós-graduação na área de Computação Aplicada e afins.

Na abordagem de Ciência de Dados e Métodos Analíticos Aplicados, o livro tratou de assuntos relacionados à análise de massas de dados, como *Data/Analytics*, e a otimização de problemas combinatórios complexos, envolvendo Inteligência Artificial, Aprendizagem de Máquina, técnicas de otimização da área de Pesquisa Operacional.

Em relação a Sistemas Interativos, o livro abordou a arquitetura e desenvolvimento de sistemas interativos, questões ligadas à Interação Humano-Computador, como design de interface, usabilidade e experiência do usuário.

O livro está estruturado em oito capítulos:

Na área de Sistemas Interativos , tem-se capítulos tratando de Organização e Arquitetura de Sistemas Interativos; Desenvolvimento de Sistemas Interativos e Design de Interação e Experiência de Usuário, e Análise de Usabilidade de Sistemas Interativos.

Em Ciência de Dados e Métodos Analíticos Aplicados, tem-se capítulos envolvendo Armazenamento e Visualização de Dados;

Aprendizagem de Máquina; Meta-Heurísticas e Técnicas de Otimização Aplicadas; Governança de Dados.

E tem-se ainda, um capítulo que trata de Pesquisa e Inovação em Computação Aplicada

Os capítulos têm uma estrutura similar, que contempla uma introdução ao tema; seguida pelo desenvolvimento de fundamentos, conceitos e técnicas; complementando-se com exemplos de aplicações e atividades com exercícios conceituais e práticos.

1

Organização e Arquitetura de Sistemas Interativos

Maria Amelia Eliseo
Valéria Farinazzo Martins

1.1 Introdução

Sistemas interativos são compostos por *hardware*, *software* que oferecem maneiras eficientes de processar e trocar informações para atender os mais variados objetivos, envolvendo a interação com os humanos. Diz respeito a tecnologias digitais que fazem parte do cotidiano da maioria das pessoas em diferentes contextos de uso: escrever e editar textos e planilhas, escrever e-mails e trocar mensagens, realizar reuniões *online*, tirar e editar fotos, realizar pagamentos eletrônicos, verificar o melhor caminho nos sistemas de navegação, chamar um carro por meio de um aplicativo de transporte, utilizar serviços digitais governamentais (CNH – Carteira Nacional de Habilitação ou carteira de vacinação), jogar jogos eletrônicos, obter monitoramento de dispositivos eletrônicos inteligentes (exemplo: monitoramento cardíaco enquanto realiza uma atividade física), visualizar indicadores de desempenho em *dashboards*, navegar na Web, etc.

Além disso, há usos em áreas específicas, como em Medicina, onde a tecnologia controla aparelhos como ressonância magnética, tomografia computadorizada e radioterapia, além dos prontuários eletrônicos que compartilham o histórico do paciente entre médicos, permitindo um exame mais acurado. Na Engenharia e na Arquitetura é possível elaborar desenhos técnicos e 3D com sistemas CAD-CAM (*Computer Aided Design-Computer Aided Manufacture*). Na Computação utiliza-se os ambientes de desenvolvimento integrados (IDEs) para auxiliar o desenvolvimento de um *software*. Tecnologias de Realidade Virtual, Aumentada e Mista têm contribuído para complementar o conteúdo de disciplinas na Educação, simular ambientes para o treinamento de futuros motoristas e pilotos de avião, auxiliar a reabilitação de pacientes e tratamentos de fobia na Medicina, treinamentos em situações de perigo na área Militar, além da produção de jogos no Entretenimento, dentre outras aplicações. Destacam-se ainda os ambientes virtuais 3D que enfatizam e promovem a interação coletiva e colaborativa como o Metaverso e o Second Life.

Diante dos exemplos de distintos sistemas interativos, organizar e planejar tais sistemas é uma tarefa complexa que envolve fatores como análise de tecnologias de implementação, modalidades de interação, navegação, desenho de interfaces, capacidade e limitação humanas, definições de tarefas a serem executadas. Dependendo das funcionalidades que o sistema deverá cumprir, poderá incluir interfaces específicas para atender seus requisitos, como interfaces táteis, gestuais, de voz, de locomoção, cérebro-computador, multimodais, multissensores, aumentando ainda mais a complexidade de sua arquitetura.

A concepção destes sistemas deve ser pensada para que sejam eficientes, seguros, confortáveis e até mesmo agradáveis para uso do ser humano. Assim, cada fase do projeto do sistema envolve desafios a serem solucionados adequadamente para garantir sua qualidade, seja do ponto de vista do *software*, seja do ponto de vista da interação. Além disso, deve-se considerar, no projeto do sistema, os diferentes pontos de vista das pessoas envolvidas (*stakeholders*). Neste sentido, há "uma diferença sutil, porém importante, entre o que um sistema interativo deve permitir fazer (visão do cliente, responsável pela aquisição do sistema), o que ele de fato permite fazer (visão de quem produz, focada nas funcionalidades do *software*) e a maneira como ele é utilizado (visão dos usuários, focada no impacto do *software* no seu trabalho ou na sua vida)" (Barbosa et al. 2021).

Diferentes abordagens surgiram com a intenção de garantir a qualidade dos sistemas interativos, o que implica em estabelecer não apenas o que o *software* faz, mas inclui o seu comportamento enquanto está sendo executado, sua estrutura e a organização dos programas do sistema e a documentação associada. Com esta intenção, as áreas de IHC (Interação Humano-Computador) e ES (Engenharia de Software) seguem seus próprios métodos com perspectivas específicas no desenvolvimento de sistemas.

A ES aborda as especificações, o projeto e a evolução do *software*, além dos processos de gerenciamento. Seu foco está na construção de sistemas interativos mais eficientes, robustos, livres de erros, e de fácil manutenção (Sommerville, 2018). A IHC, no entanto, está preocupada com o uso e a interação dos usuários com o sistema e os dispositivos utilizados nesta interação. IHC aborda o *design*, a avaliação e a implementação de sistemas computacionais interativos para uso humano e com o estudo dos principais fenômenos ao redor deles (Rocha e Baranauskas, 2003). Isso se reflete nos atributos como o tempo de resposta do sistema a uma consulta do usuário, a compreensão de seu funcionamento, formas de interação, dentre outros.

Apesar disso, os modelos comumente utilizados em ES não oferecem suporte para o *design* de interação entre o usuário e o sistema (Costa et al., 2006). Da mesma forma, os artefatos produzidos para alcançar as soluções de *design* no contexto de IHC são informais se comparados àqueles elaborados pela ES. Assim, ambas as áreas se complementam na produção de sistemas interativos com alto grau de qualidade. Apesar de fortemente relacionadas, a construção e o uso de um artefato ocorrem em contextos distintos e seguem lógicas diferentes, envolvendo pessoas diversas. Essas diferenças permitem que um sistema interativo com alta qualidade de construção possa ter baixa qualidade de uso, e vice-versa.

Neste contexto, este capítulo discute a organização e arquitetura de sistemas interativos a partir da apresentação e análise de tecnologias de implementação de blocos funcionais (gráficos, simulação física, eventos, dispositivos de entrada/saída, comunicação, armazenamento), visando aspectos de portabilidade, extensibilidade e eficiência de processamento, armazenamento e comunicação local e distribuída. O objetivo é compreender as características e estrutura específicas para cada sistema interativo, as diferentes modalidades de interação, a arquitetura e os elementos construtivos para a produção de sistemas interativos com qualidade do ponto de vista de sua construção e uso. Além disso, analisa tecnologias de implementação a partir de exemplos de sistemas interativos existentes.

Este capítulo está dividido em cinco seções, além desta introdução. A seção 2 apresenta a arquitetura, os métodos de *design* de interação e os processos de desenvolvimento de sistemas interativos. A seção 3 aborda os fundamentos para a organização de sistemas interativos a partir de diferentes características e estrutura, conforme suas funcionalidades. Apresenta a natureza das interações entre o usuário e o ambiente virtual e as diferentes interfaces para estabelecer a comunicação entre ambos. A seção 4 apresenta diferentes aplicações com sistemas interativos. A seção 5 disponibiliza exercícios para fixação e aplicação do conhecimento.

1.2 Processos de *Design* de Sistemas Interativos

Há várias definições para o termo "Arquitetura de *Software*" no desenvolvimento de sistemas computacionais, com diferentes abordagens e perspectivas (Richards e Ford, 2021; Baabad et al., 2020; Tvedt et al., 2004). De forma geral, enquanto alguns se referem à arquitetura com um plano que analisa e define requisitos, necessidades, cronograma para a concepção de um sistema, outros vão além disso, especificando mais detalhes para a "construção" do sistema até seu pleno funcionamento: gerenciamento, sequenciamento, dependências, reutilizações, avaliações, implementação, implantação e manutenção (Van Vliet, 2008; Taylor et al., 2010).

A arquitetura de *software* consiste na estrutura do sistema combinada com as características da arquitetura que o sistema deve suportar, decisões de arquitetura e princípios de design final (Richards e Ford, 2021). A estrutura do sistema se refere ao tipo de estilo de arquitetura em que ele é implementado, como microsserviços, camadas ou microkernel. Uma outra dimensão da definição de arquiterura de software, segundo

Richards e Ford (2021) são as características da arquitetura, que definem os critérios de sucesso de um sistema, os quais são ortogonais à funcionalidade do sistema. Ainda nesta definição de Richards e Ford (2021), as decisões de arquitetura definem as regras para os quais o sistema deveria ser construído. Considera as restrições do sistema e direciona a equipe de desenvolvimento a ter foco no que é permitido. A última dimensão da definição de arquitetura são os princípios de *design*. Um princípio de *design* difere de uma decisão de arquitetura por ser uma diretriz em vez de uma regra rígida e rápida.

Complementando com a definição de Tvedt et al. (2004), a arquitetura de *software* lida com a estrutura e as interações de um sistema de *software*. Deve-se considerar os componentes dos blocos de construção e suas inter-relações, além do comportamento do sistema. Restrições e regras descrevem como os componentes arquiteturais se comunicam entre si e como os usuários se comunicam com o sistema.

"A arquitetura de *software* tornou-se um assunto central para engenheiros de *software* ..., ou seja, o conjunto das principais decisões de projeto sobre o sistema" (Taylor et al., 2010). Pode-se incluir na arquitetura de *software* aspectos inerentes à Interação Humano-Computador. Ambas as disciplinas se preocupam com a qualidade do *software*, mas, a IHC foca na interação e comunicação do usuário com o sistema.

Neste contexto, de forma resumida, o projeto de sistemas interativos deve levar em consideração os objetivos do sistema, as necessidades do usuário, identificação e definição de requisitos funcionais e não funcionais, ambiente de produção. Passa-se pela criação de soluções alternativas e entendimento das expectativas dos usuários em relação ao sistema. Elaboração de protótipos testáveis para as avaliações com usuários e *experts*, enfim definir os detalhes da implementação, num processo baseado no *design* centrado no usuário, que será detalhado mais adiante.

Assim, em termos gerais, a arquitetura de um sistema interativo deverá considerar:

- a estrutura do sistema em termos dos elementos, componentes e peças;
- os relacionamentos entre esses elementos;

- as restrições que afetam os elementos e seus relacionamentos;

- o comportamento mostrado pelo sistema e as interações que ocorrem entre os elementos para produzir esse comportamento;

- os princípios, regras e análise que caracterizam o sistema (e controlam sua evolução);

- as características e propriedades físicas e lógicas do sistema;

- a finalidade do sistema;

- as interações humano-computador;

- a responsividade e portabilidade.

Para garantir a coerência entre a arquitetura implementada e a pretendida, evitando a degradação da arquitetura (Baabad et al., 2020), tanto a Engenharia de *Software* quanto a Interação Humano-Computador oferecem modelos e processos de *design* de sistemas computacionais interativos. *Design* é um processo iterativo que envolve atividades básicas como (Barbosa et al., 2021):

- a análise da situação atual (identificação do problema);

- a síntese de uma intervenção;

- a avaliação dessa intervenção projetada ou já aplicada à situação atual.

As características da arquitetura definidas por Richards e Ford (2021) permeiam o processo de *design* e podem ser implícitas ou explícitas. Implícitas quando raramente aparecem nos requisitos, mas são necessários para o projeto, por exemplo, disponibilidade, confiabilidade e segurança. Explícitas quando estão declaradas nos documentos de especificação. As características da arquitetura geralmente interagem umas com as outras. As características da arquitetura são divididas nas seguintes categorias (Richards e Ford, 2021):

- Operacional: disponibilidade, continuidade, desempenho, recuperabilidade, confiabilidade/segurança, robustez, escalabilidade/elasticidade.

- Estrutural: diz respeito à estrutura, legibilidade e qualidade do código, modularidade, conexão entre componentes, avaliações, configurabilidade, extensibilidade, instabilidade, capacidade de reuso, localização, manutenibilidade, portabilidade, suportabilidade, capacidade de atualização.

- Transversal: acessibilidade, capacidade de arquivamento, autenticação, autorização, aspectos legais, privacidade, segurança, suportabilidade, usabilidade.

Qualquer sistema interativo pode exigir características arquitetônicas importantes com base em fatores exclusivos e específicos, portanto estas características não se esgotam nas categorias acima. Cabe destacar, que é interessante manter os usuários envolvidos no processo de design para entender suas necessidades e expectativas em relação ao sistema e ajudá-los a alcançarem seus objetivos.

1.2.1 Design Centrado no Usuário

Segundo a ISO 9241-210 (2019) "o *design* centrado no ser humano é uma abordagem para o desenvolvimento de sistemas interativos que visa tornar os sistemas utilizáveis e úteis, concentrando-se nos usuários, suas necessidades e requisitos, e aplicando fatores humanos/ergonomia e conhecimentos e técnicas de usabilidade". Esta abordagem aumenta a usabilidade do usuário, acessibilidade e sustentabilidade. Esta ISO substituiu o termo "*design* centrado no usuário" por "*design* centrado no ser humano" para enfatizar que o documento também aborda os impactos em várias partes interessadas, não apenas aquelas normalmente consideradas como usuários.

O *Design* Centrado no Usuário é um processo iterativo de melhoria contínua que envolve os usuários no processo de *design* (Chamberlain et al., 2006), não só para compreender suas características cognitivas, comportamentais, antropomórficas e atitudinais, mas estudar a natureza das tarefas que realizam, antes de envolvê-los neste processo (Sharp et al., 2019). Deve-se considerar aspectos cognitivos (como atenção, memória e questões de percepção), físicos (altura, mobilidade e força) e limitações (propensão a cometer erros enquanto uso o sistema, deficiências) dos usuários.

São quatro atividades básicas para o design centrado no usuário (Sharp et al., 2019):

- Descobrir os requisitos para o produto interativo: identificar necessidades ou problemas reais dos usuários; o suporte que um produto interativo pode fornecer de maneira útil;

- Projetar alternativas que atendam a esses requisitos: propor ideias para atender aos requisitos; definir o *design* conceitual (modelo conceitual para o produto que descreve o que as pessoas podem fazer com ele) e *design* concreto (detalhes do produto, incluindo cores, sons e imagens a serem usados, *design* de menu e de ícones);

- Prototipar os *designs* alternativos para que possam ser comunicados e avaliados: envolve projetar o comportamento de produtos interativos, bem como sua aparência;

- Avaliar o produto e a experiência do usuário que ele oferece ao longo do processo: determinar a usabilidade e aceitabilidade do produto ou *design* medido em termos de uma variedade de critérios de usabilidade e experiência do usuário.

Estas quatro atividades estão relacionadas e incorporam os três princípios do *design* centrado no usuário (foco nos usuários e tarefas; medição empírica; *design* iterativo). O *design* inicia com o levantamento dos requisitos, a partir dos quais são gerados *designs* alternativos. Protótipos são desenvolvidas e depois avaliados. Durante a prototipagem ou com base no *feedback* das avaliações, a equipe pode precisar refinar os requisitos ou reprojetar. Um ou mais *designs* alternativos podem seguir esse ciclo iterativo em paralelo. Implícito neste ciclo está o produto final que emergirá de forma evolutiva de uma ideia inicial até o produto acabado ou de uma funcionalidade limitada a uma funcionalidade sofisticada. Exatamente como essa evolução acontece varia de projeto para projeto. Independentemente de quantas vezes o produto percorra o ciclo, o desenvolvimento termina com uma atividade de avaliação para garantir que o produto final atenda às expectativas dos usuários e aos critérios de usabilidade (Sharp et al., 2019).

1.2.2 Métodos Ágeis

Diversas metodologias e práticas surgiram com a intenção de direcionar o desenvolvimento. Inicialmente vieram as metodologias dirigidas por planos: processos preditivos (modelo cascata), iterativo (modelo espiral). Elas traziam junto consigo muita rigidez e a cada passo geravam diversos artefatos e documentações. Mesmo com todo o cuidado no planejamento, os resultados entregues pelos projetos geravam resultados abaixo do esperado. Assim, a necessidade de reduzir a sobrecarga no processo e na documentação e a demanda por um desenvolvimento rápido de *software* e de processos que lidam com requisitos passíveis de modificação levou à criação de métodos ágeis. As metodologias ágeis surgiram com a proposta de fornecer agilidade de resposta e flexibilidade de adaptação no desenvolvimento, trazendo um diferencial competitivo através de velocidade e qualidade dos resultados (Pontes e Arthaud, 2019). Esses métodos foram concebidos para produzir *software* útil de maneira rápida (Sommerville, 2018) e se baseiam no desenvolvimento incremental com entregas periódicas, de curto prazo, para que seja possível obter a opinião dos *stakeholders*. Engloba quatro valores intrínsecos, definidos através do "Manifesto para o Desenvolvimento Ágil de *Software*" (Beck et al., 2001):

- Indivíduos e interações mais que processos e ferramentas;
- Software em funcionamento mais que documentação abrangente;
- Colaboração com o cliente mais que negociação de contratos;
- Responder a mudanças mais que seguir um plano.

Os diferentes métodos compartilham um conjunto de princípios comuns com base no manifesto ágil e se esforçam para oferecer pequenas entregas de valor aos clientes antecipadamente por meio de iterações curtas. Por isso, são adaptativos e orientados a pessoas e não a processos. Estes princípios comuns são (Sommerville, 2018):

- Os diferentes métodos compartilham um conjunto de princípios comuns com base no manifesto ágil;

- Envolvimento do cliente: fornecem e priorizam novos requisitos e avaliam as iterações do sistema;

- Acolher as mudanças: o sistema deve acomodar mudanças que surgem durante o processo;

- Entrega incremental: o software é desenvolvido em incrementos;

- Manter a simplicidade: deve-se eliminar a complexidade do sistema;

- Pessoas, não processos: as habilidades do time de desenvolvimento devem ser reconhecidas e aproveitadas da melhor maneira.

Uma das abordagens que contribuiu para uma mudança no desenvolvimento de *software* foi a Programação Extrema (*Extreme Programming*), nos anos 90 (Sommerville, 2018). Várias novas versões de um sistema podem ser desenvolvidas por diferentes programadores, integradas e testadas em um dia. Os requisitos são descritos em forma de cenários, que são histórias que mostram o uso do sistema pelos usuários. *Extreme Programming* prioriza entregas rápidas com constante modificação dos requisitos. A cada entrega o cliente tem a possibilidade de analisar o produto recebido, conferir e modificar os requisitos, se necessário (Pontes e Arthaud, 2019).

Na prática a Programação Extrema mostrou mais difícil do que o previsto por não se integrar à gestão e à cultura das empresas. Assim, surgem os métodos ágeis focados no gerenciamento, como o Scrum (Sommerville, 2018).

O Scrum é uma abordagem ágil de desenvolvimento de *software*, cujo objetivo é entregar a maior qualidade de *software* possível dentro de uma série de pequenos intervalos de tempo fixo, chamados *Sprints*, que tipicamente duram menos de um mês (Beedle et al., 1999). Ou seja, o objetivo maior do *sprint* é entregar o máximo valor de negócio possível no menor tempo (Pontes e Arthaud, 2019). Inicia-se com a criação de um *product backlog*, ou seja, uma lista dos recursos (*features*) e outras capacidades necessárias para se desenvolver um produto. A partir do *product backlog* são estabelecidas as prioridades. O desenvolvimento é realizado em iterações curtas e com duração fixa. No fim de cada iteração, a equipe deverá ter um produto potencialmente entregável, assim as *features* são revisadas junto com os *stakeholders* para obter um *feedback*. Caso seja necessário, alterações de planejamento serão consideradas (Rubin, 2017).

Lean é uma metodologia de produção que tem foco em eliminar os desperdícios, aumentar a velocidade de processos e a qualidade do produto final. Desperdício é qualquer gasto de recurso com outro objetivo que não seja a criação de valor para o cliente final (Pontes e Arthaud, 2019). Tem impacto direto na redução de custos e na diminuição da complexidade das atividades realizadas, melhorando as entregas, produtividade dos colaboradores e o compartilhamento de informações. O pensamento Lean é baseado em um extenso conjunto de princípios econômicos e matemáticos comprovados, que descrevem o fluxo de informações sobre o produto dentro da empresa, mas que se aplicam igualmente bem aos elementos de fornecedores e clientes da cadeia de valor comercial mais ampla (Leffingwell, 2010). Como tal, é mais abrangente e profundo que os métodos ágeis específicos de *software*.

Assim como os outros métodos ágeis, Lean tem como objetivo entregar valor de forma sustentável e rápida no menor espaço de tempo possível. O tempo total para entrega de valor passa por tarefas como entender as necessidades do cliente, formular os requisitos da solução, colocar o trabalho no desenvolvimento, criar e testar a solução, entregar ao cliente. Para isso, se apoia em dois pilares: respeitar as pessoas e realizar melhorias continuamente. Os princípios do fluxo de desenvolvimento de produtos envolvem oito temas (Leffingwell, 2010):

- ter uma visão econômica;
- gerenciar filas ativamente;
- entender e explorar a variabilidade;
- reduzir o tamanho de carga;
- aplicar restrições de trabalho em processo (*work-in-process* [WIP]);
- controlar o fluxo sob incerteza – cadência e sincronização;
- obter *feedback* o mais rápido possível;
- descentralizar o controle.

Devido a semelhanças entre o *design* centrado no usuário e os métodos ágeis de desenvolvimento, Chamberlain et al. (2006) defendem a integração dessas duas abordagens. No entanto, embora os métodos ágeis compartilhem alguns dos mesmos objetivos do *design* centrado no usuário, também existem diferenças distintas. Mesmo assim, nas últimas décadas tem havido um esforço para integrar estes dois métodos. Barbery et al. (2022) listam vários autores que defendem esta integração.

Apesar de sua natureza aparentemente oposta, ambas as abordagens compartilham o valor intrínseco de buscar uma melhor experiência do usuário. Para alcançar essa integração, é necessário identificar as semelhanças e diferenças entre as duas abordagens, a fim de obter maiores benefícios no desenvolvimento de produtos e serviços (Barbery et al., 2022). Em termos gerais, as principais semelhanças entre *design* centrado no usuário e métodos ágeis são (Chamberlain et al., 2006):

- ambos são um processo de desenvolvimento iterativo, baseado em informações empíricas de ciclos anteriores;

- enfatizam o usuário, incentivando sua participação no processo de desenvolvimento;

- enfatizam a importância da combinação da equipe, sua natureza multidisciplinar e o espírito colaborativo.

A decisão sobre qual abordagem de desenvolvimento utilizar depende do tipo de sistema a ser desenvolvido, da capacidade da equipe técnica e da cultura da empresa de desenvolvimento (Sommerville, 2018). Na prática pode haver uma mistura de técnicas ágeis ou dirigidas por plano.

1.2.3 Arquitetura da Informação

A arquitetura da informação está preocupada com a organização, estrutura, rotulagem e apresentação da informação no espaço digital. Encontrar alguma informação ou compreender uma estrutura dos dados apresentados em livros, *website* ou aplicativos interativos muitas vezes não é uma tarefa simples por parte dos usuários. Para ajudá-los a encontrar informações que necessitem para concluir suas tarefas de forma eficiente e eficaz, a estrutura organizacional da informação precisa ser clara e de fácil percepção. Neste sentido, a arquitetura de informação busca estabelecer estratégias de combinação dos esquemas de organização, rotulação e navegação no espaço digital de informação, para facilitar o acesso ao conteúdo e ajudar pessoas a encontrar e gerenciar informações (Rosenfeld e Morville, 2002).

A base do modelo para um projeto de arquitetura de informação eficaz diz respeito a usuários, conteúdo e contexto. É necessário entender o contexto e os objetivos de negócios por trás do sistema e os recursos disponíveis para *design* e implementação. O *designer* deve estar ciente da natureza e do volume de conteúdo existente e como atualizá-lo periodicamente. Deve-se aprender sobre as necessidades e comportamentos de busca de informações dos usuários.

- Contexto: objetivos de negócios, financiamento, política, cultura, tecnologia, recursos e restrições;
- Usuários: público, tarefas, necessidades, comportamento de busca de informações, experiência;
- Conteúdo: tipo de documento/dado, objetos de conteúdo, volume, estrutura existente.

Para projetar espaços de informação, é fundamental manter uma visão sistêmica, ou seja, considerar não apenas elementos, mas também conexões e relações entre estes elementos. Essa visão sistêmica se expressa por meio de padrões de *design* consistentes, de relações coerentes entre os objetos de informação, as telas que os apresentam (sua arquitetura) e os sistemas de navegação que contribuem para a orientação do usuário, ajudando-o a se sentir no controle de sua visita a esses espaços de informação digital (Velasco et al., 2022).

Há quatro componentes principais da Arquitetura de Informação (Rosenfeld e Morville, 2002):

- Estruturas Organizacionais: agrupamento e categorização do conteúdo informacional;
- Sistemas de rotulagem: como representar informações presentes no sistema;

- Sistemas de navegação: como os usuários navegam ou se movem pelas informações;

- Sistemas de busca: como os usuários procuram informações.

As estruturas organizacionais definem as principais formas pelas quais os usuários podem navegar no espaço informacional. O conteúdo é dividido em pequenos fragmentos, agrupados e categorizados por meio de sistemas de classificação que se utilizam de taxonomias, vocabulários controlados, tesauros. Os critérios de classificação e ordenação do conteúdo, estabelecem categorias significativas e distintas, considerando características de ambiguidade e heterogeneidade. Os fragmentos são associados e interconectados, propiciando a navegação neste espaço. O grande desafio é determinar os níveis apropriados de granularidade para estes fragmentos de informação e entender como relacioná-los entre si para manter uma estrutura que oriente o usuário a encontrar as informações.

Rotular envolve a denominação das categorias de informação e a série de *links* de navegação que levam a elas, constituindo nomenclaturas dadas aos itens de menus, botões e textos de instrução que precisam ser clicados. Os rótulos podem ser textuais ou iconográficos. O objetivo dos sistemas de rotulagem é comunicar informações de forma eficiente. Para desenvolver rótulos menos ambíguo e mais representativo pode-se seguir algumas diretrizes como:

- Foco no usuário/segmento de clientes: mantenha o conteúdo do sistema, usuários e contexto simples e focados. Um domínio menor ajuda a obter uma rotulagem mais óbvia e eficaz na representação;

- Mantenha os rótulos consistentes: isso ajuda a mantê-lo fácil de aprender e previsível. A consistência inclui aspectos do rótulo de estilo, apresentação, sintaxe, audiência, granularidade e abrangência.

Fontes de Sistemas de Rotulagem:

- Use rótulos existentes: rótulos existentes e conhecidos. Tabelas ajudam a classificar quais rótulos funcionam e quais estão fora do lugar;

- Controle vocabulários e tesauros: vocabulários focados que ajudem públicos específicos;

- Pesquise e análise: análise de conteúdo, com perguntas diretamente aos usuários, análise dos *logs* de pesquisa.

Os sistemas de navegação ajudam a orientar o usuário enquanto navega no espaço informacional. Este sistema deve manter visível a localização do usuário e mostrar a ele o caminho para encontrar seu destino. A hierarquia de informações deve ser clara e consistente para ajudá-los a construir um modelo mental do esquema organizacional.

Os sistemas de busca ajudam os usuários a pesquisar os dados específicos no sistema, encurtando o caminho para chegar em um determinado conteúdo de seu interesse, especialmente quando há muita informação ou muitos fragmentos. Deve-se proporcionar ao usuário possibilidades de utilizar filtros e refinar os resultados da busca. Outro ponto a destacar é o resultado da pesquisa que podem variar de informações simples e sem detalhes (título e autor, por exemplo) a informações completas (sumário descritivo sobre o conteúdo encontrado).

A arquitetura da informação desenvolveu uma série de ferramentas de pesquisa e *design* para dar a sensação de controle aos usuários na interação com esses espaços informacionais, como os sistemas de classificação, inventários de conteúdo, entrevistas em profundidade, mapas de arquitetura, cenários, modelos conceituais e *wireframes*, para citar alguns. Mas, este processo não é fixo, possibilitando a combinação de uso das diferentes ferramentas de acordo com o contexto do projeto e a experiência do *designer* (Velasco et al., 2022).

Apesar da arquitetura de informação ter perdido destaque nos últimos anos, sendo muitas vezes considerada algo opcional no processo de desenvolvimento, seu papel na concepção de sistemas computacionais (e não apenas *websites*) é fundamental para evidenciar as informações relevantes e orientar os usuários a encontrá-las. Desenvolver uma boa arquitetura de informação não implica necessariamente estender os prazos de um projeto, mas permite organizar o processo, dividindo as decisões que a equipe de projeto deve tomar, permitindo que se concentrem primeiro na estrutura e depois no *design* da interface (Velasco et al., 2022). Os ganhos com a arquitetura de informação são significativos ao facilitar a realização de tarefas e acesso rápido ao conteúdo.

1.3 Características e estrutura de sistemas interativos

Sistemas interativos envolvem diretamente os usuários que trocam informações com o computador de forma frequente e dinâmica. Para entender o processo de interação, Norman (2002) apresenta o modelo de ação em sete estágios. No primeiro estágio, como mostra a Figura 1.1, o usuário tem um (1) objetivo (algo a alcançar), que independente do sistema, por exemplo voltar para casa depois de um dia intenso de trabalho. A partir deste objetivo, ele formula sua (2) intenção, chamar um Uber para voltar para casa. Para concretizar sua intenção, terá que (3) especificar as ações necessárias, digitar o endereço desejado e escolher a categoria do carro desejado (seguindo o exemplo do Uber). Ao especificar a ação, o usuário terá que (4) executar esta ação, ou seja, encontrar o campo de texto "Para onde?", escolher e selecionar a categoria da viagem. Seguindo o fluxo de sucesso deste exemplo, o sistema responde buscando o carro mais próximo e exibindo na tela o mapa com o trajeto do carro para o usuário. Este, por sua vez, (5) percebe a informação apresentada pelo sistema e (6) interpreta esta informação. Por último, o usuário avalia os resultados alcançados. Se o objetivo foi alcançado com sucesso, a avaliação do usuário será positiva.

Este modelo de ação de Norman envolve dois alvos, denominado "golfos": o golfo da execução e o golfo da avaliação (Norman, 2002). O golfo da execução compreende a intenção do usuário, a especificação das ações e sua execução. O golfo da avaliação reflete o entendimento do usuário sobre o estado do sistema ao responder suas ações determinando se suas expectativas foram atendidas. A Figura 1.1 mostra o modelo de ação em sete estágios.

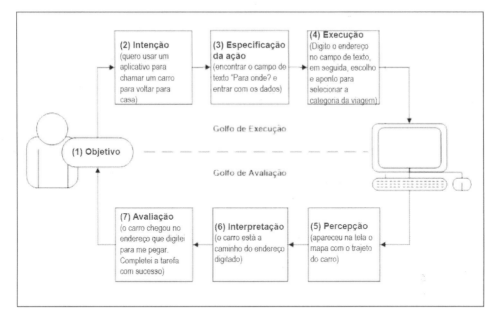

Figura 1.1. Modelo de ação em sete estágios proposto por Norman.
Adaptado de Fonseca et al. (2012).

Analisar os golfos de execução e avaliação envolve perceber mudanças no projeto do sistema para que os usuários estejam mais familiarizados com as funcionalidades oferecidas. Desta forma, ele conseguirá facilmente descobrir como operar o sistema na tentativa de atingir seus objetivos.

A interação humana com sistemas computacionais envolve a comunicação, realizada por meio de interfaces. A interface consiste em vários componentes de *hardware* e *software* e podem ser gráficas, convencionais (teclado, *mouse*, monitor) ou não-convencionais (envolvem estímulos sensoriais no usuário), multimodais e multissensoriais (combinam uma ou mais modalidades de entrada do usuário com informações de sensores). A principal funcionalidade da interface é transformar as solicitações e requisitos dos usuários num conjunto de comandos para o sistema computacional, além de fornecer ao usuário a respectiva resposta a suas ações, preferencialmente em tempo real (Sodnik e Tomažič, 2015). As intereações com o espaço virtual serão abordadas nesta seção.

1.3.1 Interações entre o usuário e o ambiente virtual

A comunicação humana possui uma dimensão multissensorial, envolvendo os sentidos:

- Visão.
- Audição.
- Tato.
- Paladar.
- Olfato.

A fala, o ouvir, o olhar, os movimentos do rosto e do corpo têm sido explorados para aprimorar as interações entre o usuário e o ambiente virtual com mais expressividade e naturalidade. O *design* de interação aplicado a produtos interativos digitais vem explorando estes sentidos, aumentando a atenção e a experiência, independentemente do tipo de dispositivo utilizado (Medina, Pérez-Bertozzi e Martins, 2022). A Tabela 1.1 mostra alguns tipos de interação e as formas de transmissão das informações para o ambiente virtual.

Tabela 1.1. Tipos de interação e as principais formas de transferência de informações do usuário para o computador. Fonte: Karpov, Yusupov, 2018.

Tipos de Interação	Formas de transferência de informações do usuário
Interação de contato	Teclados e barras de botões; Manipuladores, incluindo *mouse, joystick, trackball*; Telas e painéis de toque; Luvas e roupas de realidade virtual
Interface de voz	Fala espontânea (coloquial), incluindo informações para- e extralinguística; Entrada de fala contínua (ditado); Comandos de voz isolados; Sons acústicos não falados (assobios, palmas, mugidos, respiração, etc.)
Interface Gestual e análise de comportamento	Apontar o dedo Gestos de mão espaciais, incluindo linguagem de sinais; Gestos e movimentos da cabeça (acena com a cabeça, balança, etc.); Comportamento do usuário (movimentos, posturas, marcha, etc.)

Interface de expressão facial	Expressões faciais, incluindo aquelas que refletem emoções; Articulação (movimentos) dos lábios; Direção do olhar; Piscando
Entrada de texto e caligrafia	Texto contínuo manuscrito (caligrafia); Texto e caracteres digitados, incluindo imagens emoji (os chamados smileys); Imagens e figuras
Interfaces táteis e mio	Luvas de sensor e traje, incluindo exoesqueleto; Dispositivos de vibração (cinto, pulseira, etc.); Potenciais mioelétricos dos músculos humanos (mãos, dedos, pescoço)
Interface cérebro-computador	Sinais de atividade cerebral; Potenciais evocados

As interfaces que exploram a dimensão multissensorial do ser humano dão liberdade ao usuário para atuar no ambiente digital com mais naturalidade, manipulando os objetos virtuais por meio de voz, gestos, dentre outros. Estas interfaces também podem estimular sensações táteis, olfativas ou gustativas no usuário como resposta à alguma ação. A seguir, será apresentada uma breve descrição dessas modalidades de interfaces.

1.3.1.1 Interfaces Táteis ou Hápticas

As interfaces táteis (hápticas) utilizam o tato para fornecer informação ao usuário, permitindo "tocar" um objeto virtual. Compreendem um mecanismo robótico associado a sensores que determinam o movimento e atuadores que estimulam sensações táteis no usuário (O'Malley e Gupta, 2008). O estímulo tátil pode fornecer a sensação das características superficiais de um objeto virtual transmitido para a pele, ou estimular músculos e tendões. Este mecanismo permite localizar a posição do corpo e membros no espaço virtual, controlando a relação dinâmica entre velocidade e força.

Com interfaces táteis, os usuários têm a capacidade de empurrar, puxar, sentir e manipular objetos no espaço virtual, em vez de apenas ver uma representação na tela de monitor. Estas interfaces também respondem a ações dos usuários ao transmitir estímulos sensoriais como força ou resistência, criando sensações realísticas, como por exemplo, segurar um objeto virtual ou sentir o impacto de uma colisão.

O *hardware* de interface tátil consiste no mecanismo físico usado para acoplar o operador humano ao ambiente virtual ou remoto. Pode ser *joystick*, caneta com vários graus de liberdade (DOF), dispositivo exoesqueleto vestível, série de sensores táteis que estimulam a superfície da pele. Os componentes básicos do sistema de hardware incluem:

- mecanismo, que define as capacidades de movimento do operador humano ao interagir com o dispositivo;

- sensores, que rastreiam o movimento do operador no ambiente virtual;

- atuadores (motores), que estimulam as forças ou texturas desejadas ao operador, conforme definido pelo modelo do ambiente.

1.3.1.2 Interfaces Gestuais

Gestos são interações naturais entre as pessoas e complementam a comunicação verbal por meio dos movimentos do corpo, da face, das mãos, etc. As interfaces gestuais permitem que o usuário navegue por telas de um sistema digital e manipule objetos virtuais e elementos em substituição ao *mouse* (Delmondes e Eliseo, 2014).

A detecção dos gestos numa interface gestual pode ser realizada utilizando a visão computacional. Os algoritmos de visão computacional geralmente consistem em três partes: segmentação que localiza partes relevantes no campo de visão, rastreamento que acompanha os movimentos e classificação que encontra informações significativas (Rios, 2010).

Nem sempre é possível projetar uma interface que dependa completamente de gestos, pois pode haver questões relacionadas ao usuário ou precisão do sistema de computação ou a complexidade da entrada necessária. Por isso gestos podem fazer parte de um sistema multimodal, abordado mais adiante. Assim, para projetar interfaces gestuais é preciso estar consciente das habilidades perceptivas em relação aos outros sentidos.

1.3.1.3 Interfaces de Locomoção

Interfaces de locomoção permitem aos usuários movimentar-se em espaços reais ou virtuais de forma que se sintam como se estivessem se movendo. Inclui ações como: voar, nadar, deslizar, andar, correr, engatinhar, pular. Envolvem o corpo do usuário para manter a naturalidade, como, por exemplo andar sobre uma cena virtual. Independente da ação, a interface precisa converter o movimento físico do usuário (no mundo real) em movimento virtual – direção e velocidade – na cena virtual (Whitton e Razzaque, 2008). A Tabela 1.2 dá alguns exemplos de movimentos corporais e como eles podem ser usados para controlar a direção e a velocidade da locomoção.

Os movimentos de entrada do usuário são então convertidos através de um sistema de interface para o movimento através do mundo real ou virtual. O sistema também pode fornecer *feedback* aos usuários, indicando como eles estão se movendo ou já se moveram. Da mesma forma, os usuários usam o *feedback* para planejar seu próximo movimento e, para retorno visual, ajudar a manter o equilíbrio e atualizar seu modelo mental de seu entorno.

A tecnologia desta interface usa sensores ou rastreadores que medem e relatam movimentos corporais. Os rastreadores podem medir a posição e a orientação de partes do corpo ou podem medir o movimento do corpo (por exemplo, deslocamento, velocidade de rotação ou aceleração). Os rastreadores para posicionamento e movimento possuem algumas peças que são anexadas a partes do corpo do usuário (por exemplo, cabeça, mãos, pés) e peças fixadas na sala ou no laboratório. Além dos sensores usados no corpo, pode haver LEDs fixos na sala para detecção da posição e orientação.

Tabela 1.2. Exemplos de como o movimento do corpo pode ser interpretado para controlar a direção e a velocidade de locomoção. Fonte: Whitton e Razzaque, 2008.

Parte do corpo	Controle de direção	Controle de velocidade
Mãos	Mover-se na direção em que o usuário está apontando	Distância entre as mãos controla o tamanho do passo

Pés	Mover-se na direção onde os pés estão apontando	Passo mais rápido ou mais lento para acelerar ou diminuir o ritmo
Pernas	Girar a perna para o lado para mover-se lateralmente	Passo mais rápido ou mais lento para acelerar ou diminuir o ritmo
Braços	Fazer gestos como se fosse um pássaro	Agite os braços mais rápido ou mais lento para acelerar ou diminuir o ritmo

1.3.1.4 Interfaces Auditivas

As interfaces auditivas oferecem uma solução quando as interações visuais não são possíveis, por exemplo, uso de um aplicativo de navegação enquanto o usuário dirige, ou como alternativa para transmissão de informações para pessoas com deficência visual, principalmente para os cegos. Além disso, os recursos sonoros podem ser utilizados para reforçar uma informação visual. Ao pensar em sistemas que irão utilizar interfaces sonoras é importante ter em mente como o som será usado para obter seu melhor efeito, ou seja, para que seu uso seja efetivamente benéfico e necessário.

As interfaces auditivas são conexões comunicativas bidirecionais entre dois sistemas – geralmente um usuário humano e um produto técnico. O lado voltado para a máquina envolve a escuta da máquina, o reconhecimento de fala e os sistemas de diálogo. O lado voltado para o ser humano envolve a apresentação auditiva. Pode-se usar fala ou principalmente áudio não verbal para transmitir informações (Peres et al., 2008).

Algumas técnicas utilizadas em interfaces auditivas:

Sonificação: técnica que transforma dados em sinais sonoros para fins de comunicação, facilitando sua interpretação (Hermann, 2008). Utiliza o áudio não verbal para transmitir a informação.

Audificação: técnica básica de apresentação auditiva que usa dados brutos como som. Nesta técnica, uma variável de um determinado conjunto de dados é "transposta" para uma frequência audível, entre

50 Hz e 20000 Hz. Esta transposição opera em cada medição do conjunto de dados, transformando-a numa amostra de áudio (Hermann, 2002).

Assim como ícones visuais são utilizados para representar diferentes funções num *software*, os ícones auditivos (que é uma técnica de sonificação) complementam a interação do usuário, deixando-a mais realística. Um exemplo de ícone auditivo é o ruído de "disparo" da câmera fotográfica do dispositivo móvel. Os ícones auditivos representam mensagens específicas por meio de um evento acústico que deve permitir a rápida e fácil execução identificação e interpretação do sinal em relação às informações subjacentes.

1.3.1.5 Interfaces de Voz

As interfaces de voz (VUI – *Voice User Interface*) é o *script* para uma conversa entre um sistema automatizado e um usuário. Esse *script* contém todas as declarações que o sistema automatizado falará com o usuário e a lógica para decidir quais declarações falar em resposta à entrada do usuário. Subjacente à interface do usuário de voz está a tecnologia de reconhecimento de voz que tem a capacidade de capturar e decodificar a entrada falada do usuário para permitir que o sistema "entenda" o que o usuário disse (Hura, 2008).

As interfaces de voz estão presentes nos assistentes virtuais, como Alexa, Siri, Google Assistant, dentre outros. A utilização das interfaces de voz requer alguns cuidados, pois nem sempre o sistema "entende" o comando por VUI do usuário e, a partir daí, surgem respostas inesperadas. O reconhecimento de voz se estabelece a partir do momento que o usuário emite um comando: o sistema interpreta o que foi dito e a saída é a concretização da ação derivada desse comando de voz, por exemplo, a transformação da voz em texto ou uma requisição de um serviço para o sistema operacional ou aplicativo utilizado (Martins, 2011).

1.3.2 Interfaces multimodais e interfaces multimodais-multissensor

As interfaces multimodais combinam diferentes formas de interação permitindo que os usuários interajam por meio de modalidades de entrada, como fala, caligrafia, gestos (com as mãos e olhar), e recebam informações pelo sistema por meio de modalidades de saída, como síntese de voz, *smart graphics* e outras modalidades combinadas. Permitem uma comunicação mais natural e flexível com o sistema computacional. Além disso, as interfaces multimodais possibilitam entradas paralelas de informações, permitem que o usuário escolha um modo mais conveniente de entrada/saída de informações e garantem uma maior precisão na operação do sistema (Karpov, Yusupov, 2018).

Estudos de interfaces unimodais versus multimodais confirmaram que as multimodais são mais precisas e preferidas pelos usuários (Oviatt et al., 1997). Além disso, recursos inacessíveis ao usuário por vários motivos podem ser compensados por modalidades alternativas sem limitar a funcionalidade do sistema. Isso é importante, por exemplo, para o desenvolvimento de tecnologias assistivas: aplicativos criados para auxiliar pessoas com deficiência física que apresentam dificuldades ao interagir com computadores por meio de interfaces gráficas e dispositivos de controle (Karpov, Yusupov, 2018).

As interações podem ser simultâneas ou alternativas, ou seja, podem ser inclusivas ou exclusivas (Kortum, 2008). As interfaces mutuamente exclusivas não necessitam ser utilizadas simultaneamente, por exemplo, no WhatsApp o usuário pode escolher se deseja digitar ou ditar a mensagem. Em sistemas com interfaces mutuamente inclusivas, a interação acontece com mais de uma interface ao mesmo tempo, por exemplo em sistemas de Realidade Virtual, onde o usuário utiliza movimentos e voz para se comunicar com o sistema, por exemplo.

A integração de sensores com interfaces multimodais vem se expandindo resultando no crescimento das chamadas interfaces multimodais-multisensor, que combinam uma ou mais modalidades de entrada do usuário com informações do sensor (por exemplo, localização, aceleração, proximidade, inclinação). Os sinais de entrada baseados em sensores podem ser usados para interpretar o estado físico de um usuário, estado de saúde, estado mental, contexto atual, envolvimento em atividades e outros tipos de informações. Os usuários podem realizar ações intencionais ao implantar os controles do sensor, como inclinar uma tela para alterar sua orientação. Os sensores também podem servir como controles de "fundo", aos quais a interface se adapta automaticamente sem qualquer envolvimento intencional do usuário (por exemplo, escurecer a tela do telefone após a falta de uso). Existem vários tipos de interface multimodal-multisensor com características diferentes (Oviatt et al., 2017). As interfaces multimodais-multisensor contribuíram para o desenvolvimento de *smartphones* e outros dispositivos móveis, devido sua flexibilidade. Elas suportam a capacidade dos usuários de selecionar um modo de entrada adequado ou alternar entre as modalidades conforme necessário durante a mudança de contextos físicos e demandas de uso móvel contínuo (Oviatt et al., 2017).

A interação multimodal-multisensor pode suportar classes inteiramente novas de aplicativos, como detecção de emoções e expressões (por exemplo, depressão), interações entre humanos e Inteligência Artificial. Em sistemas com interfaces multimodais o foco passa a ser a tarefa a ser executada e não mais os computadores. Neste sentido, há oportunidades de pesquisa em áreas como:

- análise de aprendizagem multimodal: coleta dados multifluxo sincronizados sobre os padrões de comunicação natural dos alunos (por exemplo, fala, escrita, olhar, gesticular, expressões faciais, comportamento não verbal), padrões de atividade (por exemplo, número de soluções de problemas propostas) e, às vezes, também padrões fisiológicos e neurais (por exemplo, EEG, frequência cardíaca). Esses dados ricos são então analisados com o objetivo de modelar, prever e apoiar comportamentos orientados à aprendizagem durante as atividades educacionais (Oviatt et al., 2018);

- detecção de afeto multimodal e multissensor: é um dos subcampos da computação afetiva. O objetivo da detecção de afeto é fornecer automaticamente estimativas de representações afetivas latentes de nível superior (por exemplo, medo) a partir de sinais de resposta de nível inferior legíveis por máquina (por exemplo, vídeo, áudio, fisiologia) (D'Mello, Bosch e Chen, 2018);

- aprendizagem de máquina multimodal: este campo de pesquisa traz alguns desafios únicos para pesquisadores, devido à heterogeneidade dos dados. Aprender a partir de fontes multimodais oferece a possibilidade de capturar correspondências entre modalidades e obter uma compreensão profunda dos fenômenos naturais. Baltrusaitis et al. (2018) identificam cinco principais desafios técnicos (e subdesafios relacionados) em torno da aprendizagem de máquina multimodal: (a) representação, (b) tradução, (c) alinhamento, (d) fusão e (e) co-aprendizagem (transferência de conhecimento entre modalidades, representação e modelos preditivos).

Os desafios para a utilização e desenvolvimento de interfaces multimodais são os seguintes (Karpov, Yusupov, 2018):

- a necessidade de sincronizar os fluxos de entrada de informação/sinal de vários dispositivos e sensores;

- a complexidade computacional do processamento paralelo de informações heterogêneas;

- a necessidade de fusão e fissão de informação;

- problemas organizacionais associados ao envolvimento de especialistas para processar informações heterogêneas: áudio, vídeo, texto etc.

1.4 Aplicações

Esta seção discute alguns exemplos de sistemas interativos que utilizam diferentes tecnologias e formas de interação abordadas neste capítulo. Cabe ressaltar que há um universo maior de aplicações destes sistemas, que vão além que foi apontado aqui.

1.4.1 Realidade Virtual, Aumentada e Mista

As tecnologias de Realidade Virtual têm sido utilizadas em diferentes contextos e áreas do conhecimento, seja pelo seu potencial de imersão, seja para simulação realística que coloca o usuário a vivenciar situações num ambiente controlado. Dentre os vários exemplos, pode-se citar os simuladores de direção veicular, utilizados em autoescolas, em que o usuário tem a oportunidade de sentir como é dirigir um veículo, sem os riscos aos riscos que o trânsito real representa, além de usos para tratamentos terapêuticos.

Um simulador de direção veicular consiste basicamente em um ambiente que reproduz as condições de uso de um veículo incluindo controles normais como volante, embreagem e pedais de acelerador e freio. O condutor se senta no simulador, num banco idêntico a um carro e treina situações que acontecem no trânsito da cidade. As ações do condutor e a posição do veículo virtual são continuamente calculadas por programas específicos e projetadas em tempo real em telas ou monitores (dos Santos et al. 2017). O cenário da rodovia, que é visualizado no simulador em resposta às ações do condutor, pode ser construído a partir de informações coletadas in loco como latitude, longitude e inclinações, assim como o contorno da via. Para aumentar o realismo, são reproduzidos sons como ruídos do motor do veículo, rolagem, chuva e vento, dentre outros. Um rastreio ocular é utilizado, com o *Smart Eye*, para rastrear remotamente direção do olhar, posição da cabeça, abertura de pálpebra, piscadas, pontos de fixação, tamanho da pupila, dentre outros monitoramentos e medições. Pode-se detectar a interseção do olhar do condutor com objetos criados no ambiente virtual como placas de sinalização e pedestres, permitindo um estudo do comportamento dos condutores. Além dos sensores oculares, são utilizados sensores de controle do volante, câmbio e pedais. Desta forma, o sistema atua em três sentidos do condutor: visão (visualização do cenário em tempo real), audição e tato (a partir dos controles do simulador).

No que diz respeito a tratamentos terapêuticos, cita-se como exemplo o uso da tecnologia de realidade virtual para corrigir deficiências sociais e de comunicação em crianças com transtorno do espectro autista (TEA). Halabi et al. (2017) apresentam um sistema de realidade virtual baseado em cenário interativo desenvolvido para melhorar as habilidades de comunicação de crianças autistas em um cenário que remete a "saudação" em sala de aula, envolvendo a comunicação entre um personagem virtual e o usuário. O sistema utiliza o reconhecimento de fala para fornecer interação natural e dramatização e troca de turnos para avaliar e verificar a eficácia do ambiente imersivo no desempenho social de crianças autistas. O sistema proposto pelos autores compreende dois módulos principais: *framework* de arquitetura do sistema; e módulo de tarefas de comunicação social. A arquitetura do sistema é composta por vários módulos integrados para fornecer a simulação interativa: telas e rastreadores, navegação automática, reconhecimento de voz e reconhecimento de gestos.

O módulo de exibição e rastreadores fornece um sistema de exibição imersivo composto por quatro telas estereoscópicas. O usuário usa óculos polarizados com dois marcadores na borda dos óculos para permitir o rastreamento para calcular a posição da cabeça. Essas telas são usadas no módulo de navegação automática para guiar o usuário pelo ambiente virtual. O módulo de reconhecimento de voz é usado pelo sistema para reconhecer eficientemente a fala vinda do usuário em resposta aos personagens virtuais, o que facilita o objetivo principal do projeto de melhorar as habilidades primárias de comunicação social em crianças com autismo. O módulo de reconhecimento de gestos permite a detecção de gestos com as mãos do usuário. Isso contribui para a comunicação não verbal e facilita o rastreamento de qualquer tipo de resposta (verbal/não verbal) do usuário. Foi utilizado um dispositivo LEAP Motion para obter a posição da mão e suas informações de esqueleto para mapeamento da mão do usuário no sistema.

1.4.2 Internet das Coisas (IoT)

Jogos têm sido utilizados para melhorar as habilidades físicas e cognitivas das pessoas de uma forma lúdica e motivadora. Ferreira et al. (2021) apresentam o jogo Acelera, para auxiliar na reabilitação motora do pé torto congênito com exercícios de dorsiflexão e flexão plantar dos pés. O jogo consiste num sequenciamento de obstáculos, onde o usuário controla um carro para desviar de cones e buracos na pista. O carro é controlado por meio de movimentos com os pés, levando-os ativamente para cima e para baixo (dorsiflexão e flexão plantar, respectivamente). A movimentação do pé é capturada por *wearable* (papete), análogo a um *joystick* para o jogo, onde os sensores integrados à papete transmitem, para um computador, informações da movimentação do pé do usuário. Com estes movimentos, o usuário modifica a representação gráfica, a trilha e efeitos sonoros do jogo, com alto grau de controle. O controle é realizado com um calçado do tipo Papete, equipado com uma placa de prototipagem Arduino e um acelerômetro que captura parâmetros de movimento dos pés em dorsiflexão e flexão plantar. Após jogar as seis fases que o jogo oferece, o sistema fornece um relatório para o fisioterapeuta contendo o desempenho do jogador, que poderá decidir os próximos passados do tratamento.

Ainda na área da Saúde, Valsalan et al. (2020) apresentam um sistema de monitoramento remoto de saúde baseado em IoT para acompanhar pacientes fora da clínica ou hospital. O sistema rastreia os batimentos cardíacos, a temperatura corporal e a pulsação para examinar o bem-estar do paciente. São incorporados sensores no corpo do paciente para detecção da sua temperatura e dos seus batimentos cardíacos. Mais dois sensores são colocados em casa do paciente para detectar a umidade e a temperatura do seu quarto. Estes sensores transmitem os valores coletos, em tempo real, via web. O médico pode acessar estas informações e decidir o estado do paciente para tomar as medidas apropriadas. O sensor de temperatura é conectado a um controlador Arduino. O sensor de batimentos cardíacos é baseado no princípio de fotopletismografia, que mede a variação do volume de sangue através de qualquer órgão do corpo que causa uma mudança na intensidade da luz. Os sensores de umidade funcionam detectando mudanças que alteram as correntes elétricas ou a temperatura do ar.

1.4.3 Sistema preditivo

Komninos et al. (2021) propuseram um sistema preditivo de apoio ao turismo inteligente para dar suporte a serviços mais precisos e eficientes. O sistema prevê o número de visitantes da cidade de Glasgow, Escócia. O desafio do projeto foi entender o problema de prever os níveis de turismo em uma cidade de destino usando múltiplas fontes de dados, provenientes de fontes automáticas e manuais. Das fontes automáticas, foram extraídos dados de sensores espalhados pela cidade; das fontes manuais, de operadores humanos, autoridades governamentais e dos próprios cidadãos. Foram coletados dados de voos, ocupação de hotéis, reservas de hotéis, calendário de eventos, circulação de pedestres nas ruas (provenientes de sensores), circulação de bicicletas, ocupação de carros em estacionamentos, dentre outros, entre 2014 e 2015. Também foi considerado um alinhamento com datas comemorativas e variação sazonal. Estes dados foram investigados para auxiliar na previsão do número de turistas e fornecer indicadores avançados para hotéis, empresas e outros interessados em turismo. O estudo se concentrou no nível de demanda por ocupação hoteleira e na tentativa de prever números diários que melhor suportassem o planejamento de hotéis. Após a coleta dos dados, o desafio do projeto foi entendê-los, buscando saber de onde eles vieram, como eles se parecem, o que significam. Como os dados consistem em diferentes linhas de tempo com granularidade variável, uma variedade de métodos foi explorada para ajudar a realizar as previsões a partir do *dataset* coletado. Foram utilizadas técnicas de autorregressão univariada, depois autorregressão multivariada usando um conjunto de recursos limitado (aplicando a técnica PCA – *principle component analysis*) e, em seguida, realizou-se uma série de previsões multivariadas usando redes neurais e variando o conjunto de recursos de entrada. Para este último, o desempenho das redes neurais foi explorado a partir de dois *datasets* completos disponíveis a tempo de prever o próximo mês (caso otimista). Em seguida, foi realizada uma tentativa de prever características de um *dataset*, usando entradas exclusivamente do outro *dataset* (caso pessimista). Por fim, explorou-se o "meio termo", onde assumiu-se que um dos *datasets* não estaria disponível, mas havia *insights* "avançados" sobre como ele poderia ser (caso realista).

A partir das técnicas utilizadas, foi construída um aplicativo *mobile* para ajudar os hoteleiros a visualizarem os dados preditivos e a planejar seus serviços. Os dados são mostrados no formato de um calendário mensal com a escala de ocupação dos hotéis previstos com a análise dos dados coletados. Mesmo envolvendo vários modelos e algoritmos para análise dos dados coletados, cabe destacar que o formato como estes dados serão apresentados para os usuários e como eles poderão filtrá-los conforme seu interesse são importantes para o uso eficaz e eficiente da tecnologia.

1.5 Atividades

Esta seção apresenta atividades para auxiliar o entendimento dos assuntos abordados neste capítulo. Estas atividades estão divididas em atividades teóricas e atividades práticas.

1.5.1 Atividades teóricas

Seguem atividades para fixar os conceitos teóricos abordados neste capítulo.

1. Descreva as atividades gerais e básicas dos modelos e processos de *design* de sistemas computacionais interativos.

2. Quais são as categorias das características da arquitetura de um sistema interativo?

3. Quais são as quatro atividades básicas praticadas na abordagem do *design* centrado no usuário?

4. Os diferentes métodos ágeis de desenvolvimento de *software* compartilham um conjunto de princípios comuns baseados no manifesto ágil. Quais são estes princípios comuns?

5. Explique os quatro componentes principais da arquitetura de informação.

6. O que são interfaces não convencionais? Cite exemplos.

7. Escolha uma das interfaces que estimulam sensações táteis, olfativas ou gustativas no usuário como resposta à alguma ação. Descreva suas características. Descreva como a interface escolhida pode ser implementada num dado sistema interativo. Dê exemplos.

8. Quais as diferenças entre interfaces multimodais e multimodais-multissensor?

1.5.2 Atividades práticas

Seguem atividades para praticar os conceitos abordados neste capítulo.

1. Para entender o processo de interação, foi proposto um modelo de ação em sete estágios. Este modelo compreende a intenção do usuário, a especificação de ações e sua execução. Desenhe um modelo de ação para o objetivo "pagar uma conta com código de barras" num aplicativo de banco.

2. Pesquise três exemplos de sistemas interativos que utilizem interfaces não convencionais. Descreva o uso prático do sistema, a tecnologia utilizada. Faça uma análise crítica do sistema pesquisado, com foco na interação do usuário.

3. Pesquise diferentes combinações de interação do usuário para se comunicar com o sistema por meio de interfaces multimodais.

4. Escolha um tipo de sistema interativo e elabore a arquitetura do sistema: analise e especifique as necessidades/limitações dos usuários, tarefas, requisitos funcionais e não funcionais, características da arquitetura; defina formas de interação e respetivos dispositivos, tecnologia a ser utilizada.

5. Para o sistema acima, defina a arquitetura de informação: estrutura do conteúdo, navegação, rotulagem, sistemas de busca (se necessário).

1.6 Conclusões

Sistemas interativos estão presentes na rotina da maioria das pessoas, como trocar mensagens no WhatsApp, pagar uma conta no caixa eletrônico ou no aplicativo do banco, consultar roteiros de viagens, dentre outros. Praticamente todas as áreas de conhecimento, de alguma forma, usufruem de sistemas interativos, como monitoramento remoto de pacientes na Medicina, maquetes 3D na Engenharia e Arquitetura, gerenciadores de conteúdo educacional na Educação, jogos digitais no Entretenimento, para citar apenas alguns exemplos. Diante deste universo, este capítulo apresentou subsídios para organizar e planejar projetos de sistemas interativos. Apresentou processos de *design*, apontando, em termos gerais, os elementos a serem considerados na arquitetura destes sistemas. Neste contexto, foram apresentadas abordagens de desenvolvimento de sistemas, como o *design* centrado no usuário e métodos ágeis. Mostrou a importância de considerar também a arquitetura de informação neste processo, para estruturar e otimizar a apresentação do conteúdo de forma que os usuários encontrem facilmente a informação necessária enquanto utilizam o sistema.

Para planejar um sistema interativo é necessário conhecer suas características e tecnologias que podem ser envolvidas na sua implementação. Neste sentido, este capítulo apresentou possibilidades de interação entre o usuário e o ambiente virtual, dispositivos utilizados para efetivar esta interação, inclusive aqueles que exploram a dimensão multissensorial do ser humano, além de mostrar as formas de transferência de informações entre o usuário e o computador.

Por fim, são apresentados alguns exemplos de sistemas interativos mostrando como as tecnologias apresentadas podem ser incorporadas. Assim, com a leitura deste capítulo, pode-se reunir elementos essenciais e necessários para a organização e a arquitetura de sistemas interativos.

Referências

Baabad, A., Zulzalil, H. B., Hassan, S., and Baharom, S. B. (2020). "Software Architecture Degradation in Open Source Software: A Systematic Literature Review," in IEEE Access, vol. 8, pp. 173681-173709, doi: 10.1109/ACCESS.2020.3024671.

Barbery, S., Codino, F., and García, V. (2022). Desarrollo ágil de productos y servicios digitales. In: UX Latam: historias sobre definición y diseño de servicios digitales (pp. 131-175).

Barbosa, S. D. J. et al. (2021), Interação Humano-Computador e experiência do usuário [livro eletrônico]. Rio de Janeiro, https://leanpub.com/ihc-ux

Beck, K., Beedle, M., Bennekum, A., Cockburn, A., Cunningham, W., Fowler, M., Grenning, J., Highsmith, J., Hunt, A., Jeffries, R., Kern, J., Marick, B., Martin, R., Mellor, S., Schwaber, K., Sutherland, J., and Thomas, D. (2001). Manifesto for Agile software development. http://agilemanifesto.org/

Beedle, M., Devos, M., Sharon, Y., Schwaber, K., and Sutherland, J. (1999). SCRUM: An extension pattern language for hyperproductive software development. Pattern languages of program design, 4(1), 637-651.

Chamberlain, S., Sharp, H., Maiden, N. (2006). Towards a Framework for Integrating Agile Development and User-Centred Design. In: Abrahamsson, P., Marchesi, M., Succi, G. (eds) Extreme Programming and Agile Processes in Software Engineering. XP 2006. Lecture Notes in Computer Science, vol 4044. Springer, Berlin, Heidelberg. https://doi.org/10.1007/11774129_15

D'Mello, S. K., Bosch, N., and Chen, H. (2018). Multimodal-multisensor affect de- tection. In The Handbook of Multimodal-Multisensor Interfaces: Signal Processing, Architectures, and Detection of Emotion and Cognition–Volume 2 (pp. 167–202).

dos Santos, M. I., Meira, P. T., de Oliveira, S., Ribeiro, R. L., Larocca, A. P. C., and Junior, F. I. K. (2017). Conceito, configuração e aplicação de um simulador de direção no Brasil–Estudo de caso. Transportes, 25(2), 1-14.

Eliseo, M. A., Delmondes, D. (2014). "Interação Gestual em Ambientes Tridimensionais". In: XVI Symposium on Virtual and Augmented Reality. Salvador, Bahia, Brasil.

Ferreira, D. R., Baptista, C. K., Rodrigues, B. Da S., Siqueira, B. C., Blascovissis, S. M. and Corrêa, A. G. (2021). Development and Test of a Serious Game for Dorsiflexion and Plantarflexion Exercises of the Feet. Journal on Interactive Systems, Porto Alegre, RS, v. 12, n. 1, p. 58–68, doi: 10.5753/jis.2021.1916.

Fonseca, M. J., Campos, P., Gonçalves, D. (2012). Introdução ao design de interfaces. FCA-Editora de Informática.

Halabi, O., El-Seoud, S. A., Alja'am, J. M., Alpona, H., Al-Hemadi, M., and Al- Hassan, D. (2017). Design of immersive virtual reality system to improve communication skills in individuals with autism. International Journal of Emerging Technologies in Learning, 12(5).

Hermann, T. (2002). Sonification for Exploratory Data Analysis. Bielefeld, Germany: Bielefeld University, https://pub.uni-bielefeld.de/record/2017263.

Hermann, T. (2008). Taxonomy and definitions for sonification and auditory display. In: Proceedings of the 14th International Conference on Auditory Display, Paris, France, http://hdl.handle.net/1853/49960

Hura, S. L. (2008). Voice User Interfaces. In: HCI beyond the GUI: design for haptic, speech, olfactory, and other nontraditional interfaces, 197-228.

Karpov, A.A., Yusupov, R.M. Multimodal Interfaces of Human–Computer Interaction. Her. Russ. Acad. Sci. 88, 67–74 (2018). doi: 10.1134/S1019331618010094

Komninos, A., Dunlop, M. D., and Wilson, J. N. (2021). Combining infrastructure sensor and tourism market data in a smart city project: case study 1. In P. Eslambolchilar, & A. Komnios (Eds.), Intelligent Computing for Interactive System Design: Statistics, Digital Signal Processing, and Machine Learning in Practice (pp. 197-223). https://doi.org/10.1145/3447404.3447416

Kortum, P, "HCI Beyond the GUI: Design for Haptic, Speech, Olfactory, and Other Nontraditional Interfaces", Morgan Kaufmann Publishers Inc., San Francisco, California, EUA. 2008.

Leffingwell, D. (2010). Agile software requirements: lean requirements practices for teams, programs, and the enterprise. Addison-Wesley Professional.

Martins, V. F. (2011). Avaliação de usabilidade para sistemas de transcrição automática de laudos em radiologia. Doctoral Thesis, Escola Politécnica, University of São Paulo, São Paulo. doi:10.11606/T.3.2011.tde-20072011-092438.

Medina, J. L. P., Pérez-Bertozzi, J. A., and Martins, V. F. (2022). El diseño de la interacción. In: UX Latam: historias sobre definición y diseño de servicios digitales, pp. 177-198.

O'Malley, M. K., Gupta, A. (2008). Haptic Interfaces. In: HCI beyond the GUI: design for haptic, speech, olfactory, and other nontraditional interfaces, 25-74.

Oviatt, S., Grafsgaard, J., Chen, L., and Ochoa, X. (2018). Multimodal learning analytics: Assessing learners' mental state during the process of learning. In The Handbook of Multimodal-Multisensor Interfaces: Signal Processing, Architectures, and Detection of Emotion and Cognition-Volume 2 (pp. 331-374).

Oviatt, S., Schuller, B., Cohen, P., Sonntag, D., and Potamianos, G. (2017). The handbook of multimodal-multisensor interfaces, volume 1: Foundations, user modeling, and common modality combinations. Morgan & Claypool.

Peres, S. C., Best, V., Brock, D., Frauenberger, C., Hermann, T., Neuhoff, J. G., ... and Stockman, A. (2008). Auditory interfaces. In: HCI beyond the GUI: design for haptic, speech, olfactory, and other nontraditional interfaces, 147-195.

Pontes, T. B., and Arthaud, D. D. B. (2019). Metodologias Ágeis para o Desenvolvimento de Softwares. Ciência e Sustentabilidade, 4(2), 173-213. https://doi.org/10.33809/2447-4606.422018173-213

Richards, M. and Ford. N. (2021). Fundamentals of Software Architecture. O'Reilly.

Rios, L, "Visão Computacional". Departamento de Ciência da Computação da Universidade Federal da Bahia, Salvador, Bahia, Brasil. 2010.

Rosenfeld, L., and Morville, P. (2002). Information architecture for the world wide web. "O'Reilly Media, Inc.".

Rubin, K. S. (2017). Scrum essencial: um guia prático parao mais o mais popular processo ágil. Rio de Janeiro : Alta Books Editora.

Sharp, H, et al. (2019) Interaction Design : Beyond Human-Computer Interaction, John Wiley & Sons.

Sodnik, J., Tomažič, S. (2015). Auditory Interfaces. In: Spatial Auditory Human- Computer Interfaces. SpringerBriefs in Computer Science. Springer, Cham. doi: 10.1007/978-3-319-22111-3_3.

Sommerville, I. (2018). Engenharia de Software, 10a. edição, São Paulo : Pearson Education do Brasil.

Taylor, R. N., Medvidovic, N., and Dashofy, E. M. (2010). Software Architecture: Foundations, Theory, and Practice. John Wiley & Sons.

Tvedt, R. T., Costa, P., and Lindvall, M. (2004). Evaluating software architectures. Adv. Comput., 61, 1-43.

Valsalan, P., Baomar, T. A. B., and Baabood, A. H. O. (2020). IoT based health monitoring system. Journal of critical reviews, 7(4), 739-743, doi: 10.31838/jcr.07.04.137.

Van Vliet, H. (2008). Software engineering: principles and practice (Vol. 13). Hoboken, NJ: John Wiley & Sons.

Velasco, J., Morales, L., and Penado, C. (2022). Arquitectura de la información. In: UX Latam: historias sobre definición y diseño de servicios digitales, pp. 47-64.

Whitton, M. C., Razzaque, S. (2008). Locomotion Interfaces. In: HCI beyond the GUI: design for haptic, speech, olfactory, and other nontraditional interfaces, 107- 146.

2

Design de Interação e Experiência do Usuário

Valéria Farinazzo Martins
Maria Amelia Eliseo

2.1 Introdução

No nosso cotidiano, estamos expostos a uma vasta variedade de produtos e serviços interativos baseados em canais digitais, sejam eles dispositivos eletrônicos, aplicativos de software ou serviços baseados em tecnologia. Nossas atividades diárias são apoiadas pelo uso de tecnologias interativas, fazendo com que desfrutemos de várias experiências em todo lugar e a todo momento. Quando nos referimos a produtos interativos, não estamos falando apenas de um site ou aplicativo móvel, estamos falando de relógios inteligentes, controladores de temperatura, livros interativos, roupas de detecção biológica, jogos digitais, tecnologias em saúde, entre outros sem número de produtos de interação tecnológica (Medina; Pérez-Bertozzi; Martins, 2022).

O Design de Interação está focando em entender como se estabelece a comunicação entre usuários e tecnologias interativas (Sharp, 2003). De acordo com Preece, Rogers e Sharp (2013), um dos principais objetivos do design de interação consiste em minimizar os aspectos negativos da experiência de usuário, como frustrações e, também, melhorar os aspectos positivos, como o divertimento. Desta maneira, trata-se, primordialmente, de desenvolver produtos interativos fáceis, eficientes e agradáveis de usar, sob a perspectiva dos usuários.

O Design de Interação está intimamente relacionado ao design industrial, ergonomia, usabilidade, psicologia cognitiva, interação humano-computador, design de interface do usuário e design de experiência do usuário. O Design da Interface do Usuário responde ao artefato ou ao que está dentro da tela. O Design de Experiência do Usuário foca na pessoa que usa o produto digital e na experiência emocional que deve ser alcançada antes, durante e após o uso do artefato. Já o Design de Interação responde às várias maneiras pelas quais o usuário interage ou entra em contato com o artefato e como ele responde às ações do usuário.

Desde o surgimento das Interfaces Gráficas de Usuário (GUI) (Norman, 1988; Jansen, 1998) até agora, os designers de interação experimentaram muitas inovações e dificuldades na produção de seus projetos. Por exemplo, eles enfrentam desafios em interfaces de voz (Martins, Brasiliano & Fernandes, 2012; Capdevila et al., 2020), onde a voz é uma informação volátil; quando eles precisam pensar sobre a interação tridimensional em ambientes de Realidade Virtual (Kirner & Martins, 1999; Steuer, 1992); em Realidade Aumentada (Martins, Kirner, & Kirner, 2015; Azuma, 1997), quando o ambiente virtual e real são misturados; ou em Interfaces Gestuais (Kawamoto; Marques; Martins, 2020), em que se deve gerenciar atrasos nos gestos ou calibrar o sistema para reconhecer estes gestos corretamente.

A importância do Design de Interação aplicado a produtos interativos digitais está fortemente relacionada a proporcionar ao usuário experimentar novas formas de interagir, explorando todos os sentidos humanos, melhorando a sua atenção e experiências do mundo, independentemente do tipo de dispositivo usado. Nós transcendemos a interação através de mouse e teclado. Podemos interagir com toque, voz, movimento, olhar, ondas cerebrais, de uma maneira mais natural e espontânea. A interação tem a capacidade de mudar a forma como vivemos e fazemos as coisas, alterando os paradigmas de acesso à informação, entretenimento ou convívio (Medina; Pérez-Bertozzi; Martins, 2022).

Dentro deste contexto, o objetivo deste capítulo é apresentar o processo de design de interação de sistemas computacionais interativos, dividido em suas quatro principais atividades: estabelecimento de requisitos, geração de designs alternativos, prototipação de ideias potenciais e avaliação do produto. Traz também alguns pontos de destaque sobre técnicas utilizadas em uma ou mais atividades deste processo. O capítulo apresenta um estudo de caso fictício detalhado sobre problemas e soluções no processo de design de interação de um sistema de reabilitação motora.

O capítulo está estruturado como segue. Na seção 2 está o conceito de design de interação e experiência do usuário, diferenciando metas de usabilidade e metas decorrentes da experiência do usuário. Na seção 3 está o detalhamento do processo de design de interação, dividido em suas atividades principais. A seção 4 aborda alguns pontos de destaque para o design de interação. Na seção 5 é apresentado um estudo de caso fictício a fim de clarear os conceitos trazidos neste capítulo. A seção 6 se incumbe de trazer algumas atividades teóricas e práticas para que o leitor possa exercitar os conceitos aprendidos. Finalmente, na seção 7 estão as conclusões deste capítulo.

2.2 O que é design de interação e experiência do usuário

Parte do entendimento das necessidades do usuário, em relação à construção de um sistema interativo, está ligada a entender o objetivo central deste. Para isso, pode-se lançar mão das metas de usabilidade e das metas decorrentes da experiência do usuário. As duas se diferem no que se refere à maneira como são, de fato, operacionalizadas. As metas de usabilidade estão relacionadas em atender critérios específicos (tal com eficácia), enquanto as metas decorrentes da experiência do usuário, com explicar a qualidade da experiência desta (tal como esteticamente agradável) (Preece; Rogers & Sharp, 2013).

Conforme supracitado, a usabilidade de um produto assegura critérios de facilidade de uso, eficiência e agradabilidade, pela perspectiva do usuário. Pode-se dividir as metas de usabilidade em: eficácia, eficiência, segurança, utilizada, capacidade de ser aprendido, capacidade de ser recordado como é usado.

Já as metas decorrentes da experiência do usuário estão fortemente relacionadas ao surgimento de tecnologias, como Realidade Virtual, Realidade Aumentada, Computação Móvel etc. Assim, o designer de interação também deve se preocupar com sistemas que sejam: satisfatórios, agradáveis, divertidos, interessantes, úteis, motivadores, esteticamente apreciáveis, incentivadores de criatividade, compensadores e emocionalmente adequados (Preece; Rogers & Sharp, 2013).

Desta maneira, enquanto as metas de usabilidade são mais objetivas, as metas decorrentes da experiência do usuário estão intrinsecamente relacionadas com a maneira com que os usuários lidam com um produto interativo. A Figura 2.1 apresenta a relação entre estes dois conjuntos de metas.

Figura 2.1. Metas de Usabilidade x Metas decorrentes da Experiência do Usuário
(Fonte: adaptado de Preece; Rogers & Sharp, 2013)

2.3 O Processo de Design de Interação

O design de interação, como qualquer processo relacionado à experiência do usuário, pode ser desenvolvido tanto em fases anteriores de conceituação para o desenvolvimento de novos produtos interativos, quanto em etapas posteriores de *redesign* e repensamento. A Figura 2.2 apresenta as quatro atividades do design de interação.

Figura 2.2. Fases do Processo de Design de Interação
(Fonte: autora)

Essas atividades consideram iterações constantes onde prevalece a participação do usuário no processo para especificar satisfatoriamente o design interativo proposto. O design de interação é baseado na usabilidade (Stewart, 1998) e seu foco na obtenção de produtos e serviços que atinjam os objetivos dos usuários com eficácia, eficiência e satisfação em seu contexto de uso (Preece; Rogers & Sharp, 2013). A usabilidade busca a garantia que o usuário execute facilmente a tarefa para a qual o produto foi projetado. Uma interação limpa e simples, que oferece as funcionalidades necessárias, facilitará o aprendizado e a memorização dos usuários e, minimizará erros de interação do usuário. No entanto, o design de interação não busca apenas proporcionar ao usuário uma boa usabilidade, mas também uma boa experiência do usuário. O importante é evitar a frustração do usuário ou levar a erros onerosos que resultem em prejuízo financeiro para as empresas que utilizam e conceituam a tecnologia interativa (Medina; Pérez-Bertozzi; Martins, 2022). A seguir são apresentadas as quatro fases que compõem o design de interação.

2.3.1 Estabelecimento de Requisitos

Esta etapa tem por objetivo identificar e descrever os requisitos de um sistema interativo. Seguindo uma sequência, é possível identificar os requisitos necessários desta fase (Kirner & Martins; 1999) (Kirner; Salvador; Kirner, 2007):

- Saber quem serão os usuários desta aplicação e quais suas experiências, atitudes, motivações e necessidades.

- Qual é a tarefa e o que é necessário para executá-la.

- Qual é o ambiente em que a aplicação será usada e qual o contexto em que a tarefa será executada.

- Quais são as capacidades humanas, motoras e desempenho dos usuários.

- Especificar os requisitos não funcionais e, também, os requisitos específicos da aplicação.

Assim, de acordo com Preece, Rogers & Sharp (2013), os requisitos podem ser categorizados em cinco classes, a saber:

- Requisitos funcionais: O que o produto ou sistema deve fazer.

- Requisitos de dados: Tipo, tamanho e quantidade de dados que povoarão o sistema.

- Requisitos ambientais: Pode-se definir o ambiente em que a aplicação será usada de diversas maneiras, como o ambiente físico, de trabalho e o social. É interessante que, logo no início do processo do projeto, se considere cada tipo de ambiente, pois qualquer um desses três aspectos não especificados poderá trazer vários problemas ao sistema tornando-o até inutilizável, e defini-los pode ser de suma importância para o sucesso do sistema.

- Requisitos do usuário: Entender as características físicas, emocionais, de uso de tecnologia, entre outros, é fundamental para o sucesso do sistema. Há várias considerações a respeito de um usuário, entre as quais pode-se citar: se a aplicação será mono ou multiusuário; se os usuários serão locais ou remotos; e se os usuários do sistema serão pessoas experientes ou principiantes, tipos de tecnologias que utilizam, nível de conhecimento, tipo de aplicação que estão acostumados a utilizar.

- Requisitos de usabilidade: eficácia, eficiência, segurança, utilidade, capacidade de aprendizagem e de memorização.

Podem ser empregados métodos e técnicas da engenharia de requisitos para auxiliar a elicitação e modelagem dos requisitos da aplicação, tais como *personas* e cenários.

2.3.2 Geração de Designs Alternativos

Nesta fase, deve-se gerar ideias que atendam aos requisitos estabelecidos. Pode-se dividir as atividades desta fase em design conceitual e design físico. Entende-se por design conceitual produzir o modelo conceitual para o produto. O modelo conceitual pode ser entendido como uma descrição do sistema a ser desenvolvido, em termos de um conjunto de ideias e conceitos sobre o que o sistema deve fazer, como será seu comportamento e sua aparência, que possa ser compreendido pelos usuários de maneira correta (Preece; Rogers & Sharp, 2013).

Para a construção de um modelo conceitual, é necessário que sejam observadas as necessidades dos usuários e, também, os requisitos identificados. Neste ponto, deve-se pensar, por exemplo, em quais são as ações que os usuários farão no sistema e como as farão, escolhendo, assim, os possíveis modos de interação que darão suporte a isso.

A partir do momento que se tenha estes possíveis modos de interação, pensa-se, então, no design do modelo conceitual, transformando-o numa solução concreta. Torna-se, então, interessante, explorar uma variedade de designs possíveis e avaliá-los. Pode-se também utilizar metáforas de interface, paradigmas de interação, *storyboarding*, esboços de ideias, descrição de possíveis cenários e prototipação para guiar o projeto do modelo conceitual (Preece; Rogers & Sharp, 2013). Os princípios norteadores para o design conceitual são:

- Manter a mente aberta sem nunca esquecer os usuários e o seu contexto.
- Discutir ideias com outros envolvidos no projeto o máximo possível.
- Lançar mão de protótipos de baixa-fidelidade a fim de agilizar o *feedback* sobre o produto.
- Iterar o máximo possível, ou seja, gerar uma grande quantidade de versões de ideias.

Já o modelo físico leva em consideração detalhes como design de telas, cores, sons e imagens, design do menu e design de ícones, por exemplo. A forma com que a interface física é projetada não deve conflitar com os processos cognitivos dos usuários na realização das tarefas. Assim, Shneiderman (1998) apresenta um conjunto de recomendações, chamado de Regras de Ouro, para o design da interface:

1. Esforce-se pela consistência.
2. Atenda a usabilidade universal – possibilitando que usuários utilizem atalhos.
3. Ofereça *feedback* informativo.
4. Projete diálogos que indiquem término da ação.
5. Ofereça prevenção e tratamento de erros.
6. Permita uma reversão fácil das ações.
7. Forneça a sensação de controle da interface ao usuário.
8. Reduza a carga de memória de curso prazo.

2.3.3 Prototipação de Ideias Potenciais

Um protótipo pode ser entendido como uma representação física de um modelo conceitual. Pode ser um modelo em escala menor no campo da arquitetura ou uma parte de um software que ainda apresenta muitas falhas; ou pode ser apenas um esboço em papel de uma tela ou um conjunto de telas (Preece; Rogers & Sharp, 2013).

Os protótipos são essencialmente importantes quando se está discutindo ideias de design de um produto com *stakeholders*, facilitando a comunicação dos membros da equipe muitas vezes multidisciplinares. Pode-se criar protótipos de baixa, média e alta fidelidade para cumprir requisitos de tempo de projeto e de precisão do produto.

Um protótipo de baixa-fidelidade é aquele que ainda não apresenta muita semelhança com o produto final, no entanto, são úteis por serem simples, baratos de rápida produção. Um exemplo de protótipo de baixa-fidelidade são os *storyboards*. Um dos métodos de prototipação de baixa-fidelidade é denominado Mágico de Oz (Kelley, 1985). Neste método, o usuário se senta na frente de uma tela de computador (ou uma simulação de uma tela) e interage com uma simulação de software como se estivesse interagindo com o produto. Esta simulação é desempenhada por uma pessoa que vai construindo as respostas às ações do usuário.

O protótipo de média-fidelidade pode ser construído em *wireframes* com detalhamento através de componentes de interface. Atualmente, muitas ferramentas podem ser utilizadas para realizar uma simulação de telas que podem ser navegáveis, dando a sensação ao usuário de um produto próximo ao final. São exemplos destas ferramentas: Figma, Axure, Sketch, Balsamiq, InvisionApp, FramerJS, OmniGraffle, Cacoo, BalsamiqMockups, Mockinbird e Gliffy. A Tabela 1 apresenta as principais vantagens e desvantagens de se utilizar prototipação de baixa e alta fidelidades.

Já o protótipo de alta-fidelidade se assemelha muito ao produto final, permitindo controle de transições e interações complexas; podem ser desenvolvidos em linguagens de programação. Para um site, pode-se pensar na utilização de HTML e CSS e construir o "front".

Tabela 2.1 — Prototipação de Baixa X Alta Fidelidade (adaptado de Rudd et al. 1996)

Tipo	Protótipo de Baixa-Fidelidade	Protótipo de Alta-Fidelidade
Vantagens	Custo mais baixo	Funcionalidade completa
	Avalia múltiplos conceitos de design	Totalmente interativo
		Uso conduzido pelo usuário
	Instrumento útil para comunicação	Define o esquema de navegação
	Aborda questões de layout de tela	Uso para exploração e teste
		Mesmo *look and feel* do produto final
	Identificação de requisitos de mercado	Ferramenta para venda e marketing
	Prova de conceito	
Desvantagens	Verificação limitada de erros	Desenvolvimento mais caro
	Pobre em detalhes	Demanda tempo
	Uso conduzido pelo facilitador	Ineficiente para provas de conceito
	Utilidade limitada após a especificação dos requisitos	Não serve para coleta de requisitos
	Limitado para testes e fluxo de navegação	

2.3.4 Avaliação do Produto

Trazidas do contexto de Engenharia de Software, métricas são utilizadas para definir o estado atual do software, a fim de que melhorias possam ser realizadas sobre ele (Pressman, 2005) (Sommerville, 2020). O papel de definir indicadores que representam as métricas adequadas a cada sistema é complexo e custoso. As métricas podem ser diretas ou indiretas, quantificando parâmetros como qualidade e usabilidade (Pressman, 2005). Em relação à usabilidade, procura-se aferir resultados relacionados à facilidade de aprendizagem de uso do sistema, tempo para se tornar eficiente no uso, o aumento da produtividade e uma avaliação subjetiva do usuário, analisando em geral o grau de satisfação do usuário em utilizar a aplicação.

Com objetivos diferentes e, muitas vezes, complementares, os métodos de avaliação de usabilidade enquanto a seu público-alvo, pode ser dividido em (Vieira & Baranauskas, 2003):

- Testes de Usabilidade: implicam na participação direta dos usuários para realizar a avaliação, que experimentam o sistema que está sendo aferido. Os testes de usabilidade são importantes para coletar não só a opinião dos usuários sobre o sistema, mas também questões relacionadas ao tempo para o usuário desempenhar a atividade, número de cliques necessários para alcançar a atividade, entre outras.

- Inspeção de Usabilidade: realizada por especialistas que tem como principal objetivo identificar erros de usabilidade a partir de *guidelines*. O uso desta técnica representa uma opção menos dispendiosa, tratando-se de custo e de tempo, pois são aplicadas sem a presença do público-alvo da interface. Vale ressaltar que a técnica de inspeção não substitui a avaliação do usuário, devendo, preferencialmente, ser aplicado antes da avaliação com o usuário final, a fim de identificar problemas que possam ser solucionados antes da liberação do produto ao público em geral (Preece; Rogers & Sharp, 2013).

Para uma visão mais completa sobre avaliação de usabilidade, é sugerida a leitura do capítulo "Avaliação de Usabilidade" deste livro.

2.4 Pontos de Destaque

Esta seção apresenta algumas técnicas e modelos que podem ser utilizados dentro das atividades que compõe o processo de design de interação para sistemas computacionais interativos, a saber: metáforas de interação, *personas* e cenários, análise de tarefas e alguns modelos de ciclo de vida de sistemas interativos.

2.4.1 Metáforas de Interação

Pode-se definir metáfora como o emprego de uma palavra em sentido diferente do próprio por semelhança ou analogia. Uma outra definição é "um mapeamento parcial entre dois conceitos". As metáforas auxiliam no projeto da interface do usuário pela exploração da base de conhecimento existente do usuário no aprendizado de um novo sistema. As metáforas mapeiam conhecimento de um domínio fonte para um domínio destino. O domínio fonte é uma área familiar para o usuário, tal como a área de trabalho. A interface do usuário age como o domínio destino para metáforas de interface (Lovgren, 1994).

As metáforas tornaram-se uma das principais ferramentas usadas na interação homem-computador para reduzir a complexidade da interface. Metáforas de interface bem projetadas aumentam a usabilidade da interface, encorajando a exploração desta. As metáforas de interface podem consistir de uma combinação de várias metáforas, o que é conhecido como metáfora composta. A área de trabalho é um bom exemplo disto, ele é composto por várias metáforas menores, tais como bloco de notas, lixeira e *clipboards* (Averbukh, 2019) (Neale & Carroll, 1997). Entre as principais vantagens em se utilizar as metáforas, pode-se citar (Lovgren, 1994):

- O uso da base de conhecimento existente do usuário aumenta a familiaridade de ações, procedimentos e conceitos de novas ferramentas.

- As metáforas ajudam a manter a consistência da interface.

- As metáforas proporcionam uma razão fundamental para as decisões adotadas do projeto.

Também pode-se encontrar algumas desvantagens no uso de metáforas, dentre elas:

- As metáforas pobres e as metáforas compostas podem confundir o usuário.

- As metáforas podem limitar o projeto.

- O projeto que utiliza metáforas pode ser caro e demorado.

- As metáforas devem ser projetadas considerando-se a base de conhecimento existente dos potenciais usuários.

Desde o surgimento de interfaces não convencionais, há ainda desafios maiores na construção de boas metáforas. Por exemplo, num ambiente tridimensional, é necessário se repensar as metáforas que haviam sido criadas para ambientes bidimensionais das GUIs. Em sistemas de reconhecimento de voz, há de se pensar em como se criar boas metáforas que são audíveis. Em interfaces gestuais, o desafio é como transformar o gesto numa boa metáfora.

2.4.2 Personas e Cenários

Personas são personagens fictícios construídos para representar potenciais usuários levando em consideração suas características, atitudes e necessidades dentro de um contexto de uso de um sistema interativo. O termo *Persona* é comumente utilizado para aplicações interativas projetadas de acordo com um processo de design centrado no usuário, com o objetivo de perceber as verdadeiras necessidades de usuários reais (Acuña; Castro & Juristo, 2012). A Figura 2.3, a seguir, apresenta um exemplo de um *persona*.

Figura 2.3. Exemplo de um persona
(Fonte: autora)

De acordo com (Benyon, 2011) e (Preece, Rogers & Sharp, 2013), cenários são descrições (textuais, desenhos ou outra forma de representação) de situações hipotéticas de uso de um sistema sob a perspectiva do usuário e que podem facilitar o entendimento do produto a ser desenvolvido. Descrevem as atividades ou tarefas humanas em uma história que permitem que seja realizada a exploração e a discussão de contextos, necessidades e requisitos. Melhor que usar um usuário genérico em um cenário é utilizar um usuário definido, com características definidas, como uma persona. A seguir é apresentado um exemplo de cenário com *persona*.

Digamos que Marcia queira comprar uma passagem aérea para Manaus. Ela entra em um site de compras de passagens, pacotes e hotéis. Seleciona a opção passagens. Então é aberta uma janela para que ela insira o local de partida, o local de destino e as datas. Após clicar em prosseguir, aparece para ela uma lista de passagens, ordenada por preço. Marcia percebe que as opções mais baratas incluem conexões com muitas horas de espera. Resolve refazer a sua busca, clicando na opção de "somente voos diretos". Verifica, ainda, que, como selecionou a opção de todos os aeroportos de São Paulo, os voos mais baratos são os que saem de Campinas (Viracopos), o que não é uma boa opção para ela. Gostaria de poder selecionar a possibilidade de voos de Congonhas ou Guarulhos para ida e volta, mas não existe essa opção. Então ela tem que verificar, manualmente, todas as combinações de passagens diretas e excluir as que saem ou chegam por Viracopos, o que é bastante entediante para Marcia.

2.4.3 Análise de Tarefas

A análise de tarefas é um termo abrangente que contém técnicas para a investigação de processos cognitivos e ações físicas em um alto nível de abstração e em pequenos detalhes. Entre as técnicas mais amplamente utilizadas para a análise de tarefas tem-se a Análise Hierárquica de Tarefas (AHT) e a técnica GOMS (do inglês *goals, operations, methos* e *selection rules*) (Preece, Rogers & Sharp, 2013).

A AHT compreende dividir uma tarefa em subtarefas e estas em subtarefas e assim por diante. Então, elas são agrupadas como planos que procuram especificar como as tarefas podem ser realizadas em uma situação real. Esta técnica não está relacionada com software ou algum dispositivo interativo, ao contrário, foca nas ações físicas e observáveis que são realizadas.

Como exemplo, pode-se lançar mão de um serviço de catalogação da biblioteca e a tarefa de retirar um livro. Utilizando a AHT, pode-se subdividir esta tarefa em subtarefas, conforme é apresentado na Figura 2.4. Perceba que num mesmo nível (horizontal), a numeração é incrementada na ordem de sua execução. Em níveis subjacentes (vertical), a numeração começa herdando o número da tarefa de onde derivou, seguida por uma numeração sequencial.

Figura 2.4. Exemplo de aplicação da técnica AHT
(Fonte: Preece, Rogers & Sharp, 2013)

Já a técnica GOMS permite o mapeamento da tarefa em quatro aspectos:

- Metas (Goals) – o que o usuário quer fazer
- Operadores (Operators) – ações que o usuário executa
- Métodos (Methods) – serquência de passos para atingir uma meta
- Regras de Seleção (Selection Rules) – regra para seleção de métodos

Utilizando o mesmo exemplo apresentado para o AHT, pode-se modelar o serviço na técnica GOMS (Figuras 2.5 e 2.6).

```
Exemplo do sistema de biblioteca
Usuários
    U1: Usuários da Biblioteca
    U2: Funcionário responsável pelo empréstimo
    U3: Funcionário responsável pelo cadastro de exemplares
Tarefas (Metas)
    1: Consultar uma referência (U1, U2 e U3)
    2: Reservar um exemplar (U1 e U2)
    3: Registrar um empréstimo (U2)
    4: Registrar uma devolução (U2)
    5: Cadastrar um exemplar (U3)
```

Figura 2.5. Exemplo de aplicação da técnica GOMS

(Fonte: Preece, Rogers & Sharp, 2013)

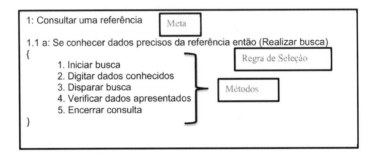

Figura 2.6. Detalhamento de uma meta utilizando a técnica GOMS

(Fonte: Preece, Rogers & Sharp, 2013)

2.4.4 Modelos de Ciclo de Vida de Interação Humano-Computador

Desde que se percebeu a necessidade de foco no usuário no desenvolvimento de sistemas interativos, alguns modelos surgiram, advindos de evoluções dos ciclos de desenvolvimento da Engenharia de Software, tais como: modelo cascata, modelo espiral e RAD (Aplicações de Desenvolvimento Rápido). Nesta subseção são apresentados dois modelos de ciclo de vida de IHC: o modelo Estrela e o modelo de Engenharia de Usabilidade.

2.4.4.1 Modelo de Ciclo de Vida Estrela

O modelo de ciclo de vida Estrela (Star) foi o primeiro a surgir, derivado da Engenharia de Software, mas com um foco no usuário. O modelo, apresentado por Hix e Hartson (1988), é baseado no envolvimento do usuário final desde o início do projeto e o uso dos resultados de avaliações empíricas para introduzir refinamentos. Ao contrário das metodologias de software tradicionais, que envolvem tarefas lineares e isoladas (requisitos, design, implementação e testes), esta metodologia propõe uma combinação de atividades de cima para baixo e de baixo para cima em "ondas alternativas" com o desenvolvimento do projeto em si. Os desenvolvedores podem usar o modelo de ciclo de vida Estrela para construir sistemas interativos usando principalmente atividades de cima para baixo (análise) ou atividades de baixo para cima (síntese). Embora o modelo ofereça ao desenvolvedor liberdade para direcionar o processo de criação de interface, requer uma definição clara de como o processo de criação será monitorado e quando o projeto será ser concluída, uma vez que a metodologia não define um final para o aspecto interativo.

A Figura 2.7 ilustra esta metodologia. O diagrama leva a forma de uma estrela, com a tarefa de avaliação em seu núcleo e as outras atividades como satélites. A tarefa de avaliação envolve toda a gama de requisitos, incluindo validação e teste de protótipo. O projeto pode ser iniciado a partir de qualquer uma das atividades externas (exceto implementação), iniciando ciclos, em ondas alternadas de desenvolvimento.

Figura 2.7. Ciclo de vida Estrela
(Fonte: adaptado de Hix & Hartson,1988)

2.4.4.2 Modelo de Ciclo de Vida da Engenharia de Usabilidade

Proposto por Mayhew (1999), este modelo oferece uma versão holística sobre a Engenharia de Usabilidade e uma descrição detalhada de como realizar testes de usabilidade. Traz também a especificação de como tarefas de usabilidade podem ser integradas nos ciclos de vida tradicionais de desenvolvimento de software. O modelo apresenta três tarefas essenciais: análise de requisitos, projeto/teste/desenvolvimento e instalação, sendo que a tarefa intermediária é subdividida em subtarefas, conforme pode ser visto na Figura 2.8. Ele se assemelha ao processo de design de interação, embora tenha uma quantidade mais detalhada de passos. A própria autora revela que alguns passos podem ser pulados se forem desnecessariamente complexos para o sistema em questão.

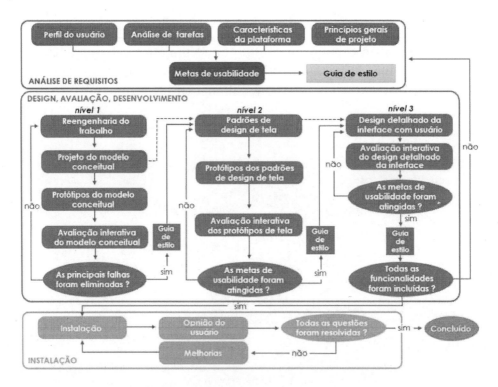

Figura 2.8. Ciclo de Vida de Engenharia de Usabilidade
(Fonte: Mayhew, 1999)

2.5 Estudo de Caso

O estudo de caso trazido aqui é derivado do caso apresentado por (Medina; Pérez-Bertozzi; Martins, 2022), do qual a autora fez parte. Trata-se de um caso fictício sobre problemas de design de interação em uma clínica de tele reabilitação física.

O estudo traz o *persona* Gabriel, um especialista em Design de Interação que é chamado para atuar no projeto já em desenvolvimento de um sistema tele reabilitação física, para pacientes operados no quadril, que construiu uma clínica de renome na cidade.

A inserção de uma nova pessoa dentro do projeto era algo desafiador, tanto para Gabriel, quanto para a equipe. O líder de desenvolvimento, José, apresentou a Gabriel os principais objetivos do projeto, as necessidades identificadas dos usuários e os prazos para liberação do produto. Dentre os principais desafios do projeto estava a necessidade de utilizar interação gestual capaz de capturar e avaliar a qualidade dos movimentos das sessões de exercícios de pacientes que estavam em suas casas. O líder salientou que a plataforma seria mostrada aos pacientes assim que tivessem seu primeiro lançamento de produto.

Após a apresentação de José, Ana, que liderava a área de programação, apresentou os progressos no desenvolvimento da plataforma. Numa visão bastante aritmética, Ana, indicava como foi realizado o cálculo inteligente dos movimentos dos pacientes. No entanto, à medida que suas explicações progrediam, Gabriel começou a ter suas primeiras preocupações: quais são os dispositivos de interação? A solução é independente do dispositivo para capturar os movimentos que se destinam a ser usados? A que distância que os pacientes devem se encontrar do dispositivo para poder interagir com o sistema?

Após a apresentação de Ana, Gabriel foi convidado a expressar sua opinião em relação aos progressos realizados. Gabriel limpou a garganta e disse: "Sinto muito, mas tenho más notícias". Ele fez uma pausa, pegou suas anotações e começou a expor suas perguntas:

- Por que esperar para mostrar a plataforma aos pacientes somente quando se tenha uma primeira versão do produto?

- Qual é a lógica de não ter uma abordagem centrada no usuário?
- Qual será a forma de comunicação do paciente com o sistema?
- Quais tecnologias estão associadas?
- Quão acessível é a tecnologia de interação por gestos para os usuários?
- É caro adotar essa tecnologia?

Embora fossem muitas as perguntas, eram aspectos importantes a serem considerados. José, o líder, respondeu a Gabriel que fez uso de apenas uma tecnologia, que por sinal foi descontinuada, para a captura de movimentos. Afirmou também que o esforço se concentrou principalmente em estudar as estratégias inteligentes que permitem avaliar a qualidade dos movimentos. Posteriormente, os esforços seriam concentrados em testes com os novos dispositivos que eles estavam em processo de aquisição. Além disso, Ana expressou que ainda não havia considerado o mecanismo de interação para poder interagir com interfaces remotas, incluindo o início, o abandono e a conclusão das sessões de reabilitação. A equipe ainda não tinha dado importância a estas questões. Ou seja, a equipe tinha se concentrado em resolver os cálculos para os movimentos do paciente, mas não levaram em consideração os usuários, a tecnologia e o contexto de uso.

Havia ainda outras questões a serem discutidas, trazidas por Gabriel: Como um paciente iniciará a realização das sessões de reabilitação? Qual será a interação para iniciar e parar a captura dos movimentos? Qual a distância entre os pacientes? Usuários manipulam as interfaces a essa distância? O que aconteceria se um paciente tivesse alguma deficiência, inclusive visual? Neste momento, Gabriel trouxe a necessidade de incorporar interações multimodais para o projeto. Ele percebeu que não havia um bom mecanismo que permitia que o *feedback* fosse dado aos usuários após ou durante suas atividades. Mas como resolver esse problema? Era preciso compreender as interações do usuário em um contexto real. A reunião terminou com a responsabilidade de que cada participante pudesse refletir sobre a situação e pensar nas estratégias a serem seguidas para um novo encontro na próxima semana.

Após reflexões da equipe, pensou-se que era necessário incorporar a análise de contexto como prioridade em que o paciente deva interagir. Sessões de codesign das interações acompanhadas de simulações deveriam ser consideradas. Foi sugerido incorporar o usuário como a entidade principal no desenvolvimento da solução, considerando diferentes perfis. Era primordial incorporar uma metodologia de desenvolvimento centrada no usuário. Gabriel levantou a necessidade de estabelecer uma rotina de reuniões, curtas, mas regulares, para que a comunicação entre toda a equipe fluísse melhor. Gabriel também levantou a necessidade de incorporar um grupo de usuários para apoiar o processo de construção das interfaces do sistema e suas interações.

No dia seguinte, durante o primeiro encontro, Gabriel ressaltou a importância de conhecer bem o perfil dos usuários do sistema. Assim, foram realizadas as duas primeiras ações: fazer convites a pacientes e fisioterapeutas para reuniões, além de formular um documento de perfil do usuário que inclui suas reais necessidades, tarefas, competências, habilidades, dispositivos tecnológicos e seus contextos de interação. Foi elaborado um questionário para os pacientes que, além de dados demográficos, captasse o nível de conhecimento sobre o contexto do aplicativo, contexto de uso da aplicação (espaço, iluminação, tipos de tecnologia), competências, habilidades e deficiências. Além deste questionário, a opinião dos fisioterapeutas também devia ser coletada.

Aceitaram o convite de participação no projeto cinco pacientes e cinco fisioterapeutas, a fim de fazerem parte do processo de design de interação do sistema. Eles responderam ao questionário de perfil do usuário, na primeira sessão, que forneceu subsídios para a elaboração das *personas* do sistema e, também, a primeira versão dos cenários de interação do sistema.

A partir dos cenários, as tarefas dos usuários puderam ser identificadas; então a equipe foi construindo as interfaces do sistema. Tanto os pacientes quanto os fisioterapeutas ficaram surpresos de poder expressar suas necessidades e, também, de expressar suas opiniões quando testaram os protótipos do sistema. Cada sessão foi filmada e finalizada com uma entrevista semiestruturada para conhecer os pontos fortes e fracos do sistema já desenvolvido.

Para finalizar, é possível trazer aqui o que mudou para a equipe de desenvolvimento e o que foi alterado no projeto. A equipe adotou uma cultura de desenvolvimento centrada no usuário. Durante a execução do projeto, perceberam que havia muitos pontos que repensar e redesenhar em termos de interação com o usuário:

- A necessidade de mudança de cultura de desenvolvimento, centrada em sessões de codesign de interação, tendo como atores a equipe de desenvolvimento, pacientes e fisioterapeutas.

- Os requisitos do usuário e do ambiente foram redesenhados, baseados nas sessões com todos os *stakeholders*. Isso serviu de lição a ser levado para os próximos projetos.

- A necessidade de se utilizar um modelo de ciclo de vida de um sistema interativo.

- Utilização de interação multimodal a fim de garantir a acessibilidade de todos os tipos de usuários (pacientes).

- Definição do ambiente em que o sistema será utilizado: físico (verificar variáveis como ruído, iluminação, vibração e calor), social (compartilhamento de arquivos ou telas, privacidade, leis governamentais ou de mercado) e (hierarquia, suporte ao usuário, treinamento, infraestrutura de comunicação).

2.6 Atividades

Esta seção abordará atividades que podem ser realizadas pelo leitor para o completo entendimento do assunto abordado neste capítulo. Estas atividades serão divididas em atividades teóricas e atividades práticas.

2.6.1 Atividades teóricas

Sobre o estudo de caso fictício trazido na seção 2.5, responda as seguintes questões:

a. Quais foram os perfis de usuário definidos para interagir com o sistema, ao final dos ajustes?

b. Estes usuários têm restrições físicas ou cognitivas? Necessitam de tecnologia assistiva?

c. A equipe pensou em opções de acessibilidade? Se sim, quais?

d. Como/que tipos de dispositivos os usuários interagirão com o produto?

e. Como os usuários puderam participar do projeto?

2.6.2 Atividades práticas

Considere o seguinte cenário a seguir:

O usuário quer comprar uma passagem aérea em um site de uma companhia aérea. Ele entra com a cidade de origem e a cidade de destino, data e pagamento com pontuação. Então aparece uma lista de horários das passagens de ida, com os valores. Ele seleciona. Em seguida aparece uma lista de horários das passagens de volta, com os valores. Então ele seleciona a volta. O sistema calcula os valores e as taxas de embarque. Ele entra com seu usuário, preenche os seus dados que ainda não estão no sistema. Ele faz o pagamento.

Prepare os seguintes documentos:

a. Estabeleça possíveis requisitos funcionais, ambientais, de usuários e de usabilidade para este cenário.

b. Construa ao menos três personas diferentes que possam representar grupos de potenciais usuários do sistema.

c. Crie metáforas de interação que possam representar os campos de cidade de origem, cidade de destino, data e pagamento com pontuação.

d. Represente, pela técnica AHT, a compra de uma passagem.

e. Represente, pela técnica GOMS, a compra de uma passagem.

f. Construa um protótipo de baixa-fidelidade que possa representar este cenário.

2.7 Conclusões

Este capítulo apresentou as quatro atividades que compõe o processo de design de interação de sistemas, a saber: estabelecimento de requisitos, geração de designs alternativos, prototipação de ideias potenciais e avaliação do produto. Trouxe também alguns pontos de destaque sobre técnicas utilizadas em uma ou mais atividades do processo. Também apresentou um caso fictício sobre problemas e soluções no processo de design de interação de um sistema de reabilitação motora.

Ao ler este capítulo, o leitor pode ter uma ideia dos pontos a serem considerados no design de interação, tais como: estabelecer requisitos de usuário e de ambientes, usando um modelo de ciclo de vida de software centrado no usuário, testando protótipos em suas diferentes fases com potenciais usuários, atentando-se aos problemas de usabilidade (tempo de resposta, falta de informações de *feedback* ao usuário, entre outros). A prática do design de interação de considerar o perfil, as habilidades e as limitações dos usuários são primordiais para atingir os objetivos ao desenvolver produtos interativos e serviços baseados em canais digitais. A utilização de um modelo de desenvolvimento centrado no usuário permitirá descobrir, refinar, avaliar e validar as necessidades e limitações destes. O leitor também se deparou com uma seção de atividades que ele pode realizar para treinar o completo entendimento do assunto.

Um projeto de software que não coloca o usuário no centro do desenvolvimento certamente enfrentará problemas de usabilidade e erros na interpretação dos requisitos do usuário e do ambiente. Isso pode comprometer o sucesso do software no mercado.

Referências

Acuña, S. T., Castro, J. W., & Juristo, N. (2012). A HCI technique for improving requirements elicitation. *Information and Software Technology, 54*(12), 1357-1375.

Averbukh, V. L. (2019). Sources of computer metaphors for visualization and human-computer interaction. In *Cognitive and Intermedial Semiotics*. IntechOpen.

Azuma, R. T. (1997). A survey of augmented reality. *Presence: teleoperators & virtual environments*, 6(4), 355-385.

Benyon, D. (2011). Interação humano-computador. *2a. ed. Sao Paulo: Person Prentice Hall*, 464.

Capdevila, M. G., Silveira, I. F., Faion, B. F., & Martins, V. F. (2020, June). Usability study for Liquid Galaxy platform using hand and voice controllers. In *2020 15th Iberian Conference on Information Systems and Technologies (CISTI)* (pp. 1-6). IEEE.

Ellwanger, C., da Rocha, R. A., & da Silva, R. P. (2015). Design de interação, design experiencial e design thinking: a triangulação da interação humano-computador (IHC). *Revista de Ciências da Administração*, 17(43), 26-36.

Gudjonsdottir, R., & Lindquist, S. (2008). Personas and scenarios: Design tool or a communication device?. *From CSCW to Web 2.0: European Developments in Collaborative Design Selected Papers from COOP08*.

Hartson, H. R., & Hix, D. (1988). Toward empirically derived methodologies and tools for human-computer interface development. *Int. J. Man Mach. Stud.* 31 (1989) 477–494.

Kawamoto, A. L. S., Marques, D., & Martins, V. F. (2020). Revisão Sobre Usabilidade em Sistemas de Interação Não-Convencional. *Revista Ibérica de Sistemas e Tecnologias de Informação*, (E26), 624-636.

Kelley, J. F. (1985). *Cal-a natural language program developed with the oz paradigm: Implications for supercomputing systems.* IBM Thomas J. Watson Research Center.

Kirner, T. G., Salvador, V. F. M., & Kirner, C. (2007, June). Contribution to the Requirements Engineering of Virtual Environments. In *ICEIS (5)* (pp. 142-147).

Kirner, T. G., & Martins, V. F. (1999, March). A model of software development proc

ess for virtual environments: definition and a case study. In *Proceedings 1999 IEEE Symposium on Application-Specific Systems and Software Engineering and Technology. ASSET'99 (Cat. No. PR00122)* (pp. 155-161). IEEE.

Lovgren, J. (1994). How to choose good metaphors. *Ieee Software, 11*(3), 86-88.

Martins, V. F., Brasiliano, A., & Fernandes, L. F. (2012). Interface do usuário baseada em voz como ferramenta para promover o ensino/aprendizagem de língua estrangeira. *Reavi – Revista Eletrônica do Alto Vale do Itajaí,* 1(1), 34-42.

Martins, V. F., Kirner, T. G., & Kirner, C. (2015, August). Subjective usability evaluation criteria of augmented reality applications. In *International Conference on Virtual, Augmented and Mixed Reality* (pp. 39-48). Springer, Cham.

Mayhew, D. J. (1999, May). The usability engineering lifecycle. In *CHI'99 Extended Abstracts on Human Factors in Computing Systems* (pp. 147-148).

Medina, J. L. P. ; Perez-Bertozzi, J. A. & Martins, V. F. (2022). El Diseño de la Interacción. In: del Río, M. S.; Linares, F. (Org.). *UX Latam: historias sobre definición y diseño de servicios digitales.* 1ed.Lima: Universidad del Pacifico, 2022, v. 1, p. 177-198.

Neale, D. C., & Carroll, J. M. (1997). The role of metaphors in user interface design. In *Handbook of human-computer interaction* (pp. 441-462). North-Holland.

Pressman, R. S. (2005). *Software engineering: a practitioner's approach.* Palgrave macmillan.

Rogers, Y., Sharp, H., & Preece, J. (2013). *Design de interação.* Bookman Editora.

Rudd, J., Stern, K., & Isensee, S. (1996). Low vs. high-fidelity prototyping debate. *interactions*, *3*(1), 76-85.

Sharp, H. (2003). *Interaction design*. John Wiley & Sons

Shneiderman, B. (1998). Designing the user interface: strategies for effective human-computer. *Interaction*, *3*.

Sommerville, I. (2020). *Engineering software products*. London: Pearson.

Steuer, J. (1992). Defining virtual reality: Dimensions determining telepresence. *Journal of communication*, *42*(4), 73-93.

Stewart, T. (1998). *Ergonomic requirements for office work with visual display terminals (VDTS): Part 11: Guidance on usability*. International Organization for Standardization ISO, 9241.

Vieira, H. C. R., & Baranauskas, M. C. C. (2003). Design e avaliação de interfaces humano-computador. *Campinas: Unicamp*.

3

Análise de Usabilidade de Sistemas Interativos: Uma Visão Introdutória e Prática

Ana Grasielle Dionísio Corrêa

3.1 Introdução

A Análise de usabilidade é uma atividade fundamental do processo de desenvolvimento de produtos interativos (Albert e Tullis, 2022). Ela orienta o avaliador a identificar problemas na interface e na interação que prejudicam a qualidade de uso e que impactam negativamente na experiência dos usuários. De acordo com Barbosa e Silva (2010), as falhas na interface e interação podem ocorrer, por exemplo, devido a um descuido na especificação dos requisitos; um erro humano do programador durante o processo de codificação; um problema decorrente de matéria-prima com defeito, entre outras. Portanto, uma das razões para avaliar os sistemas interativos é que os problemas podem ser corrigidos antes e não depois de o produto ser lançado no mercado (Albert e Tullis, 2022; Rogers et al. 2005).

A análise de usabilidade pode ocorrer em vários estágios do desenvolvimento de um produto interativo para que a interface e a interação se adaptem às necessidades dos usuários. A esse processo damos o nome de "Design Centrado no Usuário" (Lowdermilk 2013), ou seja, o design progride em ciclos iterativos de design – avaliação – novo design (redesign). Esse processo exige que os especialistas em avaliação de usabilidade saibam como avaliar tipos diferentes de sistemas em estágios diferentes de desenvolvimento (Rogers et al., 2005). Para isso é necessário que esses avaliadores conheçam os diferentes métodos de avaliação disponíveis. Decidir qual método de avaliação usar vai depender do estágio e dos objetivos da avaliação que podem ocorrer em uma variabilidade de locais como em laboratórios controlados, nas casas das pessoas, ao ar livre e em ambientes reais de trabalho.

Avaliar a qualidade de uso de um sistema interativo requer um planejamento cuidadoso para que não sejam desperdiçados tempo e dinheiro. O avaliador precisa decidir o que, quando, como e onde avaliar sistemas interativos, bem como saber os dados que serão coletados e produzidos (Albert e Tullis, 2022; Rogers et al., 2013). Essas questões são importantes para orientar a escolha do método de avaliação, seu planejamento, sua execução e avaliação de resultados.

O objetivo deste capítulo é apresentar, brevemente, os métodos e técnicas de avaliação de usabilidade – em diferentes estágios de desenvolvimento de software – e, na sequência, apresentar um estudo de caso que mostra detalhadamente como foi aplicado um teste de usabilidade, envolvendo participantes interagindo com um Simulador de Montanha Russa para interfaces sensíveis ao toque (touchscreen) desenvolvido por De Biase et al. (2018) para apoiar o ensino de Física de pessoas com Deficiência Visual.

3.2 Fundamentos: Paradigmas de Avaliação de Usabilidade

Um paradigma de avaliação é uma abordagem em que os métodos utilizados são influenciados por teorias e filosofias específicas. Rogers et al. (2005) identificaram quatro paradigmas centrais de avaliação: (1) avaliações "rápidas e sujas"; (2) testes de usabilidade; (3) estudos de campo; (4) avaliação preditiva.

Avaliações "Rápidas e Sujas"

Fornece aos designers um feedback rápido e informal dos usuários e stakeholders para confirmar ou refutar soluções de design e/ou satisfação de uso de um produto. De acordo com Rogers et al. (2005), a avaliação rápida e suja é usada para confirmar se as ideias inicialmente elencadas estão de acordo com o que foi especificado. Avaliações desse tipo podem ser aplicadas em qualquer estágio de desenvolvimento, desde que seja dentro de um curto espaço de tempo. Pode ser aplicada, por exemplo, para testar algumas ideias para um ícone novo (Teste A/B); verificar se um gráfico agrada os usuários; ou verificar se uma determinada informação foi categorizada adequadamente dentro de um menu suspenso como websites ou aplicativos (Apps). Os dados coletados são geralmente descritivos e informais e retornam para o processo de redesign na forma de esboços em desenhos, pequenos relatos escritos etc.

Teste de Usabilidade

Envolve avaliar o desempenho dos usuários típicos na realização de tarefas típicas quando estão usando um sistema (Rogers et al., 2005). O desempenho dos usuários geralmente é mensurado em termos de quantidade de erros cometidos ao tentar alcançar um objetivo e tempo para completar uma tarefa. Os usuários geralmente seguem um "roteiro de tarefas" que os ajudam a entender o que fazer durante o teste. Enquanto realizam suas tarefas são observados pelo moderador e podem ser filmados para que suas expressões faciais ajudem a elucidar eventuais dúvidas acerca da interação (Rogers et al., 2005). As interações também podem ser registradas por meio de softwares que auxiliam tanto na cronometragem do tempo gasto para realizar cada uma das tarefas quanto para identificar os erros cometidos na interação com a interface – por exemplo cliques em links errados – ou para medir a quantidade de vezes que o usuário acessou o menu ajuda, entre outras. Há também softwares que registram a expressão facial do usuário ou que registram o movimento do globo ocular para mapeamento do percurso cognitivo (handmaps ou mapas de calor).

Geralmente, o teste de usabilidade é realizado em ambiente controlado como em laboratórios de usabilidade. Trata-se de um espaço especialmente construído ou adaptado para o propósito específico (Rogers et al., 2005). Possui ambiente silencioso, diminuindo a possibilidade de conversar com colegas ou atender chamadas telefônicas. Todas as ações dos participantes são registradas pelas filmadoras e softwares – toques na tela, comentários, pausas, expressões faciais, direção do olhar etc. – de forma a fornecer subsídios para a análise dos dados. Um ponto de partida pode ser iniciar a sessão de teste com uma tarefa de familiarização, por exemplo navegar pelo site ou App, de forma que os usuários se acostumem com o equipamento antes de iniciar o teste. Uma primeira tarefa fácil encoraja a confiança para que os participantes se sintam bem. Se o participante ficar preso em algum ponto da atividade, então é recomendado que o moderador diga a ele que passe para a próxima parte da tarefa. É bom lembrar que tarefas ou testes muito longos devem ser evitados para que o participante não se sinta cansado e também para que não acumulem muitas horas de análise de vídeo. Por exemplo, se um teste durar 1h, então 9 participantes realizando tarefas resultará em 9h de vídeos a serem analisados, o que torna o processo extremamente exaustivo.

Os testes terminam com a aplicação de um questionário de avaliação da satisfação da interação (existem diversos questionários padrão como System Usability Scale – SUS; Computer System Usability Questionnaire – CSUC etc.) e uma entrevista semiestruturada. O resultado é um documento formal que volta para o processo de produção (redesign) em forma de requisitos de usabilidade que devem ser revistos.

Estudo de Campo

São realizados em ambientes reais com objetivo de aumentar o entendimento de como os usuários interagem com o sistema. O estudo de campo pode auxiliar os avaliadores a (1) facilitar a introdução de uma nova tecnologia; (2) determinar requisitos para o design; (3); avaliar uma tecnologia (Rogers et al., 2005). Geralmente o estudo de campo envolve observar explicitamente e registrar o que está acontecendo, como alguém que observa a situação de fora. Técnicas qualitativas são usadas para coletar dados, tais como entrevistas, observações e etnografia. Esses dados podem ser analisados qualitativa e quantitativamente, por exemplo, o número de vezes que um determinado evento é observado pode ser apresentado em forma de gráfico de barras com desvios médio e padrão.

A etnografia consiste em um tipo particular de avaliação cujo objetivo é explorar os detalhes do que acontece em um ambiente social particular. Os diálogos nesses eventos são registrados por meio de anotações ou gravações em áudio e vídeo, sendo analisados através de várias técnicas de análise, tais como análise de conteúdo, de discurso e conversacional. Na análise de conteúdo os dados são analisados categorizando-se os conteúdos; na análise por discursos examina-se o uso de palavras e frases.

Avaliação Preditiva

Na avaliação preditiva, especialistas aplicam seus conhecimentos a respeito de usuários típicos, geralmente guiados por heurísticas, visando prever problemas de usabilidade. Heurísticas são regras gerais que descrevem propriedades comuns de interfaces de usuários. A característica básica da avaliação preditiva, baseada em heurísticas, é que os usuários não precisam participar, o que torna o processo rápido, relativamente barato e atrativo para as empresas.

A realização de uma avaliação heurística pode ser dividida em três fases (Rogers et al., 2005): planejamento, execução e revisão. Na fase de planejamento, é preciso ter um objetivo claro do que se espera da avaliação e definir esses objetivos antes de iniciá-la, ou seja, é importante entender exatamente o que precisa ser avaliado. Também é essencial saber quem são os usuários, suas necessidades, motivações e comportamentos, e conduzir a avaliação heurística na perspectiva desses usuários.

Na fase de execução, é necessário definir uma lista de heurísticas para utilizar durante a avaliação. Existem vários modelos que podem ser seguidos, entre eles, o mais conhecido são as 10 heurísticas de Nielsen e Molich (2014) que, apesar de antigas, ainda são muito populares e usadas por muitas empresas. As heurísticas de usabilidade propostas pelos autores foram projetadas principalmente para avaliar produtos baseados em tela, tais como preenchimento de formulários, catálogo de bibliotecas, busca por produtos etc. Após definir as heurísticas, cada especialista analisa individualmente a interface, indicando em cada problema encontrado a heurística violada, o local do erro e a gravidade do problema (escala de severidade).

Na fase de revisão, cada especialista gera um relatório apresentável da sua avaliação e compartilha com o restante do time. Pode-se utilizar screenshots ou gravações de vídeos para que o time analise os problemas levantados sem a necessidade de acessar a aplicação que está sendo avaliada.

É importante destacar que, com o surgimento dos novos dispositivos interativos tais como smartphones, tecnologias vestíveis, brinquedos computadorizados etc., o conjunto original de heurísticas propostas por Nielsen e Molich (2014) tornaram-se insuficientes para algumas tecnologias). Enquanto algumas delas ainda são aplicáveis, por exemplo "falar a linguagem dos usuários", outras não são apropriadas e/ou não contemplam as características desses produtos no que tange a interface e a interação. Existe, portanto, um esforço de especialistas na criação de novas heurísticas de avaliação dessas interfaces emergentes.

3.3 Métricas de Usabilidade

Uma métrica é um "padrão de medida" representada em unidades utilizadas para descrever mais de um atributo. As métricas são muito úteis quando se trata de quantificar a usabilidade durante a avaliação de software, sites e aplicativos. A norma ISO 9126-4 (Parte 1) recomenda que as métricas de usabilidade incluam:

- **Eficácia:** nível nominal de mensuração, que consiste em nomear ou rotular, ou seja, criar categorias e contar sua frequência de ocorrência (Levin; Fox, 2004). Pode-se utilizar, por exemplo, as seguintes categorias: Concluída com Facilidade (CF); Concluída com Dificuldade (CD) e Não Concluída (NC); ou utilizar valor binário para Concluída (1) ou Não concluída (0);

- **Eficiência:** nível intervalar de mensuração que indica a distância exata entre as categorias. A mensuração intervalar utiliza unidades constantes de mensuração (Levin; Fox, 2004). Pode-se, por exemplo, adotar a unidade tempo, expresso em segundos ou minutos, para medir o tempo de conclusão da tarefa. O intervalo das categorias pode ser determinado pelos tempos mínimo e máximo encontrados na realização das tarefas e organizados em quatro níveis: eficiência péssima, satisfatória, boa e ótima.

- **Satisfação:** nível ordinal de mensuração que busca ordenar as categorias em termos de graus de satisfação que possuem determinadas características (Lima et al., 2013). Podem ser criados questionários de satisfação personalizados, ou seja, elaborado pelo próprio pesquisador com inferências e respostas variando segunda a escala Likert de 3, 5 ou 7 pontos. Por exemplo, para uma escala de 5 pontos, pode-se adotar as categorias: "5-Concordo Totalmente", "4-Concordo", "3-Indiferente", "2-Discordo" e "1-Discordo Totalmente". Outra possibilidade é aplicar um dos questionários padronizados disponíveis para medir a satisfação do usuário.

A seguir são apresentados exemplos práticos de como calcular as métricas de usabilidade: eficácia, eficiência e satisfação.

EFICÁCIA – Taxa de Conclusão da Tarefa

A eficácia é calculada através da medição da Taxa de Tarefas Concluídas com sucesso. Referido como a métrica fundamental de usabilidade, a taxa de conclusão é calculada através da atribuição de um valor, por exemplo, binário de '1', se o participante do teste consegue completar uma tarefa, e '0' se ele não consegue ou desiste. Geralmente, a taxa de sucesso é relatada na forma de uma proporção, tal como a proporção de participantes que completaram com sucesso a tarefa em comparação com todos os participantes do estudo. Não é recomendado relatar os resultados em porcentagem para não induzir o leitor em erro sobre a possibilidade de inferir os resultados para a população em geral. Assim, pode-se dizer que uma tarefa foi concluída com sucesso por 8 em cada 10 participantes, não por 80% dos participantes.

Por exemplo, em um projeto liderado pela Tech3lab*, o objetivo foi identificar os desafios e experiência de usuário ao interagir com sites de bancos canadenses e destacar suas melhores práticas. Os avaliadores mediram, entre outras coisas, a taxa de sucesso ao encontrar informações específicas sobre taxas de hipotecas nos sites de oito bancos canadenses. A Tabela 3.1 mostra os dados resumidos com os resultados da análise da taxa de sucesso das tarefas.

Tabela 3.1. Tarefas Concluídas com Sucesso.

Bancos	Taxa de Sucesso da Tarefa
Banco 1	7/9
Banco 2	4/8
Banco 3	4/8
Banco 4	6/10
Banco 5	5/9
Banco 6	9/9
Banco 7	6/8
Banco 8	3/8

Pôde-se concluir que o banco número seis é o único com uma taxa de sucesso perfeita: nove em cada nove participantes conseguiram completar a tarefa com sucesso; enquanto, no caso do banco número oito, apenas três dos oito participantes conseguiram completar a tarefa, ou seja, foi o pior desempenho entre todos os outros bancos.

EFICÁCIA – Número de Erros

Outra medida de eficácia envolve contar o número de erros que o participante comete ao tentar completar uma tarefa. Erros podem ser ações não intencionais, lapsos, erros ou omissões que um usuário faz ao tentar realizar uma tarefa. Por exemplo, usuário clicou no botão Cancelar ao invés de clicar no Salvar (obviamente este é um erro comum de design mal projetado que levam o usuário ao erro). O ideal é atribuir uma breve descrição do tipo de erro, uma classificação de gravidade e classificar cada erro na respectiva categoria. Embora possa ser demorado, contar o número de erros fornece excelentes informações de diagnóstico.

---

*https://tech3lab.hec.ca/en/

EFICIÊNCIA – Tempo total da tarefa

A eficiência é obtida em função do tempo que os participantes gastam para completarem com sucesso a tarefa ou atingirem uma meta identificada de antemão. O tempo de conclusão geralmente está ligado à taxa de sucesso. O tempo médio ou o tempo mediano gasto na tarefa também podem ser usados. O analista de usabilidade deve ficar atento, pois se houver muitas falhas no processo de análise de eficiência, essa medida pode dar uma falsa impressão de eficácia. Geralmente, o tempo de conclusão é relatado em minutos e segundos.

Continuando com o exemplo da análise de usabilidade dos sites dos bancos canadenses. Durante o estudo, os avaliadores também mediram o tempo de conclusão das tarefas de todos os participantes. Nesse caso, o tempo de conclusão foi o momento em que os participantes sentiram que haviam concluído com êxito a tarefa. Em outras palavras, o relógio parou quando eles acharam que tinham encontrado a taxa de hipoteca correta no site. A Tabela 3.2 mostra o Tempo Médio de Conclusão da Tarefa para cada um dos bancos.

Tabela 3.2. Tempo Médio de Conclusão da Tarefa.

Bancos	Taxa de Sucesso da Tarefa	Tempo Médio de Conclusão da Tarefa
Banco 1	7/9	1 min 47
Banco 2	4/8	1 min 50
Banco 3	4/8	2 min 51
Banco 4	6/10	1 min 39
Banco 5	5/9	54 seg
Banco 6	9/9	1 min 37
Banco 7	6/8	1 min 26
Banco 8	3/8	1 min 17

Os resultados da análise comparativa da Taxa de Sucesso da Tarefa e do Tempo Médio de Conclusão da Tarefa, resumidos na Tabela 3.2, demonstram que:

- Pior caso: no caso do banco número três: a taxa de sucesso de quatro dos oito participantes parece não ser muito conclusiva e o tempo de conclusão de 2 minutos e 51 segundos é maior do que no caso de outros bancos.

- Médio caso: embora o banco número cinco tenha um tempo de conclusão rápido, sua taxa de sucesso é baixa, com apenas cinco de nove participantes;

- Melhor caso: o banco número seis parece se destacar com uma taxa de sucesso perfeita e um tempo de conclusão bem abaixo da média.

SATISFAÇÃO – Questionários Padronizados

A satisfação do usuário pode ser medida através de questionários de satisfação padronizados que podem ser aplicados após cada tarefa e/ou após uma sessão de teste de usabilidade.

Satisfação do Nível de Tarefa

Após os usuários tentarem realizar uma tarefa (independentemente de conseguirem atingir seu objetivo ou não), eles devem receber imediatamente um questionário de "experiência de interação" a fim de medir o quão fácil/difícil foi a realização dessa tarefa. Geralmente, esses questionários pós-tarefa assumem a forma de classificações de escala Likert e seu objetivo é fornecer informações sobre a dificuldade da tarefa vista da perspectiva dos participantes.

Os questionários pós-tarefa mais populares são:

- ASQ (After-Scenario Questionnaire): questionário após o cenário (3 perguntas).

- NASA-TLX (NASA Task Load Index): o índice de carga de tarefas da NASA é uma medida de esforço mental (5 perguntas).

- SMEQ (Subjective Mental Effort Questionnaire): Questionário de Esforço Mental Subjetivo (1 pergunta).

- UME (Usability magnitude estimation): Estimativa de magnitude de usabilidade (1 pergunta).

- SEQ: Pergunta de Facilidade Única (1 pergunta).

Da lista acima, Sauro e Lewis (2016) recomendam o uso do SEQ por ser curto e fácil de responder, administrar e pontuar.

Satisfação do nível de teste

A satisfação do nível de teste é medida através de um questionário aplicado a cada participante do teste no final da sessão de teste (Questionário pós-teste). Isso serve para medir sua impressão sobre a facilidade geral de uso do sistema que está sendo testado. Para isso, podem ser utilizados os seguintes questionários (classificados em ordem crescente de número de perguntas):

- SUS (System Usability Scale): Escala de Usabilidade do Sistema (10 perguntas).

- SUPR-Q (Standardized User Experience Percentile Rank Questionnaire): Questionário de classificação de percentil de experiência do usuário padronizado (13 perguntas).

- CSUQ (Computer System Usability Questionnaire): Questionário de Usabilidade de Sistemas Computacionais (19 perguntas).

- QUIS (Questionnaire for User Interface Satisfaction): Questionário de satisfação da interação do usuário (24 perguntas).

- SUMI (Software Usability Measurement Inventory): Inventário de medição de usabilidade de software (50 perguntas).

- UEQ (User Experience Questionnarie): Questionário de Experiência do Usuário de produto interativo (26 questões).

De acordo com Albert e Tullis (2022) a escolha de qual questionários é mais apropriado para aplicação após finalização uma sessão de teste vai depender de dois fatores: (1) se houver orçamento suficiente alocado para o projeto (para alocar laboratório e recrutar usuários); (2) se a satisfação dos usuários for muito importante no contexto geral do projeto. Caso a mensuração da satisfação do usuário seja importante, mas não há um grande orçamento alocado, deve-se usar o SUS, por exemplo, que é um questionário de uso gratuito.

O SUS (Brooke 1996) é consiste em uma escala muito fácil e simples de administrar aos participantes, tornando-a ideal para uso com amostras pequenas (Bangor et al., 2018). Sauro e Lewis (2016) recomendam o uso do SUS para medir a satisfação do usuário com software, hardware e dispositivos móveis, enquanto o SUPR-Q deve ser usado para medir a satisfação do nível de teste de sites.

SATISFAÇÃO – Questionários Personalizados

É possível criar questionários personalizados para cada tipo de teste. Neste caso considera-se perguntas específicas, tais como "Quão fácil foi realizar a tarefa A?" ou "Quão fácil foi acessar o menu ajuda?" Para o cálculo da satisfação, as respostas dos participantes podem ser codificadas numa escala variando entre 0 e 4, onde 0 corresponde à resposta péssima, 1 à resposta ruim, 2 à indiferente, 3 à bom e 4 à ótimo. Considerando o quantitativo de respostas fornecidas pelos usuários, a pontuação de cada usuário pode variar de 0 a 4 vezes a quantidade de perguntas. Por exemplo, se a bateria de testes for composta de 10 perguntas, então a pontuação máxima de um usuário seria 4x10=40. Número muito abaixo de 40 indica usabilidade péssima; enquanto número próximo ao 40 indica usabilidade excelente.

3.4 Estudo de caso

3.4.1 Objeto de Estudo "Simulador de Montanha Russa para Interface Touchscreen"

O simulador de montanha russa foi desenvolvido para uso em interfaces sensíveis ao toque (touchscreen) para apoiar o ensino de Física de pessoas com deficiência visual, mais especificamente para o estudo da Energia Mecânica e suas condições de conservação. Através do simulador é possível transformar energia potencial em energia cinética e vice-versa.

O estudo de usabilidade do simulador foi publicado por De Biase et al. (2018).

A Tela do simulador é composta de uma área de simulação e de um menu de navegação (Figura 3.1). A área de simulação é constituída de um trilho e de um carrinho de montanha russa. A colina de elevação é o ponto mais alto do trilho (a) sendo o ponto de partida do carrinho. A medida que desce a colina, o carrinho acelera em direção à base da colina (b). Impulsionado pela energia cinética da descida da primeira colina, o carrinho sobe até a segunda colina (c), aumentando o nível de energia potencial. Em seguida, o carrinho desce a segunda colina (d), podendo entrar no loop (e), caso ele exista, completar a volta e sair do loop em direção à reta final (f).

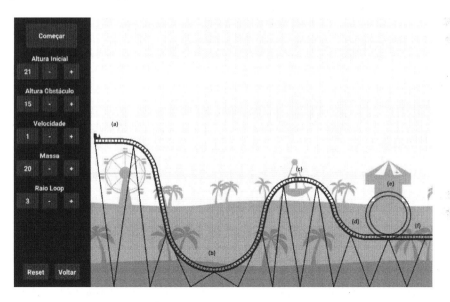

Figure 3.1. Simulador de montanha russa acessível
(De Biase et al., 2018)

O menu de navegação possui botões que permitem editar o formato da pista como, por exemplo, aumentar e diminuir a altura topo da colina (altura inicial), aumentar e diminuir a altura da segunda colina (altura do obstáculo); aumentar ou diminuir a velocidade do carrinho (velocidade); e aumentar e diminuir o raio do loop (raio loop). Existem também botões que permitem aumentar e diminuir a velocidade e a massa do carrinho. Além destes, existem ainda: um botão para iniciar a simulação (começar);

um botão reset que zera tudo e volta para as configurações iniciais; e um botão para voltar à tela anterior, onde contém as instruções iniciais de uso do simulador.

3.4.1.1 Acessibilidade do Simulador de Montanha Russa

Todos os elementos do menu possuem descrições textuais. Portanto, quando algum elemento do menu entra em foco, seu conteúdo textual é automaticamente narrado pelo sintetizador de voz (Text-To-Speech – TTS). Os elementos da simulação (carrinho e trilho) também possuem informações textuais e vibração. Desse modo, a hipótese desta pesquisa é que as pessoas cegas consigam perceber o formato do trilho através da resposta vibratória reforçada de descrições textuais. Ao tocar na região em torno do carrinho, o texto "vagão" é narrado pelo TTS e o tablet vibra. Todo o percurso do trilho possui vibração e suas regiões foram demarcadas. Dessa forma, ao tocar nessas regiões os seguintes textos são narrados pelo TTS: "topo da colina" (a); "base da colina" (b); "segunda colina" (c); "loop" (e); "reta final" (f).

Além das narrações do TTS foram incluídos efeitos sonoros, para reforçar a ideia do que possa estar acontecendo com o carrinho durante seu percurso pelo trilho:

- **Som do carrinho sobre o trilho:** um som de carrinho passando pelo trilho é executado durante toda a simulação, variando em intensidade de acordo com a velocidade do carrinho sobre o trilho. Ao iniciar a simulação, o som do carrinho começa a ser executado em indicando que o carrinho está se movendo pelo trilho e o texto "indo reto" é narrado pelo TTS. À medida que o carrinho vai ganhando velocidade, o som do carrinho vai ficando cada vez mais rápido.

- **Som de gritos:** um som de gritos do público de uma montanha russa está relacionado à aceleração do carrinho ao descer uma colina. Quando maior for a aceleração do carrinho, mais intenso serão os gritos. Paralelamente, o texto "descendo" é narrado pelo TTS. Ao subir a colina, o som de pessoas gritando vai desaparecendo gradativamente e o texto "subindo" é narrado pelo TTS.

- **Som de "plim":** ao entrar em loop, um som agudo de um "plim" é executado juntamente com o texto "loop" que é narrado pelo TTS. Ao sair do loop, um som grave de "plim" é executado juntamente com o texto "saindo" que é narrado pelo TTS.

- **Som de vaias:** quando o carrinho desencarrilha ou começa a voltar de uma subida, por falta de energia, um som de vaias é executado. No caso do descarrilhamento, o texto "o carrinho descarrilhou" é narrado pelo TTS. Quando o carrinho perde energia e não consegue subir a colina, o carrinho volta e o texto "voltando" é narrado pelo TTS ao som de vaias. Quando o carrinho para na base da colina por falta de energia, o texto "não foi possível completar o percurso" é narrado pelo TTS.

- **Som de aplausos:** quando o carrinho consegue completar o percurso, um som de torcida com aplausos é executado, juntamente com o texto "parabéns, seu carrinho completou o percurso!" que é narrado pelo TTS.

3.4.1.2 Mecanismos de Interação

Dispositivo usado durante o teste de usabilidade foi um Tablet Samsung. Os mecanismos de interação com a tela touchscreen do tablet constituem-se de três ações:

- **Swype com dois dedos (direita ou esquerda):** usado para a navegação pelo menu de opções. Troca o foco para o próximo elemento da interface.

- **Toque simples:** coloca o elemento em foco. Também é usado para explorar com o dedo o desenho da montanha russa, pois ele possui vibração.

- **Toque duplo:** usado para selecionar uma opção do menu.

3.5 Objetivo da Avaliação de Usabilidade

O objetivo da avaliação de usabilidade foi observar a interação dos usuários típicos (vendados) com o objeto de estudo (simulador de montanha russa em tela touchscreen) e identificar se conseguem (a) configurar uma simulação e (b) perceber o que ocorre durante a simulação através dos feedbacks sensoriais do dispositivo (áudios e vibração).

3.5.1 Participantes

Participaram deste estudo são constituídos de seis pessoas típicas (videntes), usuários de tecnologias móveis que tiveram seus olhos vendados representando as pessoas com deficiência visual. Mesmo sabendo que a habilidade tátil e auditiva dos cegos é mais apurada que a dos videntes, acreditamos que seja possível chegar à uma medida de usabilidade. A Tabela 3.3 mostra o perfil de cada participante: idade, sexo, sistema operacional do smarrtphone pessoal e aplicativos mais utilizados no dia a dia.

Tabela 3.3. Perfil dos participantes dos testes
(De Biase et al., 2018)

Participante	Idade	Sexo	S.O.	App
P1	24	M	Android	Web, Facebook, WhatsApp
P2	28	M	Android	Web, Gmail, Whatsapp, Facebook, Jogos
P3	23	M	Android/iOS	Gmail, Whatsapp, Facebook, Twitter
P4	20	M	Android	Gmail, Whatsapp, Facebook, Twitter
P5	24	F	Android	Gmail, Whatsapp, Facebook, Telegram
P6	20	M	Android	Gmail, Whatsapp, Facebook

3.5.2 Tarefas dos Participantes

Foram criadas sete simulações (tarefas) da montanha russa apresentadas na Tabela 3.4. As tarefas eram lidas em voz alta pelo moderador. As simulações (A), (C) e (F) resultam no percurso completo do carrinho sobre os trilhos. As demais situações resultam em descarrilhamento (B), retorno do loop (D) e retorno na subida da colina (E).

Tabela 3.4. Tarefas do Teste de Usabilidade.

Tarefa	Situação	Descrição	Sucesso / Fracasso	Tempo em segundos
A	Carrinho completa o percurso sem loop	Alterar a altura inicial (elevação da colina) para 17 metros. Altura do obstáculo (segunda colina) para 16 metros. Iniciar a simulação.	1 – completou a tarefa; 0 não completou a tarefa	0 – segundo final
B	Carrinho descarrilha	Alterar a velocidade do carrinho para 6m/s. Iniciar a simulação.	1 – completou a tarefa; 0 não completou a tarefa	0 – segundo final
C	Carrinho completa o loop e finaliza o percurso	Alterar a altura inicial (elevação da colina) para 16 metros. Inserir um loop de raio 3. Iniciar a simulação.	1 – completou a tarefa; 0 não completou a tarefa	0 – segundo final
D	Carinho retorna do loop	Alterar o raio do loop para 5. Iniciar a simulação.	1 – completou a tarefa; 0 não completou a tarefa	0 – segundo final
E	Carrinho volta da subida da colina	Aumentar o raio do obstáculo para 17 metros. Iniciar a simulação.	1 – completou a tarefa; 0 não completou a tarefa	0 – segundo final
F	Carrinho completa o loop e finaliza o percurso	Alterar o valor da massa para 22kg. Iniciar a simulação.	1 – completou a tarefa; 0 não completou a tarefa	0 – segundo final

3.5.3 Protocolo de Pesquisa

Para avaliar o simulador foi criado um protocolo de teste composto de cinco etapas:

- Treinamento: o avaliador aplica um treinamento (Anexo A) com o objetivo de instruir o participante em relação aos objetivos e mecanismos de interação com o simulador.

- Teste de Usabilidade: o participante executa tarefas (Anexo B) de interação específicas do simulador com a intervenção do avaliador apenas quando necessário. Um observador faz a coleta dos dados e anotações no Questionário de Coleta de Dados (Anexo C).

- Questionário de Satisfação: o participante responde o questionário de satisfação da interação e deixa seus comentários acerca de sua experiência com o jogo (Anexo D).

3.5.4 Treinamento

Todos os participantes receberam treinamento com o objetivo de instruir o participante em relação aos objetivos e mecanismos de interação com o simulador. O Anexo A apresenta o texto usado durante o treinamento.

3.5.5 Métricas de Usabilidade

As métricas de desempenho analisadas foram:

- eficácia foi medida em função do número de tarefas concluídas com sucesso: (1) concluída com sucesso; (0) não concluída;

- eficiência foi medida em função da quantidade de tempo usada para completar cada tarefa; calculando-se a média por tarefa;

- satisfação foi medida através de um questionário personalizado de satisfação da interação usando uma escala de classificação, baseada em Likert (1932), com cinco níveis de satisfação.

3.5.6 Resultados de Usabilidade

Eficácia: obtida a partir da contagem de tarefas concluídas e taxada em relação à quantidade total de tarefas realizadas. A Tabela3.5 apresenta a porcentagem de tarefas concluídas com sucesso. Consideramos pontuação igual a 1 quando o participante consegue concluir a tarefa; e pontuação igual a 0 quando o participante não conseguiu completar a tarefa. Um erro foi computado quando participante selecionou um alvo (botão) não desejado (botão) ou quando errou a percepção do resultado da simulação.

Tabela 3.5. Apresentação dos resultados do cálculo da eficácia
(Taxa de Conclusão da Tarefa.)

Tarefas	U1	U2	U3	U4	U5	Taxa de Conclusão da Tarefa
A	1	0	1	0	1	3/5
B	1	1	0	1	0	3/5
C	1	0	0	1	0	2/5
D	1	0	1	1	1	4/5
E	1	1	1	0	1	4/5
F	1	1	1	1	1	5/5

Observando a Tabela 3.5, a tarefa C (Carrinho completa o loop e finaliza o percurso) foi a menos concluída, ou seja, menos eficaz. Essa tarefa diz respeito à inserção do raio loop no trilho da montanha. Os participantes não lembravam como inserir o loop e, por isso, foi contabilizado como tarefa malsucedida.

Eficiência: calculada considerando a média entre os tempos cronometrados em segundos. (Tabela 3.7). A Tarefa 6 foi a mais rápida, mas não podemos considerar mais eficiente, visto que a complexidade de cada tarefa é diferente. Podemos concluir que das tarefas que tiveram maior taxa de sucesso, ou seja tarefas A, D, E e F, foram completadas em um tempo considerável.

Tabela 3.6. Apresentação dos resultados do cálculo da eficiência.

Tarefa	Taxa de Conclusão da Tarefa	U1	U2	U3	U4	U5	Tempo Médio de Conclusão da Tarefa
A	3/5	50	68	90	78	58	1 min, 08seg
B	3/5	63	72	165	82	65	1 min 29 seg
C	2/5	58	80	113	89	92	1 min 26 seg
D	4/5	50	97	62	52	69	1 min 6 seg
E	4/5	46	50	63	97	60	1 min 3 seg
F	5/5	41	44	43	41	55	44 segundos

Satisfação: medida a partir das respostas que os participantes apontaram na escala de satisfação aplicada após a execução de todas as tarefas, convertidos os pontos da escala de Likert em um escore que variou de 0 a 4 (0-péssimo; 1-ruim; 2-indiferente; 3-bom; 4-ótimo). O cálculo proporcional foi feito da seguinte forma: somando-se a pontuação de todos os usuários / pontuação total. A Tabela 3.7 apresenta as repostas coletadas dos usuários.

Tabela 3.7. Apresentação dos resultados do cálculo da satisfação.

	U1	U2	U3	U4	U5	Taxa de Satisfação
Formato trilho	1	1	1	3	3	9/20
Navegação	4	3	4	4	4	19/20
Configuração	4	4	4	4	4	20/20
Efeitos sonoros	4	3	3	3	3	16/20
Geral	3	3	4	3	3	16/20

Através da Tabela 3.5 foi possível notar que a maior dificuldade, na perspectiva dos participantes foi identificar o formato do trilho. Essa foi uma tarefa que somente três dos cinco participantes concluíram com sucesso. Esses resultados, apesar sugerir como maior ponto de dificuldade a tarefa A, apoiada pela observação do avaliador de que foi a tarefa de maior dificuldade dos participantes, não podem ser considerados conclusivos, pois é necessária uma amostra maior de participantes, incluindo participantes cegos.

3.6 Atividades

1. Considerando a avaliação de usabilidade, é correto afirmar que:

    (a) A avaliação de interfaces é realizada uma única vez, tendo como finalidade o levantamento de requisitos e criação de um modelo representativo do produto final.

    (b) Os protótipos não servem para verificar a usabilidade de um sistema porque não facilitam as discussões ou a comunicação entre projetistas e usuários. Porém, permitem aos usuários ter um maior nível de satisfação e aceitação do produto.

    (c) A escala de severidade consiste em classificar os problemas de usabilidade encontrados na avaliação de interfaces. Realizar esta classificação auxilia no processo de tomada de decisões em relação a qual problema deve ser atendido prioritariamente, além de outras decisões de projeto.

(d) As técnicas de avaliação de usabilidade são aplicadas somente na análise de contexto, pois permitem conceber previamente um modelo de interfaces que leva em consideração a satisfação dos usuários em relação à utilização do sistema.

(e) A avaliação chamada de "rápida e suja" avalia o desempenho dos usuários através do número de erros e tempo necessário para completar as tarefas. Os testes são documentados em vídeo e em softwares que armazenam dados para futura análise.

2. Analise o trecho a seguir e assinale a alternativa que preenche corretamente as lacunas:

No paradigma _____, o desempenho dos usuários típicos é avaliado em termos de número de erros e o tempo necessário para completar as tarefas propostas. Já o paradigma_____ tem como característica ser realizado em ambientes reais com o objetivo de aumentar o entendimento do que os usuários fazem naturalmente e de como a tecnologia causa impacto nas atividades desenvolvidas. _____ é uma prática comum na qual os projetistas têm um feedback informal dos usuários para confirmar se suas ideias estão de acordo com as necessidades dos usuários e se estão agradando.

(a) Testes de usabilidade, avaliação rápida e suja, estudos de campo

(b) Avaliação preditiva, testes de usabilidade, avaliação rápida e suja

(c) Estudos de campo, avaliação preditiva, testes de usabilidade

(d) Testes de usabilidade, estudos de campo, avaliação rápida e suja

(e) Avaliação rápida e suja, estudos de campo, avaliação preditiva

3. Assinale a alternativa que apresenta uma forma utilizada na avaliação preditiva para avaliar a usabilidade de uma interface:

(a) Realização de conversas informais

(b) Utilização de heurísticas

(c) Aplicação de um conjunto de tarefas cuidadosamente preparadas

(d) Observações realizadas em ambiente natural.

(e) Prototipação.

4. Selecione dois sites para compra de passagens aéreas. Considere como objetivo da avaliação "verificar quais dos dois sites fornecem uma melhor experiência de utilização". Considere as seguintes tarefas: (1) Comprar uma passagem de ida e volta, saindo de São Paulo (Guarulhos-Brasil) para uma das cidades do Sul do Brasil (Paraná (PR), Santa Catarina (SC) e Rio Grande do Sul (RS), para três pessoas em qualquer dia útil do próximo mês vigente; (b) encontrar o voo de ida mais rápido, sem paradas e que chegue ao destino no período da manhã (entre 00:00 – 12:00). Recrute seis participantes, aplique o teste de usabilidade e calcule:

(a) Taxa de Conclusão das Tarefas

(b) Tempo para Completar as Tarefas

(c) Taxa de satisfação da interação (através da aplicação do questionário SUS).

(d) Descrever qual dos dois sites obteve melhor desempenho objetivo (taxa de conclusão da tarefa versus tempo para completar a tarefa) e subjetivo (satisfação da interação).

Referências

Albert, B., & Tullis, T. (2022). Measuring the User Experience: Collecting, Analyzing, and Presenting UX Metrics. Morgan Kaufmann.

Bangor, A., Kortum, P. T., & Miller, J. T. (2008). An empirical evaluation of the system usability scale. Intl. Journal of Human–Computer Interaction, 24(6), 574-594.

Barbosa, S., & Silva, B. (2010). Interação humano-computador. Elsevier Brasil.

Brooke, J. (1996). SUS-A quick and dirty usability scale. Usability evaluation in industry, 189(194), 4-7.

De Biase, L. C., Correa, A. G., Dias, L., & Lopes, R. D. (2018, August). An accessible roller coaster simulator for touchscreen devices: an educational game for the visually impaired. In 2018 IEEE Games, Entertainment, Media Conference (GEM) (pp. 101-105). IEEE.

Lima, I. F. D., Oliveira, H. P. C. D., & Santana, S. R. D. (2013). Metodologia para avaliação do nível de usabilidade de bibliotecas digitais: Um estudo na Biblioteca Virtual de Saúde. Transinformacao, 25, 135-143.

Lowdermilk, T. (2013). Design Centrado no Usuário: um guia para o desenvolvimento de aplicativos amigáveis. Novatec Editora.

Rogers, Y., Sharp, H., & Preece, J. (2013). Design de Interação: além da interação humano-computador.

Sauro, J., & Lewis, J. R. (2016). Quantifying the user experience: Practical statistics for user research. Morgan Kaufmann.

Sauro, J. (2010). A practical guide to measuring usability. Measuring Usability LLC, Denver.

Apêndice A: Fase de Treinamento – Montanha Russa

Este aplicativo é um simulador de montanha russa. Do lado esquerdo da tela tem um menu de opções para alterar as variáveis da simulação e do lado direito tem o desenho de uma montanha russa.

O desenho 2D da montanha russa tem um trilho passando por colinas e um vagão parado na posição inicial. Os trilhos vibram, tente seguir os trilhos com um dedo sobre a tela e imaginar como é o formato dessa montanha russa.

1. Descreva como você imagina ser o desenho dessa montanha russa:
Mostrar o esquema de navegação pelo menu [*swype com dois dedos*]. Perceba que ao lado de cada variável tem botões que aumentam e diminuem os valores das variáveis. Por exemplo vamos aumentar a "Altura Inicial do Vagão", selecionando o botão "Aumentar". Em seguida dê duplo toque na tela. [*Aumentar **para 16***]. Selecione a opção "começar" e observe o que ocorre na simulação.

2. O que você percebeu?
Algumas montanhas russas possuem "Loop", que fazem o formato de um círculo no trilho. O vagão que anda sobre os trilhos acaba percorrendo a parte de dentro do círculo. Vamos criar um Loop com raio igual a 3 a partir do botão "Aumentar raio do loop". [*Avaliador mostrar*].

3. Em que posição o loop está no trilho?
Vamos iniciar a simulação e verificar se o carrinho completa o Loop.

4. O que você percebeu?
Agora vamos aos testes de usabilidade.

Apêndice B: Percepção do Simulador Montanha Russa

Valores RESET: Altura inicial=15; altura obstáculo=15; velocidade=1; massa 20; Sem loop

	PERCEPÇÃO [*avaliador configura*]	Tempo
1	**Retorno da colina** Altura 17, Colina: 20	
Descreva o que aconteceu na simulação: A velocidade inicial do vagão era lenta ou rápida? ( ) lenta ( ) rápida	
		Tempo
2	**Vagão descarrilha na subida** Altura 17, Colina: 16, Velocidade: 5	
Descreva o que aconteceu na simulação: A velocidade inicial do vagão era mais lenta ou mais rápida que a simulação anterior? ( ) lenta ( ) rápida ( ) igual	
		Tempo
3	**Carrinho completa volta** Altura 17, Colina: 20, Velocidade: 5	
Descreva o que aconteceu na simulação: A velocidade inicial do vagão era mais lenta ou mais rápida que a simulação anterior? ( ) lenta ( ) rápida ( ) igual	
		Tempo Max.
4	**Carrinho descarrilha dentro do loop** Altura: 17, Colina: 18, Velocidade: 5, Loop: 3	
Sobre a percepção: A velocidade inicial do vagão era mais lenta ou mais rápida que a simulação anterior? ( ) lenta ( ) rápida ( ) igual	
		Tempo Max.
5	**Carrinho completa o loop** Altura: 17, Colina: 18, Velocidade: 5, Loop: 5	2 min
Sobre a percepção: A velocidade inicial do vagão era mais lenta ou mais rápida que a simulação anterior? ( ) lenta ( ) rápida ( ) igual	

Apêndice C: Tarefas do Simulador Montanha Russa

Valores RESET: Altura inicial=15; altura obstáculo=15; velocidade=1; massa 20; Sem loop

	TAREFAS [*participante configura*]	Tempo
1	Retorno da colina Altura 17, Colina: 20	
Descreva o que aconteceu na simulação: A velocidade inicial do vagão era lenta ou rápida? ( ) lenta ( ) rápida		
		Tempo
2	Carrinho completa o loop Altura: 17, Colina: 18, Velocidade: 5, Loop: 5	
Descreva o que aconteceu na simulação: A velocidade inicial do vagão era mais lenta ou mais rápida que a simulação anterior? ( ) lenta ( ) rápida ( ) igual		
		Tempo
3	Carrinho completa volta Altura 17, Colina: 20, Velocidade: 5	
Descreva o que aconteceu na simulação: A velocidade inicial do vagão era mais lenta ou mais rápida que a simulação anterior? ( ) lenta ( ) rápida ( ) igual		
		Tempo Max.
4	Carrinho descarrilha dentro do loop Altura: 17, Colina: 18, Velocidade: 5, Loop: 3	
Sobre a percepção: A velocidade inicial do vagão era mais lenta ou mais rápida que a simulação anterior? ( ) lenta ( ) rápida ( ) igual		
		Tempo Max.
5	Vagão descarrilha na subida Altura 17, Colina: 16, Velocidade: 5	2 min
Sobre a percepção: A velocidade inicial do vagão era mais lenta ou mais rápida que a simulação anterior? ( ) lenta ( ) rápida ( ) igual		

Apêndice D: Questionário de Satisfação da Interação

QUESTIONÁRIO DE SATISFAÇÃO
Nome do participante: _____
1 – O que você achou de tentar perceber o formato e os elementos da montanha russa? ( ) Muito difícil ( ) Difícil ( ) Indiferente ( ) Fácil ( ) Muito fácil
2 – O que você achou de navegar entre os elementos da tela do simulador? ( ) Muito difícil ( ) Difícil ( ) Indiferente ( ) Fácil ( ) Muito fácil
3 – O que você achou de configurar os valores da simulação (através dos botões aumentar e diminuir)? ( ) Muito difícil ( ) Difícil ( ) Indiferente ( ) Fácil ( ) Muito fácil
4 – Como foi compreender, através dos áudios, o que acontecia durante a simulação? ( ) Muito difícil ( ) Difícil ( ) Indiferente ( ) Fácil ( ) Muito fácil
5 – Em geral, o que você achou do simulador? ( ) Muito difícil ( ) Difícil ( ) Indiferente ( ) Fácil ( ) Muito fácil ( ) Muito legal ( ) Legal ( ) Indiferente ( ) Chato ( ) Muito chato
6 – De 0 a 10, que nota você daria para o simulador? 0 1 2 3 4 5 6 7 8 9 10

| 7 – Você usaria novamente este simulador?
( ) Sim
( ) Não
( ) Talvez | 8 – Você indicaria este simulador para alguém?
( ) Sim
( ) Não
( ) Talvez |

| 9 – Se fosse possível, o que você melhoria no simulador?
Resposta: |

4

Coleta, Armazenamento e Visualização de Dados

Fabio Silva Lopes

4.1 Introdução

No momento em que vivemos podemos observar uma obsessiva busca por decisões mais assertivas, nas diversas situações que vivenciamos, seja em nossa vida pessoal, acadêmica ou corporativa.

Tomar uma decisão, implica nas consequências do ato. Portanto, podemos gerar impactos positivos ou negativos sobre o contexto do qual a decisão foi tomada. Tais impactos podem contribuir com o sucesso de uma organização, ou qualidade em produtos e serviços que temos a nossa disposição.

A tomada de decisão baseada em dados é um tema abordado em diversos aspectos do conhecimento humano e da ciência moderna. O desejo por predizer, quem, quando e onde é antigo, mas do ponto de vista científico podemos referenciar o trabalho do sociologista Florian Znaniecki, que estabeleceu no início do Século 20 um estudo com base em dados de processos em ciências sociais. Contudo, estudos que evolviam volume considerável de dados caminharam a passos lentos devido aos problemas existentes para a coleta e processamento de bons dados (Clauset, Larremore e Sinatra, 2017).

Há um consenso de que os métodos analíticos para Marketing têm sua origem na década de 1950, quando se avançou no desenvolvimento de técnicas analíticas como Cadeias de Markov, Programação Linear e Análise de Séries Temporais. De modo complementar, nesta época foi observada a implantação de disciplinas de ciência preditiva com interesse em otimização (Sheth e Kellstadt, 2021). Contudo, o hardware ainda era limitado para implementar aplicações analíticas.

A partir dos avanços tecnológicos que vivenciamos da década de 1970 para cá, o tratamento de dados em volume, velocidade e variedade alcançam hoje escala impensável para Znaniecki e colegas daquela época.

Nesta linha, caminhamos para uma sociedade que usufruirá das benesses da ubiquidade da informação digital, mas ainda vamos evoluir para atender a normas de *Compliance* e Governança ainda em formação para determinar limites e questões éticas que os dados nos trazem neste novo contexto digital, em outras palavras, o que podemos fazer com os dados, quais são os nossos limites de uso?

A ubiquidade é provida por diversas aplicações que fazem parte do nosso cotidiano, que contém algum componente analítico capaz de prover facilidades para as nossas escolhas. Aplicações como tocadores de música são capacitados para oferecer recomendações musicais com base no que já ouvimos antes. Serviços de streaming nos recomendam filmes ou séries também com base naquilo que já assistimos na plataforma.

Alguns serviços são mais rebuscados, indo além da recomendação. Pensemos no exemplo dos aplicativos de navegação veicular. Nós somos capazes de definir um percurso para conduzir um veículo e transladar de um ponto de partida para um ponto de chegada, mas é muito comum utilizarmos aplicativos como o Waze (2022) ou Google Maps (2022) para nos indicar um percurso. O que nos faz pensar que o aplicativo pode ser mais eficiente que nós para definir este percurso? De fato, o poder computacional envolvido, bem como a base de conhecimento utilizada gera uma significativa vantagem para o aplicativo "decidir" sobre o melhor percurso naquele momento.

Confiamos nestas aplicações para delegar uma decisão que seria nossa, considerando vários fatores, incluindo nossa incapacidade de conhecer todas as variáveis envolvidas nesta decisão, como por exemplo, eventuais acidentes ou bloqueis no percurso escolhido.

Podemos elencar uma lista de situações similares, que terminam em uma decisão nossa, baseada em dados que foram coletados, processados, analisados e entregues para consumo como resultado analítico de um processo conhecido como Data Pipeline. Em trabalhos como o de Shutt & O'Neil (2014), o pipeline de dados é conhecido como Processo de Ciência de Dados (*Data Science Process*). Já o termo pipeline é mais popular nas organizações ou na comercialização de produtos que atendem aos requisitos deste tipo de aplicação.

A coleta de dados pode ocorrer de várias formas, a partir do uso de sensores físicos ou lógicos. Os dados podem chegar em nossos *pipelines* na forma de lote ou fluxo, estruturados ou não. São várias etapas que precisamos percorrer para chegar ao resultado analítico que desejamos, para subsidiar as decisões que tomaremos.

Este capítulo foi estruturado da seguinte forma: O tópico 2 apresenta os fundamentos e objetivos do Data Pipeline, bem como, o estado da arte nesta abordagem. O tópico 3 faz um detalhamento das etapas do pipeline, bem como, explora ferramentas e benefícios da sua adoção para dados coletados em lote ou fluxo. O tópico 4 explora exemplos de aplicações e os respectivos pipelines. Por fim, o tópico 5 apresenta exercícios resolvidos sobre a temática abordada.

4.2 Data Pipelines

Dados são *assets* importantes para as Organizações. Representam fatos, pormenores que ocorrem na natureza ou nas organizações, sobre processos fenômenos, transações ou eventos, que podem ser, ou não, registrados em meio digital.

Diferente de outros *assets*, dados não são tangíveis, são facilmente copiados ou transportados, são duráveis, não se desgastam, podem ser usados para diversas finalidades e por várias pessoas ao mesmo tempo. Estas características geram um diferencial valioso e, por este motivo temos observado empresas acumulando grandes volumes de dados na expectativa de lapidar e monetizar estes recursos. Curiosamente, a monetização é uma forma de medir a contribuição dos dados para as empresas (DAMA-DMBOK, 2017).

Gerenciar grandes volumes de dados, que são coletados em velocidade e variedade jamais vista, tem sido um desafio demasiado nas organizações, envolvendo novos skills e recursos financeiros importantes, muitas vezes, difíceis de justificar o retorno do investimento (ROI).

Quando organizados, os dados são convertidos em informação e assim, temos outro *asset* importante, pois adiciona juízo de valor aos dados os torna mais úteis para a compreensão de fenômenos observáveis nas organizações ou na natureza.

Nos Data Pipelines, buscamos organizar dados e informação de modo mais rápido e acurado para agregar valor em termos de produtos analíticos. Quando produzidos, estes produtos devem oferecer uma experiência mais profícua, um diferencial, novos insights ou novas oportunidades para gerar algo positivo aos stakeholders envolvidos.

Em uma definição mais pragmática, Data Pipelines são processos planejados e projetados para gerenciar o fluxo de dados de modo acíclico, iniciando na coleta, passando por etapas de limpeza, transformação, processamento, armazenamento e análise, até a o consumo, na forma de resultados analíticos como índices, tabelas ou visualizações.

No transcorrer deste processo, são necessárias diversas ferramentas para apoio a cada etapa do processo. Não obstante, arquiteturas de referência são propostas por fornecedores de produto para apoio ao projeto destes pipelines, pois, dependendo dos requisitos do projeto, o Data Pipeline demandará necessidades específicas e ferramentas adequadas.

A publicação especial NBDIF 1500-6r2 do NIST (NISTa, 2019) apresenta uma Arquitetura de Referência em abstração alta, indicando os elementos que compõe um *Data Pipeline* como podemos ver na Figura 4.1.

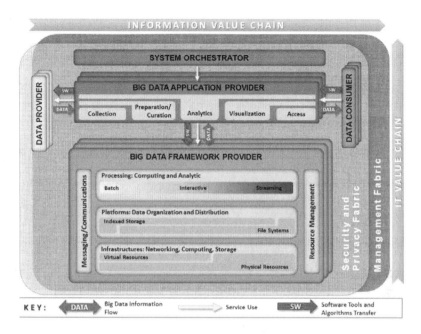

Figure 4.1 NIST Big Data Reference Architecture.
Fonte: NISTa, 2019, pag. 379.

Segundo o NIST, esta arquitetura é resultante de uma ampla coleta de informações públicas disponíveis, sobre várias arquiteturas de Big Data, em nove diferentes domínios de aplicações. Isso permitiu um grau de generalização a partir de requisitos comuns verificados pelo grupo. O Documento NBDIF 1500-3r2 apresenta um documento detalhando cases e requisitos gerais (NISTb, 2019).

Vamos analisar os itens que a Figura 1 nos apresenta, que são comuns à maioria dos Data Pipelines que encontramos na literatura. Um detalhe importante é a independência de Tecnologia que a Arquitetura oferece, considerando a possibilidade de instalação de ferramentas oriundas de diversas tecnologias, em todos os blocos. Aqui temos flexibilidade para mixar produtos de fornecedores distintos e potencializar resultados com um conjunto de ferramentas mais adequados ao que desejamos.

Observamos inicialmente o termo "Information Value Chain" no caput da Figura, dando ênfase ao processo que agregará valor ao longo do fluxo. Em destaque temos três grandes blocos:

- System Orchestrator

- Big data Application Provider
- Big Data Framework Provider

O *Provedor de Framework* agrega os recursos ou serviços de infraestrutura para atender as demandas de Big Data que são instanciadas por meio do Provedor de Aplicações. Consideramos aqui a possibilidade de construir uma infraestrutura capaz de atender em regime multitenancy (multi alocação – atende vários locatários) com os recursos de hardware disponíveis.

O *Provedor de Aplicações* representa a plataforma de aplicações disponíveis para executar os Data Pipeline projetados. Nesta camada vamos encontrar ferramentas de coleta, manipulação de dados, análise, visualização e acesso aos dados, informação e demais produtos analíticos. Em outras palavras, o Provedor de Aplicações é a camada que provê recursos de software para estruturar Data Pipelines.

O *Sistema Orquestrador* é responsável pelas ações de gestão dos processos ativos na Arquitetura. As ferramentas deste bloco gerenciam ações de Governança, Segurança, Auditoria, Monitoramento e provisionamento de recursos, entre outras. A orquestração tem se tornado fundamental para a gestão dos ativos de dados que são armazenados em estruturas denominadas Data Lakes. Em especial, o metadados dos datasets são gerenciados por meio de aplicações disponíveis nesta camada.

Nos extremos da Figura 1 temos dois blocos: Data Provider e Data Consumer.

Temos uma infinidade de fontes que podemos classificar como Data Provider, vamos explorar este tema na próxima seção. Neste ponto é importante salientar que os dados que são encaminhados para o Data Paipeline são categorizados por três modalidades: Batch (lote), Streaming (Fluxo) ou Interactive (Interativos). Este último está associado a eventos que disparam processamento da arquitetura quando são identificados.

O *Data Consumer* caracteriza as formas de saída do Data Pipeline, considerando as seguintes possibilidades de consumo:

- Resultados de estudos analíticos;

- Alimentação de Dashboards e outras visualizações;
- Produtificado e inserido em aplicações específicas.

A arquitetura de referência nos dá um baseline padronizado para construir aplicações de diversas naturezas. Uma organização que projeta suas aplicações com base em padrões, acelera as entrega dos resultados, facilita o reuso dos ativos de software, reduz a complexidade da plataforma e melhora a capacidade de governança dos ativos.

São muitas as decisões tomadas para estruturar um Data Pipeline. Os Arquitetos de Software lidam com uma diversidade de opções e ferramentas de apoio para decidir o que trará melhor resultado para o projeto. O blog de Matt Turck (2022) apresenta um infografo sobre o Panorama das ferramentas de Machine Learning, Inteligência Artificial e Dados disponíveis no mercado. Este infografo é atualizado desde 2012. São centenas de fornecedores e ferramentas que podem compor Data Pipelines.

Por um lado, podemos observar maturidade da área, com produtos consolidados, rodando aplicações que seriam consideradas impossíveis a alguns anos atrás. Outro ponto é a sinergia que observamos entre a infraestrutura – em especial as nuvens – e as ferramentas de software, na forma de produtos ou em bibliotecas específicas para linguagens de programação. Ainda há muito para se fazer e aplicar com este ferramental, nos proporcionando uma pletora de possibilidades profissionais.

Contudo, diversidade exige especialização. A implementação e operação de cada etapa do Data Pipeline tem demandado mais capacitação técnica específica. É difícil ser especialista ou dominar todos os pontos de uma plataforma analítica. O espectro de habilidades pode variar desde o domínio da eletrônica, na montagem de sensores ou atuadores inteligentes, passando pelo domínio da comunicação de dados, com ou sem fio.

Segundo por etapas de configuração de equipamentos e software, para ai chegar no uso de algoritmos para tarefas analíticas. Claro, depois de passar por todos os pontos, como apresentamos os resultados? Não é trivial criar boas visualizações de dados.

Vamos conhecer um pouco mais as etapas do Data Pipeline nas próximas seções.

4.3 Etapas do Data Pipeline

4.3.1 Coleta de Dados

A agregação de valor em Arquiteturas de Big Data está diretamente relacionada ao uso efetivo das habilidades em termos de coleta e utilização dos dados oriundos de diversas fontes.

Sobre as fontes, elas podem ser classificadas de diversas formas:

- Quanto à disponibilidade: Pública ou Privada;
- Quanto a natureza: Primária ou Secundária.

As fontes de dados são diversas, coletamos dados da natureza, como eventos naturais, dados do clima, movimento das marés ou dados extraterrestres. No âmbito das organizações, coletamos dados transacionais das aplicações, logs de eventos, navegação em sites e posts em redes sociais.

A questão que podemos levantar neste ponto é: Sabemos dos efeitos deletérios que a qualidade dos dados pode causar em sistemas analíticos. A preocupação é plausível e foi evidenciada no "V" da Veracidade (um dos 5"V"s do Big Data). O termo Veracidade propõe uma reflexão sobre qualidade. O dado que temos é verídico? Quanto podemos confiar neles?

Na perspectiva do DataONE, dados vivem um ciclo de vida que prescinde de planejamento em diversas etapas, como podemos observar na Figura 4.2.

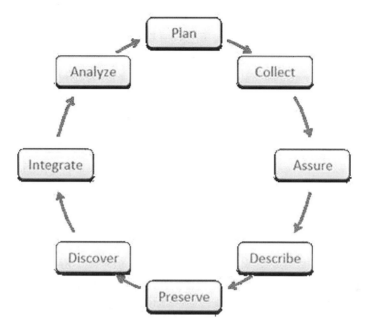

Figure 4.2. DataONE Data Life Cycle. Fonte: DataONE, 2022.

A DataONE (Data Observation Network for Earth) é uma organização preocupada em atender as necessidades de acesso a dados observacionais abertos. Nesta visão da Figura 2, temos um overview em alto nível sobre as etapas do ciclo de vida dos dados, em 8 componentes como podemos observar no Quadro 1.

Não são por acaso as semelhanças que observamos ao comparar as etapas propostas pelo DataONE com as etapas de um Data Pipeline. Ocorre que o método científico praticado nas Universidades é bem lapidado de modo a garantir o rigor dos estudos no meio acadêmico. A preocupação com métodos mais apurados fora da Universidade é mais recente e motivada em pelos problemas de volume, velocidade e variedade, anteriormente discutidos.

Tabela 4.1. Etapas do Ciclo de vida Data One:

Etapa	Descrição
Plan	Planejamento e geração de documento indicando a descrição do que será coletado, como será coletado e manipulado, restrições de acesso ao longo do ciclo de vida, quando será descartado.
Collect	Coleta dos dados, transformados para o meio digital (quando for o caso) e Registro de observações durante a coleta.
Assure	Inspeção do processo de coleta para garantia da qualidade
Descript	Produção de metadados e descrições que sejam importantes para caracterizar a coleta.
Preserve	Dados são armazenados em repositórios apropriados
Discover	Dados potencialmente úteis são localizados e disponibilizados para uso, juntamente com os metadados. Também chamado de Análise Exploratória de Dados (EDA).
Integrate	Dados podem ser enriquecidos, combinados com outros dados e/ou transformados para análise posterior.
Analyse	Dados são analisados a luz de algoritmos e modelos estatísticos.

Fonte: DataONE, 2022

Como podemos observar, a Coleta de dados é parte da algo maior, que exige planejamento e cuidados de preservação, garantindo dados corretos para as análises a que se destinam.

Cabe aqui discutir a forma como os dados são coletados. Em modo manual ou automático. O modo automático vem evoluindo por meio da diversidade de sensores. Este fato permite cada vez, substituir coletas manuais por automáticas proporcionando flexibilidade e escalabilidade ao processo.

Podemos coletar lotes de dados (batch), executar coletas em modo contínuo (streaming), ou ainda ativar coletas mediante observação de eventos. Os dispositivos eletrônicos evoluíram muito, impulsionados pela Industria 4.0 e a Internet das Coisas. Nesta linha, além de coletar dados, ainda podemos atuar na ponta dos sistemas, onde os eventos ocorrem. A Edge Computing é um paradigma a ser observado quando trabalhamos com a dispersão de recursos computacionais, micro datacenters ou fog nodes (Satyanarayanan, 2017).

Sensores são dispositivos capazes de captar estímulos do meio físico e transformar em grandezas elétricas. Estas grandezas são convertidas em formato digital e podem ser consumidas como dados para as nossas aplicações.

Não obstante, também coletamos dados do meio lógico, como logs de navegação em sites da internet, posts em redes sociais, entre outros. Esta classe de sensores podem ser *bots* e *crawlers*, programas capazes de varrer meios digitais para capturar dados. Assim, é razoável classificar os sensores nas categorias física e lógica.

Dados coletados por estes mecanismos são denominados dados brutos ou *raw data*. Quando coletados, são direcionados para um repositório inicial do Data Pipeline, conhecido como *Staging Area*.

Dependendo do volume e a capilaridade das aplicações, os sistemas ganham complexidade no trato da coleta. Vamos analisar o aplicativo Waze. Temos 140 milhões de usuários ativos no mundo e 4,4 milhões somente na cidade de São Paulo. Imagine que apenas uma fração destes usuários resolva ativar o aplicativo para se deslocar em São Paulo. Para enviar e receber dados, cada smartphone utiliza o sensor de GPS (Global Position System) para coletar as coordenadas Latitude e Longitude do aparelho. Em seguida, tentará comunicação via rede móvel (4G ou 5G) com um servidor Waze para enviar os dados coletados.

Neste exemplo, o pipeline está construído na Google Cloud. A comunicação Aplicativo/Nuvem se dá por meio do produto Cloud Pub/Sub (2022), uma ferramenta de ingestão de eventos streaming que intermedia a chegada dos dados e armazena em uma Staging Area, no caso, o BigQuery. O Pub/Sub é auto escalável para manter a qualidade o serviço aos usuários (TFX, 2022).

Tudo ocorrendo em segundos, lembrando que o carro está em movimento e, uma rua errada não é desejável para ambas as partes envolvidas.

Voltando ao que escrevemos no tópico anterior, quantas habilidades técnicas são exigidas neste exemplo. Vamos elencar algumas: Produção de aplicativos mobile com expertise no uso de dados de GPS e mapas. Comunicação em tempo real entre aplicativo e central, para troca de dados sobre posicionamento do usuário (envio) e dados sobre rotas (retorno). Coleta massiva de dados com o Pub/Sub, afinal, são milhares de usuários ativos utilizando o aplicativo simultaneamente. Gestão da Staging Area (Bigquery), o que chega, espaço de armazenamento, quanto tempo mantemos os dados neste repositório, segurança do processo etc.

Este é apenas um exemplo, bem complexo. A coleta massiva é feita por meio de aplicativo, o smartphone é o equipamento na ponta do sistema. Porém, em muitos outros casos, as aplicações demandam uso de outros sensores, conectados em controladoras com as placas Arduino, ou similares.

O exemplo da Agrosmart (2022) é bem ilustrativo. Trata-se de uma empresa que monitora condições climáticas no campo para agronegócios 4.0. Eles têm uma miniestação meteorológica independente, que é instalada em pontos estratégicos para coletar dados como pluviometria, temperatura, humidade.

Estes dados são coletados e enriquecidos com outros dados climáticos em escala regional como os dados do CPTEC – INPE (2022). O sistema provê dashboards para apoio a decisões dos agricultores. São vários equipamentos distribuídos em 48 milhões de hectares. Pense nas questões de garantia de qualidade dos dados e continuidade da operação para esta malha de coleta de dados.

4.3.2 Processamento e Armazenamento

Processamento de Dados e Armazenamento são aspectos fundamentais em Data Science. Processamos e armazenamos dados em vários pontos do Data Pipeline, de diferentes formas. Os recursos de processamento e memória são executados em uma infraestrutura de hardware que fornece recursos de memória principal, processamento e memória secundária compatíveis com a demanda, muitas vezes em regime de Multitenancy (a capacidade computacional é fracionada para atender à execução de tarefas, que são requisitadas por diversos usuários ou grupos na mesma infraestrutura).

Todo hardware tem limite de capacidade, esta regra também vale para as máquinas mais potentes. Então, como atender a demandas que excedem a capacidade do hardware? Criando uma federação de máquinas ou um cluster.

Um cluster de servidores ou uma federação de servidores compõe o conjunto de recursos computacionais de modo escalável, ou seja, sendo capaz de aumentar a capacidade de entrega (*throughput*), conforme a demanda, sem perder a qualidade dos serviços.

Esta característica do cluster também é conhecida como elasticidade. Isso permite expandir ou reduzir nós de trabalho (escalabilidade horizontal) em função das demandas que o cluster recebe. A elasticidade do cluster pode ser configurada manual ou automaticamente em sistemas IAAS (Infrastructure as a Service) como o Microsoft Azure HDInsight (2022) e o AWS EC2 Auto Scaling (2022).

O site TOP 500 apresenta uma lista dos 500 mais importantes sistemas computacionais disponíveis ranqueados por performance. Em junho 2022 o sistema americano Oak Ridge National Laboratory (ORNL), contemplando um cluster com 8,7 milhões de cores para ultrapassar a barreira do 1 Exaflop (10^{18} operações com ponto flutuante por segundo) (TOP500, 2022).

Tecnologias de processamento massivo de dados estão em desenvolvimento desde a década de 1970, como alternativa para os mainframes. Muitos modelos de sistemas distribuídos foram propostos até chegarmos ao modelo implementado no Hadoop, utilizado como *core* da maioria das distribuições que implementam aplicações de Big Data.

O termo Big Data é utilizado para nomear conjuntos de dados processados e gerenciados por tecnologias que superam capacidades de coleta, processamento e armazenamento, além do que permite as tecnologias tradicionais, em termos de volume, velocidade e variedade, envolvendo dados estruturados, semi-estruturados e não estruturados. Estas tecnologias objetivam agregar valor aos dados como asset fundamental para organizações centradas em informação.

De modo complementar, os Data Lakes ou Data Hubs são repositórios centralizados, projetados para processar e armazenar Big Data, dando suporte a Data Pipelines de qualquer natureza. Data lakes se diferem de Bancos de dados pois armazenam dados nativos em diferentes formatos e utilizam ferramentas adicionais de governança para o repositório, entre elas, a gestão do metadados. Como em uma biblioteca, um banco de dados semântico é implementado a partir de padrões e tecnologias para criar hyperlinks e adiciona um layer de contexto para os dados, bem como suas inter-relações (Miloslasvskasya e Toltoy, 2016).

Ainda na etapa de ingestão, o pré-processamento os dados são recepcionados na Staging Area e podem ser armazenados em um Banco de Objetos (Big Table da Google, S3 da AWS ou o Azure Blob Storage da Microsoft). Neste momento, os dados estão em formato nativo (*raw data*, como já vimos). Estes dados podem ou não receber algum tipo de pré-processamento, como eliminação de nulos e outliers, ou apenas uma mudança de formato para inserção em outro banco de dados, como repositório final no Data Lake.

Neste ponto, entendemos Data Lake como o grande repositório onde armazenamos dados de diversas naturezas e formatos. No mundo do BI, conhecemos o ETL (Extract, Transform, Load) como o processo de transição dos dados, dos sistemas transacionais para o Data Warehouse, onde os dados subsidiam dashboards e indicadores. No contexto do Big Data, este processo é mais conhecido pelo acrônimo ELT (Extract, Load, Transform), pois armazenamos os dados no formato nativo e transformamos em função dos modelos que aplicaremos, ou seja, podemos requerer transformações distintas para cada modelo que pretendemos executar (Dhaouadi, et al, 2022)

Transformações de dados podem ocorrer na ingestão, contudo são mais comuns após o armazenamento no Data Lake.

A Biblioteca Scikit-learn (2022), oferece por meio do pacote *sklearn.preprocessing* uma lista de tarefas de pré-processamento que podem ser incluídas ao Data Pipeline, entre elas:

- Padronização de conjuntos de dados;
- Transformação de conjuntos não lineares;
- Normalização;
- Categorização de variáveis;
- Discretização;

- Interpolação ou imputação de valores perdidos;
- Geração de características polinomiais;
- Transformações customizadas.

Além destas supracitadas, o enriquecimento de dados, ou seja, junção de *datasets* também é muito útil em determinadas aplicações. Todas estas tarefas de pré-processamento, demandam poder de processamento sobremaneira, dependendo dos aspectos de velocidade, volume e variedade. Por este motivo, o cluster escalável é a infraestrutura indicada para executá-las. Um dos motivos que fomentam esta afirmação é a capacidade de processamento paralelo que a infraestrutura oferece, gerenciada pelo Hadoop, em especial pelo Yarn, o componente do Hadoop que orquestra as funcionalidades de gestão de recursos, agendamento e monitorização de trabalhos ativados em segundo plano – *daemons* (Hadoop Yarn, 2022).

Além do Yarn, o Hadoop conta com o HDFS – Hadoop Distributed File System, o componente que gerencia o sistema de arquivos do cluster. Em termos práticos, o HDFS reúne logicamente todo o espaço de memória secundária do cluster disponibiliza como um espaço único, somando as capacidades de armazenamento. De modo complementar, a instalação do Hadoop exige a indicação de um fator de replicação para definir replicas dos conjuntos de dados. As réplicas são essenciais para criar capacidade de execução de aplicações paralelas com o Yarn. Por exemplo, se o fator de replicação for 3 (o mais comum), um cluster de 10TB apresentará apenas 3,3TB de disponibilidade de armazenamento, mas, cada byte armazenado terá disponibilidade de processamento em, pelo menos 3 máquinas.

4.3.3 Análise e Visualização de Dados

A visualização de dados é o processo de exibição de dados por meio de imagens, mapas, gráficos, infográficos e similares, em modo estático ou interativo, proporcionando melhor discernimento sobre os fenômenos que se deseja representar ou evidenciar, partindo do princípio de que os dados são melhor apresentados quando observados em imagens ao invés de tabelas. Ressaltamos que o termo discernimento é geralmente substituído por *insight*.

Pesquisadores observaram que a visualização de dados melhora a tomada de decisões, fornece aos gerentes melhores recursos de análise que reduzem a dependência dos profissionais de TI e melhora a colaboração e o compartilhamento de informações. Em sua carreira, você provavelmente usará a visualização de dados extensivamente como uma ferramenta de análise e para comunicar dados e informações a outras pessoas.

Para criar visualizações de dados temos que nos valer de um conjunto de tecnologias ferramentas. Boa parte delas está descrita no contexto dos pipelines, que vão desde a aquisição de dados, alteração de formatos, processos de limpeza e transformação, já exploradas na seção anterior. Aqui vamos abordar outras tecnologias que colaboram com a forma em que apresentamos os dados. Estão disponibilizadas por meio de bibliotecas específicas das linguagens de programação ou ferramentas de visualização que nos proporcionam plugar os dados e acondicioná-los em templates pré-definidos.

Contudo, estas ferramentas e tecnologias nos impõe um limite para a nossa criatividade. Quando pensamos na estética podemos ser mais excêntricos na produção de visualizações mais ousadas. Neste ponto, precisamos de ferramentas que permitem explorar a arte, incorporando da forma mais ampla, dados e estética.

Excentricidades e ortodoxias são forças opostas, mas complementares. Em visualização de dados, estas forças também atuam de modo a trazer equilíbrio entre informação e estética para encontrarmos a melhor maneira de explicitar insights por meio de recursos gráficos.

Quando o objetivo da visualização é apoiar uma análise exploratória para revelar insights ou priorizar a clareza dos dados, formas gráficas, convenções e práticas padrão são boas recomendações – mas também podemos reconhecer que outras ortodoxias e excentricidades são passiveis de aplicação para gerar bons produtos analíticos (Cairo et al., 2021).

Quando criamos algum produto ou serviço, somos obrigados a pensar no usuário desta criação, como se dá a interação e quais são as limitações de uso. Com a visualização de dados não é diferente.

Cérebro humano depende de informação para trabalhar, e faz isso por meio de 2 tarefas: receber os dados e processar os dados. Temos vários sensores como parte do nosso corpo o que nos permitem captar o perceber eventos no nosso entorno. em particular a visão nos favorece em muitas atividades. trata se de um sensor muito apurado capaz de coletar várias ações de luz e por, de modo estereoscópico.

O cérebro por sua vez recebe os estímulos da visão e processa em suas redes neurais, gerando os insights daquilo que processou.

Para entender estes aspectos de modo mais abrangente, precisamos conhecer a Neurociência Cognitiva, que é a área onde estudamos a cognição e a importância do cérebro como estrutura responsável pelo comportamento, cognição e emoção. Segundo Pulvermüller et al (2014), possuímos capacidades cognitivas como a Linguagem, a Decisão, a Percepção, a Memória, a Atenção, a Ação, a Emoção e os Conceitos incorporados.

Estes sistemas são vistos e estudados considerando a capacidade de funcionamento independentes até certo ponto, mas a interação entre eles também é reconhecida. Em uma abordagem sistêmica, a cognição pode ser caracterizada como entradas de processamento (percepção, atenção) e saídas (decisão).

A percepção humana pode ser recebida e processada de modo diferenciado para cada indivíduo, esta diferenciação que nos torna seres humanos únicos, também é responsável o gerar hiatos na comunicação.

Está entre as tarefas do profissional que produz visualização de dados, minimizar este hiato de modo a homogeneizar a informação, sem gerar ambiguidades ou problemas na interpretação dos dados apresentados.

Porém, a audiência de uma visualização pode ser homogênea ou não. Por exemplo. Um evento científico pode reunir pessoas com conhecimentos específicos em um tema, uma revista cientifica pode atrair pessoas que dominam determinado assunto. Em outros casos, uma mídia jornalística atrai leitores com diversas formações e conhecimentos. Os estudos de Cairo (2008) buscaram uma compreensão mais apurada sobre como atender audiências distintas. Ele desenvolveu 2 visualizações do tipo radar, que apresentam dimensões observadas em maior ou menor proporção, conforme o tipo de audiência. O primeiro radar define as preferências de representação gráfica ou visual para cientistas engenheiros. O segundo radar apresenta os aspectos de maior preferência entre as visualizações criadas por artistas designers e jornalistas. A Figura 4.3 apresenta esta visualização.

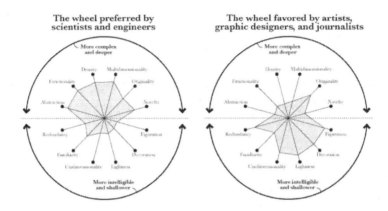

Figura 4.3 – Rodas de Visualização de Alberto Cairo
Fonte: Cairo, 2008 apud Bocconcino (2017)

As Rodas de Visualização de Cairo nos fazem refletir sobre compensações na visualização. Representações de dados podem ser mais complexas e profundas ou mais inteligíveis e simples. Quando introduzimos detalhes como setas apontando para determinada região da figura ou utilizamos fontes caixa alta ou negrito, estamos tornando a imagem mais inteligível, porém podemos estar comprometendo a profundidade que gostaríamos de dar aos dados apresentados. Por outro lado, aumentar a dimensionalidade aumenta pode permitir novos insights ao visualizar um gráfico, mas diminui a facilidade de interpretá-lo. Balancear estas dimensões é fundamental produzir a geração de insights desejada, para a audiência pretendida.

O perigo na produção de visualizações está na produção de "chartjunky", nas palavras do estatístico Edward Tufte. Seu trabalho 5 livros sobre visualização de dados e gerou importantes contribuições para a infografia. Duas frases de Tufte podem expressar esta questão:

> "O teste do design é quão bem assiste a compreensão do conteúdo, não como é elegante"

> "Excelência gráfica é aquela que dá ao espectador o maior número de ideias, o menor tempo com a menor tinta, no menor espaço"
>
> (Frases Inspiradoras – Tufte, 2022)

Existem diversas formas de visualizar dados. Um resultado analítico pode ser expresso em apenas um número ou um dataset. Os datasets podem ser disponibilizados na forma tabular ou gráfica.

Para construir visualizações, nós utilizamos uma variedade de ferramentas que vão desde ferramentas mais simples como as planilhas eletrônicas, passando por poderosas bibliotecas gráficas para linguagens como Python e R ou ainda, ferramentas de visualização desenvolvidas para esta finalidade, como é o caso do Power BI, Tableau, Google Analytcs ou Qlik Sense. Em outros casos, a visualização é algo mais artístico e utiliza ferramentas de desenho para gerar resultados visualmente mais atrativos como é o caso do Adobe Customer Journey Analytics.

Contudo, pensar em ferramentas é uma etapa posterior. Em primeira instância, precisamos conhecer os dados que vamos utilizar. As primeiras visualizações então serão aquelas assoadas à Análise Exploratória de Dados.

A Análise Exploratória de Dados – EDA (Exploratory Data Analysis) difere da etapa Analítica pois está preocupada em descrever os dados, enquanto a analítica, preocupa-se com a extrapolação dos dados, para inferir sobre padrões ou outros fenômenos que são evidenciados por meio de modelos apropriados. A visualização de dados pode colaborar com as duas análises.

Visualizações do tipo Boxplot e Heatmap são muito comuns no EDA. O Boxplot, ou diagrama de caixas, representa para uma coluna numérica do dataset, os elementos descritivos do conjunto, em uma única imagem: limites inferior e superior, mediana, quartis e outliers. A Figura 4.4 apresenta um descrito dos elementos apresentados em um Boxplot.

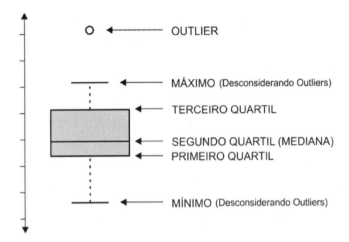

Figura 4.4 – Elementos apresentados do gráfico Boxplot
Fonte: Statplace, 2022.

O Heatmap ou mapa de calor é uma visualização que pode ser utilizada para apresentar uma matriz de correlações entre as colunas do dataset.

Além da EDA, os resultados analíticos podem ser classificados conforme o tipo de visualização utilizada. Nas dimensões tempo e espaço, as representações podem ser diversas, mas estarão diretamente relacionadas à respectiva dimensão.

Na dimensão temporal, observamos o comportamento de uma variável ao longo do tempo, geralmente representada em gráficos de linha. Quando o comportamento da variável carece de ser observado no espaço, os mapas são mais adequados. Mapas representam objetos dispostos no espaço. Os mapas coropléticos trazem escala de cores para representar a escala de valores da variável observada.

Em alguns casos, queremos observar variação temporal em pontos geográficos distintos, então tempos a visualização espaço-temporal. A Figura 4.5 apresenta um exemplo de mapa coroplético, onde duas variáveis estão espacialmente distribuídas pelos distritos administrativos do município de São Paulo. A primeira variável é apresentada em escala de cores, que permitem observar a intensidade de óbitos distribuídos na geografia do município. A Segunda variável foi tratada com gráfico do tipo pizza, para observarmos casos suspeitos e confirmados em cada distrito.

CAPÍTULO 4. COLETA, ARMAZENAMENTO E VISUALIZAÇÃO DE DADOS

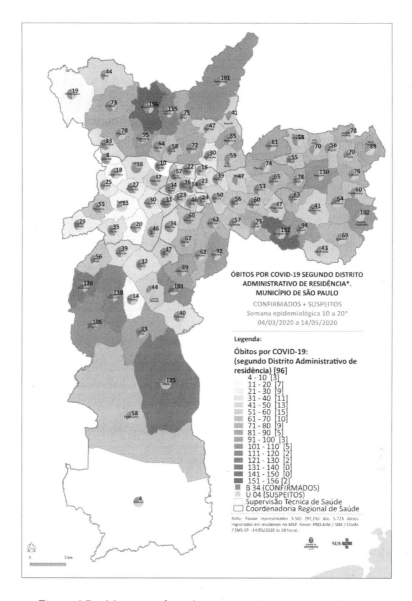

Figura 4.5 – Mortes confirmadas ou suspeitas por coronavírus em
São Paulo até 14 de maio de 2020.
Fonte: Divulgação/PMSP, 2020. Disponível em https://g1.globo.com/sp/sao-paulo/
noticia/2020/05/19/coronavirus-avanca-na-zona-sul-de-
sp-e-mortes-dobram-em-7-bairros-da-regiao-parelheiros-tem-alta-de-141percent.
ghtml.

Com relação a Textos, temos representações do tipo Word Cloud ou nuvem de palavras, que são visualizações onde as palavras de um determinado texto são ranqueadas e apresentadas com mais destaque, evidenciando uma semântica sobre o texto. Aqui partimos do princípio de que as palavras que aparecem mais vezes no texto, ditam a semântica do mesmo. Por exemplo, a palavra "Dados" foi utilizada inúmeras vezes neste texto, logo, se fizermos uma Word Cloud deste texto, a palavra dados seria evidenciada, e uma observação da imagem nos trás o insight de que o texto se refere a dados. Outras palavras em menor evidência completam este raciocínio.

Observe que, este raciocínio sobre semântica do texto pode ser observado por outras perspectivas, como, a leitura do título, do resumo ou das palavras-chaves de um determinado texto. O que temos adicionalmente é uma representação gráfica para esta mesma finalidade, que pode ser mais agradável aos olhos de uma eventual audiência.

Grafos também são visualizações muito utilizadas. O dataset estruturado em termos de arestas e vértices, nos permite construir diversos modelos em aplicações como redes sociais, roteirização logística ou segurança cibernética. A visualização dinâmica é recomendada pois um grafo pode representar uma malha com milhares de vértices e a interação com a visualização nos permite explorar regiões ou detalhes do grafo.

Existe uma infinidade de visualizações que são criadas como Infografias. Este recurso, objetiva alcançar audiência mais ampla com imagens de compreensão mais simples, que misturam imagens e textos explicativos.

O infográfo da Figura 4.6 foi coletado do trabalho de VandenBroek (2019) e representa etapas genéricas de um *Data Pipeline*.

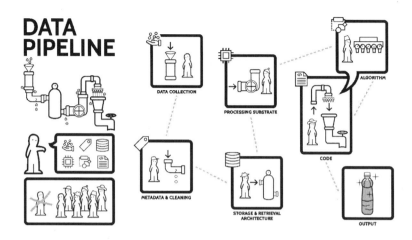

Figura 4.6 – Data Pipeline
Fonte: VandenBroek (2019)

4.4 Exemplos de Aplicações

Prover atualização sobre o trânsito em tempo real é uma forma de melhorar a experiência das pessoas em deslocamento. Como vimos anteriormente, o Waze é um exemplo disso. Contudo, outros mecanismos podem ser implementados de modo a melhorar ainda mais a mobilidade urbana.

No caso da cidade de São Paulo, temos mais de 14 mil ônibus circulando em 1314 linhas definidas para 2,7 milhões de usuários (Observatório Mobilidade Segura, 2022).

Considerando a complexidade do sistema de transporte público em grandes centros urbanos, a Google criou uma especificação de feed para padronizar o compartilhamento de dados sobre transporte público. O GTFS (General Transit Feed Specification) é um formato aberto, criado pela Google para compartilhar dados do transporte público associados a uma localização geográfica (Google Transit API, 2022).

Esta especificação foi criada por meio de uma parceria inicial para compartilhar os serviços "Live Transit Updates" (atualização em tempo real de dados de trânsito para usuários Google Maps e Google Maps mobile) para agências parceiras. No formato JSON, o serviço oferece feeds com dados sobre os veículos e rotas nos corredores de ônibus (dados estáticos), bem como, a estimativa de tempo para uma determinada rota/horário e serviços de alerta (dados dinâmicos).

A SP Trans – São Paulo Transporte S/A, adotou o GTFS para compartilhar dados da cidade de São Paulo. Este compartilhamento ocorre por meio da API do Olho Vivo (2022). Criado em 2013, é um serviço de dados por API (Application Programming Inteface) para aplicações Open Data que disponibiliza dados de transporte público sobre os ônibus que circulam na cidade de São Paulo.

Basicamente um feed pode conter os seguintes dados:

Estáticos

- **Stops** – Pontos de parada dos ônibus;
- **Routs** – linhas de ônibus (id e nome da linha)
- **Trips** – Viagens, com dias de funcionamento e nome do letreiro;
- **Stoptimes** – horários de chegada em cada Ponto de parada da viagem;
- **Frequencies** – intervalos de saída nos terminais e intervalos em segundos;
- **Shapes** – arquivo de mapa vetorial com o traçado das viagens.

Dinâmicos

- **Trip updates** – tempo da viagem, cancelamentos, mudanças de rotas;
- **Serviços de alerta** – parada do trânsito, eventos não previstos, na rota ou na malha viária;
- **Posicionamento de veículos** – informação sobre veículos, incluído localização e nível de congestionamento.

Em tempo real, é possível coletar dados sobre localização de um ônibus, tempo médio de um determinado trajeto, previsão de chegada, entre outros. Diversos aplicativos para smartphones como o Moovit (2022), Cadê o ônibus? (2022) e o Cittamobi (2022) utilizam esta API como fonte de dados para as suas aplicações.

Um exemplo de resultado de consulta a API Olho Vivo pode ser visto no quadro 4.1. No exemplo, observamos o retorno de uma consulta para saber a previsão de chegada de um determinado veículo em uma linha informada. O resultado exibe no primeiro bloco, o horário da consulta, o local (variáveis py e px) e o nome da parada mais próxima. No segundo bloco podemos observar o prefixo do veículo (p), o horário de chegada (t), se o veículo possui acessibilidade para pessoas com deficiência (a) e por fim, o horário em UTC (conforme padrão ISO 8601) e o local atual do veículo (px e py).

Uma lista de funcionalidades da API pode ser encontrada no Guia de Referência para Desenvolvedores, disponibilizado pela SP Trans (API do Olho Vivo, 2022).

A coleta de dados se dá por meio dos equipamentos embarcados nos ônibus que participam do monitoramento. A Figura 4.7 apresenta estes equipamentos do Sistema de coleta.

O sistema possui uma antena de GPS para coletar os dados de posicionamento, latitude e longitude do ônibus. A antena de GPRS e o modem GSM/GPRS são responsáveis pela comunicação de dados ao Centro de Operações. Além disso o sistema contempla telemetria, coleta de voz e imagem, contagem de passageiros e botão de emergência. Os dados aqui gerados servem a vários sistemas que compõem o SIM – Sistema Integrado de Monitoramento. Entre outros, o Centros de Operação dos Terminais, o Subsistema de Corredores Inteligentes e o Gerenciamento da Frota (prefeitura de São Paulo, 2018).

O sistema atende a 960 mil consultas e realiza 3,5 milhões de cálculos de previsão de chegada diariamente. A janela de transmissão de dados é de 5 segundos para um pacote de 1Kb. A estimativa é de transmissão de 3000 pacotes/segundo. Para isso, é necessário um sistema de suporte suficiente para coletar os dados, bem como, para prover dados às aplicações que consomem estes dados.

Quadro 4.1 – 7Exemplo de Feed da API Olho Vivo
Fonte: GitHub SP Trans (2022)

```
{
"hr":   "20:18",
"em":   [
{
"cp":   700016623,
"np":   "ANA CINTRA B/C",
"py":   -23.538763,
"px":   -46.646925,
"vs":   [
{
"p":    "11436",
"t":    "23:26",
"a":    false,
"ta":   "2017-05-07T23:18:02Z",
"py":   -23.528119999999998,
"px":   -46.670674999999996
}
]
}
]
}
```

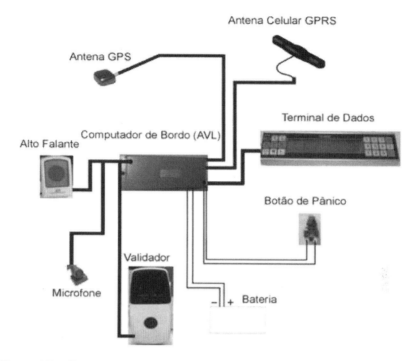

Figura 4.7 – Equipamentos do sistema de Coleta instalado nos ônibus SPTRANS
Fonte: Prefeitura de São Paulo (2018).

A comunicação é feita por meio de Gateways que intermediam a comunicação bidirecional entre os sistemas embarcados no veículo e a central de operações. São vários Gateways compondo uma FARM para garantir a disponibilidade de 99,9%, sem ultrapassara 70% da capacidade de processamento das máquinas.

Todos os dados operacionais (estáticos e dinâmicos) são armazenados em banco de dados e dão apoio aos sistemas de gerenciamento. Foi previsto um montante de 270 Tb de armazenamento operando em 700 núcleos de processamento (BD+Aplicações).

A riqueza de dados colecionada, associada a outras fontes, como redes sociais, geram uma capacidade analítica importante para esta plataforma. São vários indicadores gerados a partir destes dados, de modo a permitir uma gestão mais eficiente deste modal. Entre eles, alguns exemplos são:

- Índice de cumprimento de viagem;
- Quilômetros percorridos;

- Viagens ociosas;

- Inatividade da frota;

- Custos por veículo, por hora, para viagem etc.

A simulação sobre as condições das linhas, análise de cenários de crescimento, paradas para manutenção, entre outros, está entre as possibilidades analíticas já previstas em projeto.

Outro produto da plataforma é a visualização de mapas, com a posição dos veículos, com filtros por empresa, linha, veículo, área de operação, logradouro e intervenções na malha viária.

Com todos os detalhes implantados, o sistema busca atender a aspectos de segurança, produtividade, conforto e desempenho do transporte oferecido. Assim, a tecnologia alcança propósitos nobres com a melhoria da qualidade de vida dos diversos stakeholders envolvidos.

4.5 Conclusões

Ao longo deste capítulo, buscamos descrever etapas de um processo Data Science, representadas em termos de tarefas e ferramentas que compõe um Data Pipeline. O processo descrito é referência para a construção de soluções analíticas de diversas naturezas ou escalas.

Como mencionamos, não se trata de algo trivial e carece de domínios de conhecimento em caráter multidisciplinar. Os papeis desenhados nas empresas para funções em Engenharia de Dados ou Ciência de Dados estão representando agrupamentos de atividades, que, muitas vezes são exercidas por diversos profissionais, ou, as vezes, por um apenas.

O ponto importante que vale salientar nesta finalização é o V do Valor, que deve ser a inspiração para os projetos deste domínio de conhecimento. Agregar valor por meio de dados e produtos analíticos é um grande diferencial que as organizações buscam e seguirão buscando para alavancar negócios com novos produtos e serviços.

4.6 Proposição de Atividade

Vamos propor a construção de um Data Pipeline para um problema que exige solução analítica específica, partindo da coleta de dados até o desenvolvimento de uma visualização para observar resultados e produzir insights pertinentes.

Antes de iniciar o projeto analítico, considere trabalhar em uma abordagem baseada em problema e solução. Nesta proposição de atividade, vamos estudar a influência do clima no trânsito da cidade de São Paulo. A pergunta problema do estudo poderia ser:

Fatores climáticos como humidade e temperatura são variáveis determinantes na dinâmica do trânsito na cidade de São Paulo?

Embora este seja um tema que conhecemos o resultado, será que podemos comprovar a influência utilizando dados? Vamos então construir um Data Pipeline para apoiar este estudo.

a) Coleta de dados

Considere coletar dados sobre o clima e trânsito da cidade de São Paulo utilizando a técnica de Web Scrapping com Python e a biblioteca Beautiful Soup (2022).

As fontes para Scrapping são as seguintes:

- Dados sobre o clima: temperaturas máxima e mínima, humidade, velocidade do vento, se achar interessante, fase da lua. Estes dados podem ser coletados no site `https://Climatempo.com.br`;

- Dados sobre o trânsito: data/hora dos dados, lentidão em porcentagem ou Km, tendência de variação, segmentação por região, velocidade média nos corredores de ônibus. Para a cidade de São Paulo, os dados podem ser encontrados em `http://www.cetsp.com.br/`.

b) Armazenamento.

Os dados brutos coletados podem ser armazenados em um banco de dados NoSQL, ainda no formato original. É interessante experimentar o armazenamento utilizando ferramentas como o Mongo-Db ou similares. Caso tenha acesso a uma nuvem, o armazenamento em bancos de objeto como o AWS S3 ou o Google Big Query, podem ser interessantes para montar uma Staging Area.

É importante armazenar data e hora da coleta para ambos os conjuntos de dados. Desta forma, teremos um dado em comum que permitirá compor o *dataset* combinando os dados das duas fontes.

c) Análise exploratória de dados

O que coletamos? Quais são as características deste *dataset*? Sugerimos desenvolver a análise exploratória dos dados coletados. Uma ferramenta que pode ser utilizada é a biblioteca. Utilize como exemplo o tutorial disponível em Digital Ocean Comunit (2022) para esta atividade. O artigo de Kumar (2020), apresenta quatro bibliotecas para EDA que empacotam funcionalidades EDA interessantes, que valem uma leitura.

d) Transformações

As transformações aplicadas aos dados brutos estão relacionadas ao tipo de aplicação ou algoritmo que vamos executar. Desta forma, adequamos o conjunto às necessidades de entrada do modelo seguindo a dinâmica do ELT, conforme abordamos anteriormente. Um conjunto de dados pode receber transformações distintas para aplicações distintas.

No pré-processamento, podemos definir a eliminação de valores inválidos. Por exemplo, temperaturas acima de 50 graus celsius ou abaixo de zero, não são esperadas para a cidade de São Paulo. Mesmo vale para humidade relativa do ar acima de 100%. Crie scripts que processam estas tarefas.

De modo complementar, faça uma junção das duas bases de dados, considerando data como chave para a junção. Vale lembrar que humidade ou temperatura Máxima/Mínima são dados com janela temporal diária, coletada uma vez ao dia. A medição de trânsito na cidade pode ser coletada em uma janela de tempo menor, por exemplo, uma coleta/hora. Como alinhar estes dados em um único *dataset*?

e) Modelagem e Resultados Analíticos

Nesta atividade, podemos considerar uma visualização de série temporal. Neste caso, não utilizaremos um algoritmo específico, mas sim uma visualização de linha onde o tempo será expresso no eixo X e a variável a ser analisada será expressa no eixo Y.

Uma questão a ser refletida é a escala dos valores a serem apresentados nos gráficos. Se como comparar visualmente variáveis colocadas na mesma escala de valores, quando os valores são muito distintos? Pesquise como representar estes dados de modo a alcançar a melhor visualização, que permita estudar a influência destas variáveis.

Um mapa de calor (heatmap), embora seja considerado parte do EDA, é uma visualização interessante estudar correlações entre as variáveis coletadas, bem alinhado com a proposta deste projeto.

Existem boas bibliotecas parra visualização de Dados. As mais conhecidas trazem exemplos com código disponível, bastando apenas adaptar ao seu script. Veja exemplos e opte por visualizações com as bibliotecas Matplotlib (2022) e Seaborn (2022).

Referências

Agrosmart. Site da empresa Agrosmart, cultivo inteligente. Disponível em https://agrosmart.com.br/. Acessado em 15 agosto 2022.

API da Olho Vivo. Guia de Referência da API Olho Vivo da SP Trans. Disponível em https://www.sptrans.com.br/desenvolvedores/api-do-olho-vivo-guia-de-referencia/. Acessado em 15 agosto 2022.

AWS EC2 Auto Scaling. Amazon EC2 Auto Scaling User Guide. Disponível em https://docs.aws.amazon.com/autoscaling/ec2/userguide/autoscaling-load-balancer.html. Acessado em 02 set 2022.

Beautiful Soap. Documentação da Biblioteca Beautiful Soup para Python. Disponível em https://beautiful-soup-4.readthedocs.io/en/latest/. Acessado em 12 set 2022.

Bremer, N.; Wu, S. Data Sketches. Taylor & Francis Group, 2021.

Bocconcino, M.M. (2017) Graphic representation and Drawing. MDPI. Disponível em https://www.researchgate.net/publication/321326283_Graphic_Representation_and_Drawing. DOI: 10.3390/proceedings1091086.

Cade o ônibus? Aplicativo de mobilidade urbana. Disponível em http://www.cadeoonibus.com.br/CoO/SiteV2. Acessado em 20 agosto 2022.

Caluset, A.; Larremore, D.B.; Sinatra, R. (2017) Data-driven predictions in the science of science. Nature, Vol 355, No. 6324. 3 feb 2017.

Cittamobi. Aplicativo de mobilidade urbana. Disponível em https://www.cittamobi.com.br/home/. Acessado em 20 agosto 2022.

CPTEC-INPE. Site do Centro de Previsão do Tempo e Estudos Climáticos do INPE. Disponível em https://www.cptec.inpe.br/sp/sao-paulo. Acessado em 15 agosto 2022.

DAMA. DM-BOK – Data Management – Body of Knowledge. 2a. Ed. DAMA international by Technics Publications – Basking Ridge, New Jersey, 2017. ISBN 9781634622349.

DataONE. Data Life Cycle. Disponível em https://old.dataone.org/data-life-cycle. Acessado em 17de julho 2022.

Dhaouadi, A; et al. (2022) Data Warehousing Process Modeling from Classical Approaches to New Trends: Main Features and Comparations. MDPI Data. 7, 113. DOI https://doi.org/10.3390/data7080113.

Digital Ocean Community. EDA – Exploratory Data Analysis: Using Python Functions. Portal Digital Ocean Community. Disponível em https://www.digitalocean.com/community/tutorials/exploratory-data-analysis-python. Acessado em 12 set 2022.

Frases Inspiradoras – Edward Tufte. Site Frases Inspiradoras – Frases de Edward Tufte. Disponível em https://frasesinspiradoras.net/frases-de-autores/edward-tufte-14700. Acessado em 3 setembro 2022.

GitHub SP Trans. Repositório aberto da aplicação Olho Vivo SP Trans. Disponível em https://github.com/jtrecenti/sptrans. Acessado em 15 agosto 2022.

Google Maps. Aplicativo de mapas. Disponível em https://www.google.com.br/intl/pt-BR/maps/about/#!/. Acessado em: 20 março 2022.

Google Transit API. GTFS Realtime Overview. Disponível em https://developers.google.com/transit/gtfs-realtime. Acessado em 15 agosto 2022.

Hadoop Yarn. Site do Apache Hadoop Yarn. Disponível em https://hadoop.apache.org/docs/stable/hadoop-yarn/hadoop-yarn-site/YARN.html. Acessado em 05 set 2022.

Kumar, S. 4 Libraries that can perform EDA in one line of python code. Towards Data Science. Disponível em https://towardsdatascience.com/4-libraries-that-can-perform-eda-in-one-line-of-python-code-b13938a06ae. Acessado em 12 set 2022.

Matplotlib. Exemplos de Visualizações. Biblioteca Matplotlib. Disponível em https://matplotlib.org/stable/gallery/index.html. Acessado em 12 set 2022.

Moovit. Aplicativo para mobilidade urbana. Disponível em https://moovitapp.com/sao_paulo-242/poi/en. Acessado em 20 agosto 2022.

Microsoft Azure HDInsight. Documentação do Microsoft Azure. Disponível em https://docs.microsoft.com/pt-br/azure/hdinsight/hdinsight-scaling-best-practices.

Miloslavskaya, N.; Tolstoy, A. (2016) Big Data, Fast Data and Data Lake Cocepts. Procedia Computer Science, Vol. 88, pages 300 – 305.

NISTa, NIST Big Data Interoperability Framework: Volume 6, Reference Arcuitecture. Version 3. NIST – National Institute of Standards and Technology – U.S. Departament of Commerce, 2019. Disponível em https://doi.org/10.6028/NIST.SP.1500-6r2.

NISTb, NIST Big Data Interoperability Framework: Volume 3, Reference Arcuitecture. Version 3. NIST – National Institute of Standards and Technology – U.S. Departament of Commerce, 2019. Disponível em https://doi.org/10.6028/NIST.SP.1500-3r2.

Observatório Mobilidade Segura. Site do Observatório – Seção Transporte Público por ônibus. Disponível em http://mobilidadesegura.prefeitura.sp.gov.br/. Acessado em 16 agosto 2022.

Prefeitura de São Paulo. Sistema de Monitoramento e Gestão Operacional – Anexo VII, 2018. Disponível em https://www.prefeitura.sp.gov.br/cidade/secretarias/upload/transportes/edital2018/001_ESTRUTURAL/ANEXO-VII_SISTEMA-MONITORAMENTO/Anexo-VII.pdf.

Pub/Sub, Site do produto Google Cloud Pub/Sub. Disponível em https://cloud.google.com/pubsub Acessado em 25 agosto 2022.

Pulvermuller, F.; Garagnani, M. Wennekers, T. (2014) Thinking in circuits: toward neurobiological explanation in cognitive neuroscience. Biological Cybernetcs. Disponível em https://www.researchgate.net/publication/263293634_Thinking_in_circuits_toward_neurobiological_explanation_in_cognitive_neuroscience DOI 10.1007/s00422-014-0603-9.

Satyanarayanan, M. (2016) The emergence of Edge Computing. Computer Society, 50, 30-39. Disponível em https://www.cse.psu.edu/~gxc27/teach/597/satya-edge2016.pdf.

Scikit-learn. Biblioteca Scikit-learn User Guide – Seção 6.3 Preprocessing data. Disponível em https://scikit-learn.org/stable/user_guide.html. Acessado em 08 set 2022.

Statplace. Boxplot: Como interpreter? Portal Statplace. Disponivel em https://statplace.com.br/blog/como-interpretar-um-boxplot/. Acessado em 12 set 2022.

Seaborn. Example Gallery. Biblioteca Seaborn. Disponível em http://seaborn.pydata.org/examples/index.html. Acessado em 12 set 2022.

Sheth, J.; Kellstadt, C.H. (2021) Next frontiers of research in data driven marketing: Will techniques keep up with data tsunami? Journal of Business Research 125 780-784.

Shutt, R.; O'Neil, C. Doing Data Science. O'Reilly, 2014.

TFX. How Waze Uses TFX to Scale Production-Read ML. Tensor Flow Blog. Disponível em https://blog.tensorflow.org/2021/09/how-waze-uses-tfx-to-scale-production-ready-ml.html. Acessado em 25 ago 2022.

TOP 500. TOP 500 The List. Disponível em https://www.top500.org/. Acessado em 1 set 2022.

Turck, M. Blog Red Hot: The 2021 Machine Learning, AI and Data (MAD) Landscape. Disponível em https://mattturck.com/data2021/ Acessado em 15 agosto 2022.

VandenBroek, A.K. Data Pipeline Graphic. Disponível em http://ak.vbroek.org/project/data-pipeline-graphic/.

Waze. Crowd-sourced navigation app. Disponível em https://www.waze.com/company. Acessado em: 20 março 2022.

5

Introdução à Aprendizagem de Máquina

Leandro Augusto da Silva

5.1 Fundamentos do Aprendizado de Máquina

Aprendizado de Máquina (AM) pode ser definido como a ciência de desenvolver modelos matemáticos capazes de aprender por meio de algoritmos, cujos parâmetros são ajustados a partir de um conjunto de dados.

O universo de aplicações que envolvem AM é extenso e permeia diferentes áreas do conhecimento. Exemplos a serem destacados vão de reconhecimento facial como serviço de autenticação em celulares a aplicações de auxílio a diagnóstico de doenças na medicina.

Contudo, uma das primeiras aplicações de AM foi na classificação de mensagens de e-mail. E este tipo de aplicação é interessante para definir a abordagem de aplicações que envolve AM.

O reconhecimento de *spam* em suas primeiras versões consistia no desenvolvimento de regras que por meio de palavras previamente definidas por especialistas capaz de rotular um email como *spam* ou não *spam*. É inegável a importância deste tipo de automação e potencial de uso como uma operação rotineira como filtragem de e-mails para uma empresa.

Contudo, a partir do momento que os *spammers* entendem (por suposição ou tentativa e erro) as palavras que estão implementadas nestas regras se começa a gerar variações de vocabulário, tornando os filtros ineficazes. Assim, para melhorar o desempenho dos classificadores de mensagens são criadas novas regras. E esse ciclo se torna uma operação quase que interminável e de alta complexidade em eventuais situações de manutenção.

Este tipo de aplicação envolve à escrita de um algoritmo capaz de tomar uma decisão de forma automática e a sua operação se confunde quando se pensa em AM. E outras aplicações como essas existem e são importantes no mundo corporativo, a citar como exemplo, alarmes de sistemas complexos que são desenvolvidos para caso o valor assuma uma parametrização previamente definida por um especialista o sistema tome uma decisão de forma a impedir algum tipo de catástrofe.

Diferentes destes sistemas clássicos que modelam o conhecimento de um especialista, em AM o modelo aprende com base em um conjunto de dados. No caso do exemplo do e-mail de spam, um algoritmo de AM consegue ajustar os parâmetros livres de um modelo a partir de e-mails coletados (conjunto de dados) e descobrir a relação entre as palavras e rotulação de um usuário de email em spam ou não spam (variáveis), fazendo assim o processo de decisão operar de forma automatizada. Assim, não há necessidade em estabelecer regras, pois o algoritmo encontra a relação entre as variáveis e descobre as mais relevantes que devem ser consideradas para uma tomada de decisão.

Neste contexto em que AM é usado para soluções de problemas que envolvem configurações manuais, disponibilidade de dados e em grandes quantidades, com o emprego de um modelo que pode ser compreendido por uma função matemática entre variáveis. A relação entre tais variáveis é descoberta por um algoritmo que tem parâmetros ajustáveis a partir de interações sob um conjunto de dados.

A maneira como as variáveis são definidas neste modelo implicam no paradigma do aprendizado. Quando há uma relação entre as variáveis de modo que se pode organizar que dado uma entrada se espera uma saída o paradigma é definido como aprendizado supervisionado. Significa dizer que durante o processo de aprendizado os parâmetros livres são ajustados com base na diferença entre o resultado gerado pelo modelo com um parâmetro livre inicial e o resultado desejado que é previamente definido no conjunto de dados. No caso do email significa dizer que o algoritmo é ajustado a partir dos textos (variáveis de entrada) e o rótulo que um usuário apresentou que compreende a situação do email (spam ou não spam).

Outra abordagem de aprendizagem é quando não se pode modelar o problema como se tendo uma variável de saída desejada. Neste caso o parâmetro livre do algoritmo é ajustado de forma a encontrar uma relação no conjunto de variáveis e, portanto, é definido como sendo não supervisionado. No problema de e-mail um algoritmo não supervisionado é capaz de descobrir as mensagens que tem os textos parecidos (ou não parecidos) gerando agrupamentos de resultados.

Ainda há outras duas abordagens, semi-supervisionada e por reforço as quais não farão parte do escopo deste livro e sugerimos leitura as seguintes referências [Silva, Peres, Boscarioli, 2016; Geron, 2021].

Vinculado ao paradigma de aprendizado estão as tarefas de aprendizado de máquina. Por sua vez, cada tarefa pode ter um ou mais algoritmo de aplicação que se diferenciam pela estratégia de aprendizado.

O paradigma de aprendizado supervisionado é aplicado em problemas de classificação de dados ou regressão. Significa dizer que dado um conjunto de variáveis de entrada espera-se uma variável de saída desejada que pode ser uma categoria (classificação) usada como no exemplo acima para classificação de e-mail como spam e não spam. A saída desejada pode também assumir valores numéricos (regressão) o que poderia para o caso do email pensar em níveis de chance da mensagem ser um spam em uma escala de 0 a 5. As estratégias e principais algoritmos de cada estratégia com aprendizado supervisionado podem ser exemplificadas em:

- Aprendizado baseado em instâncias: K-Nearest Neighbours;

- Aprendizado baseado em modelos: Árvores de Decisão;

- Aprendizado conexionista: Redes Neurais Artificiais.

O paradigma não supervisionado é aplicado em problemas de agrupamento de dados e descoberta de regras de associação. Significa dizer que não há uma variável de saída desejada e o algoritmo descobre relações com base nas variáveis de entrada. As estratégias principais e os principais algoritmos são:

- Agrupamento hierárquico: DIANA;
- Agrupamento particional: K-médias;
- Agrupamento conexionista: Mapas Auto-Organizáveis;

5.2 Aprendizagem Supervisionada

Classificação de dados consiste de um processo que mapeia um exemplar ou objeto em uma categoria ou classe pré-definida [Han, Kamber, & Pei, 2006], [Tan, Steinbach, & Kumar, 2009]. Este mapeamento é conduzido por um *modelo preditivo* previamente ajustado através de um conjunto de exemplares de uma base de dados de conhecimento. De maneira genérica, o processo de ajuste do modelo preditivo é chamado de *fase de treinamento*. Durante essa fase, um conjunto de exemplares x_n da base de conhecimento **X**, representados por atributos regulares a_l, sendo que $l=1,...,L$, e atributo especial *c*, são apresentados iterativamente ao modelo. O objetivo deste processo de treinamento é fazer com que o modelo aprenda com estes dados para em um momento futuro, possa reconhecer novos exemplares.

Portanto, após o ajuste do modelo preditivo, ele agora pode ser usado para classificar exemplares desconhecidos, ou seja, que não fazem parte da base de conhecimento. Este processo é denominado como *fase de teste*. Nessa fase o modelo recebe os atributos regulares do exemplar de teste e apresenta como resultado o atributo especial *c*.

Na Figura 5.1 pode-se observar uma ilustração genérica de como estas duas fases acontecem no modelo preditivo. É importante notar que para a tarefa de Classificação de Dados os exemplares da base de dados usados como um conjunto para treinamento do modelo preditivo devem ter o atributo especial classe *c* (ou rótulo). Este processo de ajustar um modelo é popularmente chamado pela comunidade de MD de treinamento (*training*) e, consequentemente, a base usada na construção do modelo é também denominada como *base de treinamento* ou *conjunto de treinamento*. Como esta base tem, além dos atributos regulares, o atributo especial de classe (ou rótulo), isto é a base encontra-se rotulada, o treinamento é chamado de *aprendizado supervisionado*. Isso se deve ao fato de que durante o ajuste dos parâmetros do modelo, o resultado esperado é previamente conhecido, o que é importante para alguns algoritmos de classificação que usam esta informação para ajuste do modelo. Após o treinamento, o modelo ajustado será exposto ao teste (*teste*) [Tan, Steinbach, & Kumar, 2009].

Na fase de teste, o modelo preditivo pode ser usado de diferentes maneiras. Por exemplo, ele pode ter a finalidade de uma ferramenta explicativa para descobrir a importância dos atributos que fazem a distinção entre exemplares de classes diferentes. Como ainda, o modelo preditivo pode ser usado em uma operação de tempo real para prever a classe de novos exemplares, em um processo de *tomada de decisão*. Por fim, o teste pode significar também um processo de validação do modelo treinado para quantificar desempenhos (*performance*). Esse processo também é chamado de *validação cruzada* (*cross validation*) que é quando a mesma base de conhecimento é separada em duas: treinamento e teste. Nesse caso, o atributo especial classe é usado de duas maneiras. No treinamento para fazer o ajuste do modelo de forma supervisionada e no teste para verificar a capacidade preditiva na descoberta da classe [Duda, Hart & Stork, 2001; Tan, Steinback & Kumar, 2009].

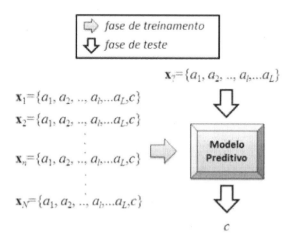

Figura 5.1: Representação genérica para treinamento e teste de um modelo de preditivo

A classificação de dados é uma tarefa usada em problemas de diferentes áreas como medicina, marketing, segurança da informação, redes sociais e muitas outras. Por exemplo, em medicina, um classificador treinado com características de um exame de mamografia pode ser usado para auxiliar no diagnóstico de um tumor como maligno ou benigno [Silva, 2008]. No marketing, as compras de clientes armazenadas em uma base de dados poderiam ser usadas para decidir se o cliente é um potencial comprador [Berry, 2004]. Em segurança de informação, as digitais da mão de um cliente podem ser classificadas como verdadeiras ou falsas em uma operação bancária [Dunstone & Yager, 2008]. Em redes sociais, as características da face de uma pessoa podem ser usadas para reconhecê-la em outras publicações [Stone, Zicler & Darrel, 2008; 2010]. E mesmo nestas áreas exemplificadas, ainda há muitas outras aplicações [Ha, Kamber & Pei, 2006; Witten, Frank & Mark, 2011].

Para a execução da tarefa classificação, encontramos na literatura diferentes abordagens de algoritmos. Existem aqueles inspirados na biologia, como é o caso das Redes Neurais Artificiais [Jain, Mao & Mohiuddin, 1996], por exemplo: Perceptron de Múltiplas Camadas ou MLP (*Multi-Layer Perceptron*), Funções de Base Radial ou RBF (do inglês, *Radial Bases Function*) e etc [Jain, Mao & Mohiuddin, 1996, Haykin, 2009]. Temos outros algoritmos chamados de aprendizado de máquina, como é o caso das Máquinas de Vetores de Suporte ou SVM (*Suport Vector Machine*) [Haykin, 2009]. E ainda temos aqueles outros algoritmos que são por vezes usados como comparação (*benchmarking*) pela simplicidade nos parâmetros necessários para a construção do modelo e alto desempenho no processo de classificação, como é o caso da Árvore de Decisão ou DT (do inglês, *Decision Tree*) [Safavian & Landgrebe, 1991; Tan, Steinback & Kumar, 2009; Faceli et. al., 2011] e *k* Vizinhos Mais Próximos ou KNN (do inglês, *K Nearest Neighbor*) [Friedman, Baskett & Shustek, 1975; Tan, Steinback & Kumar, 2009; Faceli et. al., 2011], os quais serão apresentados em detalhes a seguir.

5.2.1 Algoritmos Clássicos

5.2.1.1 Árvores de Decisão (*Decision Tree*)

Árvore de Decisão ou simplesmente DT (do inglês, *Decision Tree*) é uma das técnicas mais simples de mineração de dados. Geralmente usada para a tarefa de classificação de dados, a AD consiste em uma coleção de nós estruturais organizados em uma espécie de fluxograma, combinados com nós folhas e assim formando uma representação de árvore [Safavian & Landgrebe, 1991; Quinlan, 1986; Tan, Steinback & Kumar, 2009; Faceli et. al., 2011]. Para a sua construção é importante que a base de dados não tenha valores ausentes e, de preferência, estejam selecionados e transformados. Ou seja, é recomendável que se verifique antes de aplica-la, a necessidade de pré-processamento. Com a base de dados processada, denominada aqui como base de conhecimento, é feito o treinamento da DT, de tal modo que ela se torne um modelo a ser usado em testes futuros de tomadas de decisões. Note, no entanto, que é imprescindível que esta base tenha o atributo especial de rótulo (*label*) ou c, com a classe de cada exemplar.

De forma breve, uma DT é construída, a partir de comparações aos atributos regulares da base de conhecimento. Em geral, o valor do atributo é comparado com valores constantes. E ao final das comparações, a árvore é finalizada com os nós folhas que é onde ficarão os rótulos. Na literatura encontramos diferentes algoritmos para a construção de uma DT, para citar os mais referenciados na literatura são [Safavian & Landgrebe, 1991; Han, Kamber & Pei, 2006; Tan, Steinback & Kumar, 2009; Faceli et. al., 2011; Witten, Frank & Mark, 2011]:

- Hunt [Hunt, Marin & Stone, 1966],
- CART [Breiman et al., 1984],
- ID3 [Schlimmer & Fisher, 1986] e
- C4.5 [Utgoff, 1988].

A primeira proposta e que é tida como referência para propostas de outros algoritmos é o de Hunt [Hunt, Marin & Stone, 1966]. Por essa razão, ele será explicado em detalhes a seguir e, por fim, introduziremos como os demais algoritmos são implementados.

O algoritmo 1.1 descreve todos os passos necessários para a construção da DT com o algoritmo de Hunt. De modo pictórico, na Figura 5.2 temos um exemplo de DT e ao lado um resultado de sua interpretação. Para entender o exemplo dessa figura, considere que temos uma base de dados com apenas dois exemplares, x_1 e x_2, que são descritos por um único atributo regular a e um atributo especial rótulo, com duas classes distintas. Executando o Algoritmo, mais especificamente a função AD, na linha 1 analisaremos o único atributo da base, a. Esse atributo tem dois valores possíveis, V ou F, portanto, na linha 3, separamos em dois ramos. Consequentemente, na linha 4, cada exemplar é colocado na folha da árvore. Para cada folha, linha 5, como temos apenas dois exemplares e cada um pertence a classes distintas, associamos em cada folha o valor da classe do exemplar, linha 6 e, portanto, a DT está formada.

A árvore é um modelo que pode ser interpretada por regras *IF THEN (SE ENTÃO)* como também mostra a Figura . Na ilustração estamos apresentando um exemplo simples com atributo único, valores booleanos – V (de verdadeiro) e F (de falso), dois exemplos e duas classes. Mas o algoritmo permite problemas mais complexos, como veremos em um estudo de caso mais adiante.

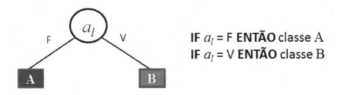

Figura 5.2: Exemplo genérico de interpretação de uma DT

No entanto, o tipo do atributo é importante na construção da árvore. Sendo tipo nominal, a quantidade de valores possíveis define o número de ramos do nó. Por outro lado, sendo o atributo do tipo numérico, o seu valor é comparado com um valor constante para que o nó estrutural seja separado. Em geral é feito comparações como: menor, igual e maior; ou simplesmente menor ou igual e maior; ou ainda menor e maior ou igual. Discutiremos adiante um pouco mais sobre estes aspectos de tipo de atributos numéricos para AD.

> **Algoritmo 5.1 – Construção de uma AD**
>
> **Parâmetros de Entrada:**
> – X_{tr}: um conjunto de treinamento rotulado, ou seja, $X_{tr} = \{X;c'\}$
> **Parâmetros de Saída:**
> <u>Árvore de Decisão</u>
> 1. função AD (exemplares)
> 2. **Para cada** (atributo regular) **faça**:
>   3. Adicione o atributo como nó
>   4. Transforme cada valor do atributo em ramos do nó
>   5. Passe os atributos especiais (Id e Classe) como nó folha, respeitando o valor do atributo definido como ramo
>   6. Para cada nó folha:
>   7. <u>Se</u>: todos os exemplares têm o mesmo valor do atributo especial classe, associe esse valor como folha
>   8. <u>Senão</u>: repetir recursivamente a função AD com os exemplares deste ramo.
>   **Fim para**

5.2.1.2 K Vizinhos mais próximos (K *nearest neighbor*)

O algoritmo *k*-vizinhos mais próximos ou KNN (do inglês, *k-nearest neighbor*) é um tipo de aprendizado supervisionado baseado em instâncias ou IBL (do inglês, *Instance-Based Learning*) [Duda, Hart & Stork, 2001; Witten, Frank & Mark, 2011]. Isso significa que a classificação de um exemplo desconhecido da base de conhecimento, ou seja, que não possui o atributo especial de classe, é comparado com todos os exemplos conhecidos dessa base. Como essa comparação pode dispender muito tempo, dependendo da quantidade de exemplos da base, o algoritmo também é chamado de avaliação preguiçosa (*lazy evaluation*) [Duda, Hart & Stork, 2001; Witten, Frank & Mark, 2011].

O processo de classificação é relativamente simples. Um exemplo é classificado pela votação da maioria de seus vizinhos. A classe dos *k* mais próximos é atribuída ao exemplo desconhecido. A relação de proximidade é definida por uma métrica de distância para quantificar o quanto dois exemplos *i* e *j* quaisquer (x_i e x_j) estão próximos. Diferentes medidas podem gerar diferentes resultados, isto é, a medida deve refletir a natureza (tipo) dos dados.

Distâncias normalmente são usadas para medir similaridade ou dissimilaridade entre dois exemplos. Os atributos se tornam os eixos de um plano cartesiano. Cada exemplo da base de dados x_n se torna um ponto distribuído no espaço dos atributos, ou seja, cada exemplo $x_n = \{a_1, a_2, \ldots, a_1, \ldots, a_L\}$, será representado em um plano cartesiano, conforme representação da Figura 5.3.

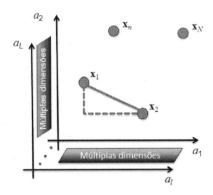

Figura 5.3: Plano cartesiano com exemplos distribuídos no espaço de atributos

Temos na literatura várias métricas para medir distâncias entre dois exemplares com atributos do tipo numérico como: Manhattan, Euclidiana, Minkowski, Cosseno entre outras [Tan et al., 2009]. Para valores binários, um tipo categórico nominal, temos a distância de Hamming [Tan et al., 2009]. Vamos detalhar a seguir, as distâncias Manhattan e Euclidiana.

A distância de Manhattan também é conhecida por *city-block, taxicab e rectilinear*. Ela quantifica a distância percorrida em uma configuração de quadras de cidades. Foi assim chamada, pois as ruas que cortam a ilha de Manhattan formam quadrados geometricamente perfeitos. Ou seja, em um percurso pela cidade há diferentes caminhos possíveis, todos com a mesma distância, significando que não há menor caminho. Tomemos como ilustração os exemplares x_1 e x_2 da Figura . A distância de Manhattan entre os dois pontos é a soma absoluta de suas coordenadas (atributos). Pictoriamente, a distância está representada pelas linhas pontilhadas.

Formalmente, a distância de Manhattan é definida pela equação 5.1:

$$d_{12} = |a_1^1 - a_1^2| + |a_2^1 - a_2^2| \qquad (5.1)$$

O cálculo absoluto permite dizer que a distância entre d_{12} é a mesma de d_{21}, ou seja, independe do referencial. Para um cálculo genérico entre dois exemplos *i* e *j* quaisquer de uma base de dados e com múltiplos atributos, tem-se a equação 5.2:

$$d_{ij} = \sum_{l=1}^{L} \left| a_l^i - a_l^j \right| \qquad (5.2)$$

A distância Euclidiana, por outro lado, é a medida mais comum de ser utilizada, pois possui a propriedade de representar a distância física entre pontos em um espaço *L*-dimensional. Na Figura a representação está sendo feita pela linha continua entre os exemplos x_1 e x_2. No entanto, reparem na geometria que a linha continua faz com as linhas tracejadas na Figura . Trata-se de um triângulo retângulo. E ainda, a distância Euclidiana é a hipotenusa desse triângulo. Ou seja, teorema de Pitágoras. O teorema diz que a soma dos quadrados dos catetos é igual ao quadrado da hipotenusa. Portanto, de maneira formal, temos a seguir a distância Euclidiana (equação 5.3) para os dois exemplos, x_1 e x_2:

$$d_{12} = \sqrt{\left(a_1^1 - a_1^2\right)^2 + \left(a_2^1 - a_2^2\right)^2} \qquad (5.3)$$

A diferença da equação acima da definição do teorema de Pitágoras é que retiramos o quadrado da distância e adicionamos a raiz quadrada ao lado da soma do quadrado dos catetos. De maneira mais formal e genérica da distância Euclidiana para dois exemplos *i* e *j* quaisquer, temos (equação 5.4):

$$d_{ij} = \sqrt{\sum_{l=1}^{L} \left(a_l^i - a_l^j\right)^2} \qquad (5.4)$$

Voltando ao algoritmo do KNN, necessitamos de dois parâmetros. Um é a medida de distância, usualmente a Euclidiana. O outro é o valor de *k* que define o número de vizinhos mais próximos consultados na atribuição do atributo especial classe, no processo de classificação. Adicionalmente precisamos de uma base de dados com atributos especiais de classe. O Algoritmo 5.2 ilustra a construção completa do KNN.

De forma ilustrativa, na Figura 5.4 temos uma base com exemplos representados pelos atributos a_1 e a_2. O atributo especial de classe está representado pelas iniciais da forma: C, Q e T. Ao apresentar um exemplo desconhecido, ou seja, que não sabemos a classe dele (ou seja, $x_?$), o qual desconhecemos a classe, ele será comparado com todos os exemplos rotulados, linha 1, através do calculo da distância Euclidiana, linha 2 do Algoritmo . Após feita a ordenação de similaridade, linha 3, representada aqui pelos círculos pontilhados, selecionamos os k exemplares mais próximos, linha 4. Na Figura temos 3 exemplos de valores possíveis de k para ilustrar o processo de classificação. Ou seja, para k = 1, temos apenas um exemplar da classe C, logo a classe dele é atribuída ao exemplar desconhecido, portanto, $x_? \in C$; para k = 2 temos dois exemplares e todos da classe C, portanto, novamente essa é a classe que atribuiremos ao exemplar novo; e para k = 3, temos 3 exemplares onde a classe da maioria (2 de 3) é C e, finalmente $x_? \in C$. Note que o valor de k é parâmetro de entrada do algoritmo, e o exemplo anterior com diferentes valores foi meramente ilustrativo para mostrar que quando k = 1, a decisão é feita pela classe do exemplar mais próximo e para k > 1, a decisão é feita por votação, onde a classe da maioria vence.

A escolha do valor de k pode se tornar um empecilho do algoritmo kNN, pois se o valor é pequeno, o algoritmo se torna sensível a exemplares ruidosos e se o valor é grande, a vizinhança deve incluir exemplares de outras classes. Discutiremos adiante estratégias para a melhor escolha deste parâmetro.

Algoritmo 5.2 – Algoritmo dos k-vizinhos mais próximos KNN

Parâmetros de Entrada:

- X_{tr}: um conjunto de treinamento rotulado, ou seja, $X_{tr} = \{X;c'\}$
- $x_?$: um exemplo novo com atributo especial de classe c desconhecido
- k: número de vizinhos para ser comparado
- d: métrica de distância

Parâmetros de Saída:

- atributo classe c do exemplo novo

1. para cada (exemplo de X_{tr}) faça

   2. calcule a distância d entre o exemplo escolhido e o exemplo novo
   fim para

   3. ordene as distâncias do menor valor para o maior

4. selecione os k exemplos do conjunto de treinamento com distâncias mais próximas

5. atribua ao exemplo novo a classe de maior frequência do conjunto de exemplos mais próximos.

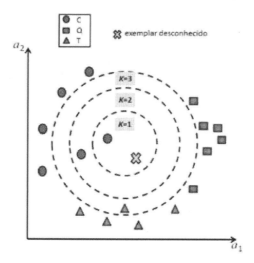

Figura 5.4: Exemplo do KNN

5.2.1.3 Avaliação de Modelos

Mas afinal, qual razão de se fazer o teste com um exemplar que já se conhece? A resposta já foi respondida na introdução do capítulo, verificar a eficiência do modelo que está sendo aplicado para resolver o problema de classificação. Ou seja, fazer a validação, última etapa processo do KDD [Fayyad, Piatetsky-Shapiro & Smyth, 1996].

O teste feito com um único exemplar não expressa de maneira real, o resultado final do algoritmo. Em alguns problemas de comparação (*benchmarking*) a base de dados vem separada em conjunto de treinamento e de teste. Isso acontece geralmente quando se tem um número razoavelmente grande de exemplares na base de dados. Quando não temos, consideramos o uso de metodologias de validação como, por exemplo, escolher aleatoriamente um conjunto da base de dados para servir de teste e repetir a escolha por um número de vezes. Esse método é conhecido como *k fold validation* [Duda, Hart & Stork, 2001; Tan, Steinback & Kumar, 2009]. Ou então, podemos considerar o método que deixa um exemplar da base de fora para usa-lo como teste e faz-se isso até que todos os exemplares sejam testados. Método esse conhecido como *leave-one-out* [Duda, Hart & Stork, 2001; Tan, Steinback & Kumar, 2009].

No problema descrito acima, fizemos uma iteração da validação *leave-one-out*. A continuidade do experimento seria retirar o segundo exemplo, depois o terceiro até o décimo segundo exemplo, como representado na ilustração Figura 5.5.

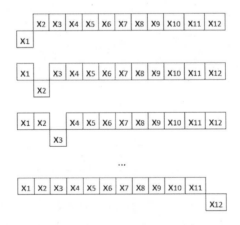

Figura 5.5: Leave-one-out.

A metodologia de validação como o próprio nome sugere é uma maneira para avaliar o desempenho. No entanto, ela não quantifica o resultado, isso é, como dizer no caso do exemplo acima, se a classificação foi boa ou ruim. Quando os exemplares de teste estão rotulados, como aqui estão, é possível quantificar se a classificação está sendo correta ou incorreta. No caso o exemplo acima, o exemplar x_1 na base de dados está rotulado com classe ANU e a classificação com KNN foi ANU. Logo a classificação foi correta ou boa ou ótima. Adicionalmente, ainda se pode apresentar o resultado em termos de taxa de classificação correta ou incorreta. Nesse caso de um exemplo testado, ele foi reconhecido como correto, ou seja, 100% de acerto. Evidente que um único exemplo é muito pouco para quantificar resultados. Podemos ampliar o número de testes como discutido acima sobre métodos de validação. A quantificação do resultado, como vimos, pode ser apresentada em termos de taxas de acerto, mas ainda há outros métodos na literatura [Duda, Hart & Stork, 2001; Tan, Steinback & Kumar, 2009].

Um método interessante de quantificar o resultado é chamado de *Matriz de Confusão*. Essa matriz além de permitir que o resultado seja apresentação pela precisão (*accuracy*), ela ainda possibilita a verificação de erros na classificação. A tabela 5.1 apresenta um exemplo de matriz de confusão para duas classes *positivo* e *negativo*. Em cada linha da matriz estão as classes verdadeiras dos exemplares que queremos predizer (classificar). Em cada coluna, por outro lado, estão as classes previstas pelo modelo. O cruzamento de linhas com colunas indica acertos e erros em cada classe, da seguinte maneira:

- *VP* ou *Verdadeiro Positivo*: Significa que houve reconhecimento correto para a classe *positivo*

- *FN* ou *Falso Negativo*: A classe do exemplar é positivo, porém o classificador reconhece como negativa.

- *FP* ou *Falso Positivo*: A classe verdadeira do exemplar é *negativa*, mas há um erro na previsão como sendo *positivo*.

- *VN* ou *Verdadeiro Negativo*: Houve um acerto no reconhecimento do classificador com a classe verdadeira do exemplaro que é *negativa*.

Ou seja, os resultados da diagonal principal indicam acertos e que podem ser mensurados por porcentagem através da divisão do número de exemplares da classe pelo total de exemplares analisados, ou simplesmente pelo número de acertos. E os resultados da diagonal secundária, por outro lado, indicam os erros. Adicionalmente, a precisão (*accuracy*) é definida pela expressão 5.5:

$$\text{precisão} = \frac{VP + VN}{VP + FN + FP + VN} \tag{5.5}$$

Note, entretanto, que a Matriz de Confusão, Tabela 1.1, pode ser facilmente estendia para exemplos com mais de duas classes, necessitando para isto adicionar nas linhas, as classes verdadeiras dos exemplos e, nas colunas, as classes previstas.

Tabela 5.1: Matriz de Confusão.

		Classe Prevista	
		positivo	*negativo*
Classe Verdadeira	*positivo*	VP	FN
	negativo	FP	VN

Por fim, é importante destacar que a escolha do valor de k tem influência direta no desempenho do classificador. A variação de valores com a monitoração da precisão (*accuracy*) pode auxiliar na escolha deste valor. A escolha de valores pequenos e que não permitam empates na decisão pela classe dos mais próximos servem como critério na escolha do parâmetro k.

5.2.2 Exercícios de Aplicação

Para um aluno se formar em um curso é preciso que ele tenha média maior ou igual a 6,0 em todas as disciplinas, total de horas de Atividades Complementares maior ou igual a 200 e total de horas de Estágio maior ou igual a 300. Com o objetivo de construir um modelo preditivo, a Coordenação do Curso preparou uma base de dados com a SITUAÇÃO dos alunos após 8 semestres de curso, classificando-os em **Formando no Prazo – F** e **Não-Formando no Prazo – N**. Usando esta característica como atributo especial, a Coordenação coletou os dados destes alunos, enquanto cursavam o penúltimo ano do curso. Obviamente que alguns dos requisitos estavam abaixo do necessário, afinal, ainda restava um ano para concluir o curso no prazo. Uma amostra desta base de dados encontra-se a seguir. Note que ME corresponde a média dos alunos em todas as disciplinas, AC o total de horas em Atividades Complementares e ES o total de horas de Estágio, todos os valores medidos até o penúltimo semestre do Curso. A partir de um estudo empírico sobre os dados, os valores mínimos que os alunos devem ter no semestre em estudo para que se formem dentro do prazo são, respectivamente: 6, 150 e 300.

ID	ME	AC	ES	SITUACAO
1	6,0	150	300	F
2	7,0	165	150	F
3	6,2	100	380	F
4	5,5	150	301	F
5	4,8	110	308	F
6	3,5	88	50	N
7	4,0	150	100	N
8	6,0	120	80	N

Para este problema e sua base de dados, pede-se:

a) Apresente o modelo resultante da execução do algoritmo Árvore de Decisão com o algoritmo de Hunt.

b) A partir da Árvore de Decisão, treinada sobre esta base de dados, que tipo de análise pode ser feita em termos de importância dos atributos regulares? <u>Dica</u>: *Pense em um processo de tomada de decisão, onde você é o principal interessado e necessita de avaliar as prioridades destes requisitos para se formar no prazo.*

c) Escolha uma medida de impureza apresentada neste capítulo, por exemplo a Entropia, e apresente a Árvore de Decisão resultante.

d) Suponha que a sua situação atual no semestre é a seguinte: 4, 130 e 200, valores em ordem de requisitos para esta base de dados do problema. Considere ainda que apenas os exemplares 1, 2, 7 e 8 são representativos à base e serão usados neste estudo. Utilizando o classificador KNN, com esses quatro exemplares na base de treinamento, parâmetro k igual a 1 e distância Euclidiana, qual será a sua situação hipotética no final do curso? Justifique a resposta com todos os cálculos envolvidos.

e) Imagine que a matriz de confusão abaixo é resultante de um algoritmo de classificação de dados para o estudo em questão. Responda as seguintes duas perguntas: Para cada classe, qual o total de exemplos que o classificador acertou e o total de exemplos que ele errou? Qual o desempenho de acurácia deste classificador? Justifique com todos os cálculos envolvidos.

		CLASSE PREVISTA	
		POSITIVO	NEGATIVO
CLASSE VERDADEIRA	POSITIVO	3	2
	NEGATIVO	0	3

5.3 Aprendizagem Não-Supervisionada

5.3.1 Fundamentos

Clusterização de Dados ou Agrupamento de Dados ou como também conhecido Análise de Agrupamento constitui-se de métodos usados para a descoberta de exemplares semelhantes em bases de dados, a partir dos atributos regulares a_l, sendo que $l = 1, \ldots, L$ [Jain & Dubes, 1988], [Duda, Hart, & Stork, 2001], [Jain A. K., 2010]. As bases de dados usadas em problemas de clusterização não tem disponível o atributo especial classe (c), e por isso, essa tarefa de Mineração de Dados é mais desafiadora quando comparada a classificação de dados. Essa ausência de informação faz com que o modelo usado no treinamento seja chamado de aprendizado não supervisionado [Duda, Hart, & Stork, 2001]. Além disso, não se sabe o número de grupos disponíveis na base de dados e muito menos a estrutura dos grupos. Veja como exemplo a base de dados ilustrada na Figura 5.6 Nela, os exemplares estão descritos por apenas dois atributos regulares e, a quantidade de grupos presentes nesta base não é obvia, ou seja, temos dois grupos (na visão por dois grandes triângulos, com pontas opostas) ou seis grupos (na visão por triângulos menores). De maneira complementar, na Figura 5.7, a estrutura dos grupos não é bem definida. Nela, temos as seguintes situações de estruturas de grupos:

a) *coesos e isolados*: Os exemplares estão próximos ou coesos internamente ao grupo e, assim, há grande similaridade intra-grupo.

Por outro lado, os grupos estão distantes ou isolados aos demais e, assim, há grande dissimilaridade inter-grupos.

b) *não coesos e isolados*: Os exemplares não estão próximos internamente ao grupo. Porém, os grupos estão externamente distantes.

c) *coesos e não-isolados*: De maneira contrária ao caso anterior, os exemplares estão coesos internamente ao grupo, mas isolados externamente aos grupos.

d) *não há-grupos naturais*: Quando os exemplares não estão coesos e isolados, ou seja, não há grupos na base de dados.

Para estes problemas de clusterização de dados usa-se, geralmente, medidas de distância para quantificar a semelhança (similaridade) entre exemplares e as diferenças (dissimilaridade) entre grupos. Ou seja, através de medidas de distâncias descobrem-se os grupos mais homogêneos (coesos) e bem separados (isolados) possíveis [Xu & Wunsch, 2005].

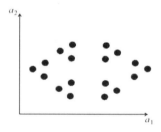

Figura 5.6: Exemplares descritos por atributos regulares, sem atributo especial classe e sem formação objetiva de número de grupos.

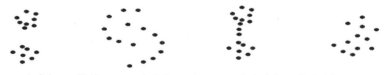

a) Coesos e isolados   b) não coesos e isolados   c) coesos e não isolados   d) não há grupos naturais

Figura 5.7: Diferentes bases de dados com exemplares distribuídos sobre diferentes estruturas de grupo.

A solução a estes problemas pode ser encontrada através da utilização de dois principais tipos de algoritmo: Particionais e Hierárquicos [Aggarwal & Reddy, 2013]. No entanto não são únicas, há ainda outras soluções baseadas em Redes Neurais Artificiais, Computação Natural e Grafos [Tan, Steinbach, & Kumar, 2009].

Algoritmos de *Clusterização Particional* consiste em segmentar os exemplares em grupos disjuntos. O principal e tradicional algoritmo desse tipo de clusterização é o *k*-Médias (ou *k-Means*) que particiona os exemplares de uma base de dados através de *k* centroides [Jain & Dubes, 1988], [MacQueen, 1967], [Jain A. K., 2010]. Na literatura ainda existe diversas propostas de extensões do algoritmo como é o caso do *Fuzzy c-means* que define graus de pertinência do exemplar ao grupo gerado e também diferentes tentativas para substituição da métrica de distância que convencionalmente é definida como sendo a Euclidiana [Duda, Hart, & Stork, 2001].

Agrupamento Hierárquico, por outro lado, consiste em encontrar uma hierarquia entre os exemplares, a partir da similaridade [Graham & Brian, 2004], [Aggarwal & REDDY, 2013]. A similaridade entre exemplares agrupados pode ser tratada de 3 diferentes estratégias. Pela *distância simples* (em inglês, *single-link*), *distância completa* (em inglês, *complete-link*) e *distância média* (em inglês, *average-link*). Sendo as duas primeiras estratégias as mais utilizadas na literatura. O resultado deste algoritmo é uma árvore (*dendro*) na qual os exemplares são organizados por similaridade ou dissimilaridade, convencionalmente chamada de *Dendrograma*.

A aplicação de algoritmos de clusterização de dados permeia diferentes áreas do conhecimento como, por exemplo, medicina, marketing, internet, redes sociais e muitas outras [Anderberg, 1985], [Aggarwal & REDDY, 2013], [Han, Kamber, & Pei, 2006]. Na medicina, por exemplo, imagens de exames poderiam ser segmentadas em regiões para auxiliar os especialistas em analises de patologias. As campanhas do marketing, como outro exemplo de utilização, podem ser mais assertivas quando os clientes são separados em perfis. Os arquivos de log de uma página da Internet podem ser agrupados para descobrir padrões de acesso dos usuários. E, como último exemplo, em redes sociais o agrupamento de dados pode ser usado para sugerir possíveis relacionamentos entre usuários.

Neste capítulo discutiremos em detalhes os dois principais algoritmos: Agrupamento Hierárquico com a abordagem *single-link* e o *k*-Médias. Adicionalmente a explicação desse último algoritmo, discutiremos como o resultado do agrupamento pode ser validado com a métrica de *Davies-Boldin*, cuja metodologia apresentada pode ser útil para a descoberta automática do número de grupos.

5.3.2 Algoritmos Clássicos

5.3.2.1 Algoritmos Hierárquicos

O Agrupamento Hierárquico consiste na criação de uma estrutura na forma de uma árvore na qual os exemplares x de uma base de dados, que não tem o atributo especial de classe, são definidos como folhas. Os nós internos, por outro lado, revelam a estrutura de similaridade entre os exemplares. A árvore resultante deste processo constitui o que se conhece por um *Dendrograma*. O processo de construção da árvore pode ser feito de duas maneiras, como mostra aFigura 5.8, a partir de uma base de dados com cinco exemplares:

- *Aglomerativo* (em inglês, *bottom-up*): nesse caso a árvore começa a ser construída pelas folhas. Ou seja, cada exemplar é alocado inicialmente como grupo e, a cada passo do algoritmo, os exemplares mais similares são aglomerados, formando os nós (grupos) da árvore (base de dados). O processo é repetido até que não haja grupos para ser combinado, isto é, todos os exemplares formarem um único grupo.

- *Divisivo* (em inglês, *top-down*): o processo é o contrário do aglomerativo. Ou seja, os exemplares são considerados como um único grupo. A cada passo do algoritmo, os exemplares mais dissimilares são separados ou divididos. O processo persiste até que os exemplares sejam considerados como grupos isolados.

O critério para decidir se agrupa (aglomera) ou separa (divide) é feito sempre em pares por uma medida de distância, que em nosso caso consideraremos a Euclidiana. A explicação a seguir do algoritmo será feita considerando o método aglomerativo, portanto, trataremos do algoritmo Agrupamento Hierárquico Aglomerativo. Vale lembrar que para a implementação do método divisivo, a lógica a ser considerada é exatamente contrária a que será explicada adiante.

Sendo assim, na construção do *Dendrograma* com o método aglomerativo, cada exemplar da base de dados deve ser comparado com todos os demais. A comparação pode ser facilitada se representada na forma de uma matriz que relaciona um exemplar com os demais da base de dados. Cada elemento nesta matriz será o resultado do calculo da distância entre pares de exemplares. Essa matriz será chamada de *Matriz de Similaridade* ou simplesmente MS, a qual tem dimensão N × N e cada elemento corresponde a uma medida quantitativa da proximidade (ou equivalentemente da dissimilaridade $d(ij)$ ou d_{ij}) entre pares de exemplares. Um exemplo da MS é apresentado na Equação 5.6.

A diagonal principal da MS é sempre 0, pois relaciona a distância de um exemplar com ele mesmo. E ainda, a distância d de dois exemplares i e j quaisquer é igual a distância do exemplo j com i, isto é, $d(i,j) = d(j,i)$, o que vale afirmar, pelas propriedades de matrizes, que MS é igual a sua transposta e, portanto, ela é simétrica.

O uso da MS na construção do Agrupamento Hierárquico Aglomerativo é fundamental. Nela é feita a verificação dos exemplares mais próximos e, consequentemente a decisão pelos grupos a serem aglomerados. O Algoritmo mostra a solução completa para o Agrupamento Hierárquico Aglomerativo.

O comportamento do algoritmo depende fundamentalmente em como o par de grupos mais próximos, passo 4 do Algoritmo 5.3, é definido. Temos os seguintes 3 métodos:

a) *single-linkage* ou *single-link*: a ligação simples é sinônimo de menor distância. Ou seja, a distância entre dois grupos é definida pelos exemplares mais próximos.

b) *average-linkage* ou *average-link*: a ligação pela média é o critério que define a distância entre grupos como sendo a partir da média dos exemplares.

c) *complete-linkage* ou *complete-link*: a ligação completa é realizada pela maior distância dos entre grupos em relação aos exemplares.

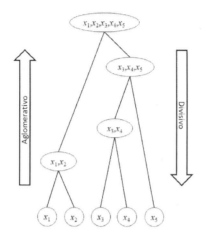

Figura 5.8: Processo para construção de um *Dendrograma* com 5 exemplares.

$$MS = \begin{bmatrix} 0 & & & & \\ d(x_2, x_1) & 0 & & & \\ d(x_3, x_1) & d(x_3, x_2) & 0 & & \\ \vdots & \vdots & \vdots & 0 & \\ d(x_N, x_1) & d(x_N, x_2) & \cdots & d(x_N, x_{N-1}) & 0 \end{bmatrix} \quad (5.6)$$

> **Algoritmo 5.3 – Agrupamento Hierárquico Aglomerativo**
>
> **Parâmetros de Entrada:**
> - X_{tr}: um conjunto de treinamento rotulado, ou seja, $X_{tr} = \{X\}$
> - d: métrica de distância
> - critério de *grupos mais próximos*
>
> **Parâmetros de Saída:**
> - dendrograma
>
> 6. aloque cada exemplo como grupo
> 7. calcule a matriz de similaridade
> 8. **enquanto** *há grupos para se formar* **faça**
>   9. agrupe o par de *grupos mais próximos*
> **fim**

Para exemplificar a execução do algoritmo e, o uso dos critérios de grupos mais próximos, considere os exemplares da Figura 1.8a, distribuídos em um espaço Euclidiano. Os círculos dessa figura representam os agrupamentos que são feitos durante o processo iterativo do Algoritmo 1.3, mais especificamente no passo 3. Na Figura 1.8b temos o *Dendrograma* resultante do algoritmo. Portanto, temos definido como parâmetros de entrada a base de dados, a distância Euclidiana e o critério de grupos como sendo o *single-link*. Inicialmente, passo 1 do Algoritmo 1.3 os exemplares são alocados como grupos isolados, Figura b. Note nessa figura que o passo representa a primeira escala da distância, que pode ser considerada com valor 0, por ser a distância do exemplar com ele mesmo. Como para esta explicação não atribuímos valores aos atributos, o passo 2 do algoritmo, calculo da Matriz de Similaridade, não será apresentado. Consideraremos nesse caso a inspeção visual da distribuição dos exemplares no espaço Euclidiano, Figura a. Em continuidade ao Algoritmo 1.3, o passo 3 diz *"enquanto há grupos para se formar"*, que no contexto de construção pelo método aglomerativo, seria o mesmo dizer: enquanto não temos um único grupo. Como o critério aqui é pelo *single-link*, na investigação visual do problema precisamos procurar pelos exemplares mais próximos, que aqui são x_1 e x_2 e, portanto são aglomerados. O segundo agrupamento é formado com x_5 e x_6. Note que os grupos aglomerados estão circulados na Figura 1.8a e a distância entre os exemplares entra como cota na ligação da Figura 1.8b. Note aqui que os exemplares agrupados tornam-se entidades únicas. Isso equivale dizer, a partir do problema que, o exemplar x_3 está mais próximo do grupo formado por x_1 e x_2. Logo, x_3 é aglomerado com x_1 e x_2 e a distância a ser considerada como quota é em relação ao x_2, pelo fato se estarmos considerando *single-link*. Se no caso estivéssemos considerando o *complete-link*, a notação da quota de distância seria em relação ao x_1 e, por sua vez, para o *average-link* a notação seria pelo valor da média. Ainda em relação ao passo 3 do algoritmo, temos x_4 para ser combinado, que é então aglomerado com o grupo de x_1, x_2 e x_3, tendo como cota de distância o x_2. A última iteração do algoritmo faz com que tenhamos um único grupo, tendo como cota de distância o x_1 e x_5 e, portanto o algoritmo é finalizado e o *Dendrograma* construído, Figura 5.9.

Como discussão sobre os critérios de agrupamento, a forma mais utilizada, *single-link* é particularmente uma investigação exaustiva (ou "gulosa") de inspecionar pelos exemplares mais próximos na MS. Além do mais, se dois exemplares provenientes de grupos disjuntos encontram-se próximos entre si, a distinção entre grupos será perdida. Comentário semelhante vale para o método *complete-link*, com adição que esse método é mais eficiente quando os exemplares estão distribuídos de forma esférica, ou seja, estão coesos; e por o outro lado, se a distribuição não tem coesão, o desempenho é degradado. Isso também ocorre para o *average-link* que ainda tem um aumento de complexidade em seu algoritmo, pois a cada agrupamento feito, o calculo da média entre os exemplares deve ser refeito e uma nova matriz de similaridade construída.

Adicionalmente a discussão final, o *Dendrograma* não produz grupos, apenas organiza os exemplares por similaridade. Essa organização em árvore tem como importante destaque a visualização dos dados em duas dimensões (2D), o que facilmente permite um usuário decidir em que quota de distância a árvore pode ser "cortada" para gerar o número de grupos desejado.

5.3.2.2 Algoritmo Particional

O *k*-Médias ou, em inglês, *k-Means* é o principal algoritmo de agrupamento particional (*Partitional Clustering*). O objetivo é encontrar particionamentos nos exemplares da base de dados dentro de k grupos disjuntos. Assim como para o *Agrupamento Hierárquico Aglomerativo*, a base de dados usada no agrupamento com k-Médias não é rotulada. No entanto, o número de grupos representado por *k* deve ser dado como um parâmetro de entrada do algoritmo, como também a medida de distância – geralmente a Euclidiana. Com os parâmetros de entrada definidos é feita uma escolha aleatória de *k* distintos valores para centroides de grupos. A partir destes centroides, o algoritmo iterativo gera as partições na base, fornecendo como resultado final a base de dados agrupada. O Algoritmo 1.4 descreve todos os passos deste processo de clusterização dos dados.

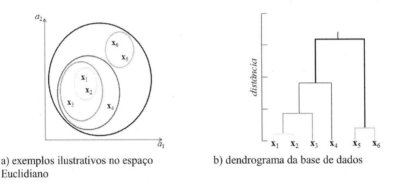

a) exemplos ilustrativos no espaço Euclidiano

b) dendrograma da base de dados

Figura 5.9: Exemplo de agrupamento com *Dendrograma* com critério *single-link*.

De modo pictórico, na Figura 5.10a temos uma base de dados com 15 exemplares sem o atributo especial de classe (ou rótulo) que representados pelos círculos menores. Neste exemplo, consideraremos a distância como sendo a Euclidiana e o número de grupos que queremos descobrir igual a 3 ($k=3$). O primeiro passo do Algoritmo 5.4 consiste na escolha aleatória dos centroides iniciais. Eles são representados pelos círculos maiores e coloridos em tons de cinza, Figura 5.10a. Estas cores podem ao final da execução do algoritmo ser usadas como rótulo dos agrupamentos gerados. É importante ressaltar que existem outras maneiras de escolher os centroides iniciais, como exemplo, a escolha aleatória dos próprios exemplares. Na linha seguinte do algoritmo, inicia-se um processo iterativo com as principais etapas, a saber: comparar, associar e recalcular até estabilidade. A comparação é feita no processo iterativo da linha 3 que consiste no calculo da distância Euclidiana entre o exemplar escolhido e os centroides. Esse processo é feito até que todos os exemplares sejam comparados. Com as distâncias calculadas, na linha 5 do algoritmo, usamos o critério de menor distância para associar o exemplar ao centroide mais próximo. Note que na Figura 5.10b, os exemplares recebem a cor do centroide mais próximo. No passo seguinte, 6, o centroide é recalculado. Nessa etapa, os próprios valores de atributos dos exemplares associados em cada grupo são usados. O recalculo pode ser feito pela média aritmética, mediana ou moda. Em geral, usamos a primeira opção que inclusive da sentido ao nome do algoritmo (k-médias) e é a mesma usada para o recalculo da Figura 5.10c. Neste momento, após o ajuste dos centroides, os passos anteriores a partir de 2 são refeitos até não haver mais mudança de exemplares aos centroides em que foram associados ou, em outras palavras, até não haver mais mudança no valor da centroide. Quando isso ocorre, dizemos que o algoritmo estabilizou e os exemplares associados a cada grupo são dados como resultado do algoritmo para a segmentação da base de dados.

Algoritmo 5.3 – Agrupamento Hierárquico Aglomerativo

Parâmetros de Entrada:
- X_{tr}: um conjunto de treinamento rotulado, ou seja, $X_{tr} = \{X\}$
- k: número de grupos que se deseja encontrar
- d: métrica de distância

Parâmetros de Saída:
- base de dados agrupada

1. escolha aleatoriamente k distintos valores para centroides de grupos
2. repita
    3. para cada (exemplo de X_{tr}) faça
        4. calcule a distância d entre o exemplo escolhido e os centroides
    fim para
    5. associe o exemplo ao centro mais próximo
    6. recalcule o centroide para cada grupo

até *não haver mais alteração na associação dos exemplos aos centroides*

O algoritmo k-médias explicado nesta seção espera que os exemplares parem de fazer troca de centroides em alguma iteração, o que pode não acontecer. Por esta razão, pode-se considerar uma função objetivo para que seja minimizada (ou maximizada) até um valor aceitável como critério de parada do algoritmo ou que ao menos se defina um número máximo de iterações para que o algoritmo se estabilize [Tan et al., 2011].

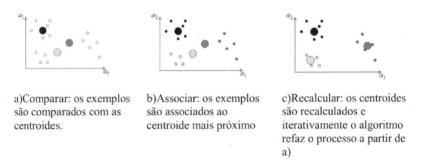

a) Comparar: os exemplos são comparados com as centroides.

b) Associar: os exemplos são associados ao centroide mais próximo

c) Recalcular: os centroides são recalculados e iterativamente o algoritmo refaz o processo a partir de a)

Figura 5.10: Exemplo pictórico do k-médias.

Como discussão final, o algoritmo faz um particionamento da base e os centroides finais expressam valores médios de cada grupo. No entanto, o algoritmo é sensível a escolha dos valores de centros iniciais, o qual pode comprometer o resultado final do agrupamento. Nesse caso, existem estratégias de inicialização que não deixam isso acontecer, como é o caso de analise de densidade de exemplares para escolha dos centros iniciais ou até mesmo a escolha de exemplares como centroides iniciais. O grande problema do algoritmo, e também do *Agrupamento Hierárquico Aglomerativo*, é a necessidade de informação a priori do número de grupos. No exemplo de contexto mostraremos como a descoberta do número de grupos pode ser feita para o *k*-Médias, mas que pode ser estendida também para o *Agrupamento Hierárquico Aglomerativo*. E ainda, o *k*-Médias tem um viés para a segmentação de grupos coesos (distribuição esférica). Por fim, a presença de ruídos ou *outliers* (pontos que não pertencem a nenhum cluster) podem distorcer a posição do centroide e, portanto, deteriorar o agrupamento, assim como o algoritmo também é sensível a quantidade de exemplares por grupo (desbalanceamento de exemplares por grupo).

5.3.2.3 Validação de Agrupamento

Em problemas de clusterização não há metodologia para validação de resultados, como tínhamos em classificação de dados. No entanto, ainda assim é possível medir desempenho. Em agrupamento o desempenho é chamado de *índice de validação de agrupamento* (em inglês, *cluster validity indices*) e os métodos se dividem em interno, relativo e externo [Jain & Dubes, 1988].

Os índices internos baseiam-se na estrutura gerada pelo algoritmo de clusterização. Portanto, a grande maioria dos quantificadores mensuram a coesão e o isolamento dos grupos. Exemplos de índices internos são Coeficiente de Silhoueta, Índice de Dunn, Índice de Davies-Bouldin entre outros. Os índices relativos são resultados de comparações de múltiplas estruturas (geradas por diferentes algoritmos, por exemplo, K-Médias e *Agrupamento Hierárquico*) e decide-se por qual deles é melhor segundo algum critério. Os índices externos, por outro lado, constituem-se de quando se conhece a priori o número de grupos. Na pratica, este tipo de índice é usado, na maioria dos casos, quando se deseja comparar algoritmos. Os índices internos são os mesmos de classificação de dados e, portanto, os exemplos são todos aqueles apresentados no capítulo anterior.

Considerando-se a abordagem da tarefa clusterização de dados discutida neste capítulo, onde não há o atributo especial classe, o que de fato ocorre na prática, discutiremos com um pouco mais de detalhes um tipo de índice de validação interna. Portanto, como já introduzido, este tipo de índice analisa coesão e isolamento. Enquanto a coesão é medida pelo calculo da distancia média entre os exemplares e seus respectivos centroides, o isolamento é medido entre os centroides. Uma medida que relaciona estas duas grandezas é o Índice de Davies-Boldin. Ou seja, o IDB é a razão dada pela distância intra-grupo e a distância inter-grupo.

O que se espera de cada grandeza é que a coesão seja minimizada e o isolamento maximizado. Portanto, o melhor resultado ocorrerá quando se tem o menor valor de IDB. Ou seja, quando não se conhece o número de grupos presentes em uma base de dados, podemos fazer algumas tentativas monitoradas pelo IDB, por exemplo, e decide-se por aquele que apresentar menor valor. Vale notar que outras medidas, a tentativa é por maximizar o índice, como é o caso do Coeficiente de Silhoueta.

Na prática o menor índice implica na segmentação da base e, portanto, temos os grupos descobertos. Por exemplo, para o algoritmo k-Médias, a variação do valor de k a partir de 2 até um número que seja bem menor que o número de exemplares da base de dados, ou seja, $2 < k <<< N$, quando monitorada pelo IDB, o melhor valor do parâmetro k será aquele com menor IDB. Valores grandes de k podem levar há uma falsa segmentação da base, ou seja, se cada exemplo for um grupo, teremos coesão igual a 0, o que não é interessante já que o objetivo é descobrir grupos. O comportamento natural para este tipo de monitoramento, k por IDB, é encontrar uma curva que tenha valor mínimo.

5.3.3 Exercícios de Aplicação

A base de dados abaixo constitui de 5 distintas ementas de disciplinas de graduação. As ementas Cada uma delas foi preparada para transformar os dados não-estruturado em estruturado. Sendo assim, as palavras mais importantes são usadas para representar a coleção de ementas. Consequentemente, o valor atribuído a cada palavra representa a importância (peso) na ementa. Pede-se:

a) calcule a Matriz de Similaridade e depois

b) apresente o Dendrograma.

c) Analise a árvore para decidir o número ideal de grupos.

d) Use esse resultado para parametrizar o k-Médias e encontre os grupos resultantes.

id	cliente	comercial	implementação	persitência	servidor	web
e1	0,00	0,89	0,00	0,45	0,00	0,00
e2	0,67	0,00	0,00	0,00	0,33	0,67
e3	0,58	0,00	0,00	0,00	0,58	0,58
e4	0,31	0,00	0,82	0,00	0,46	0,15
e5	0,00	0,41	0,41	0,82	0,00	0,00

Referências

Faceli, K., Lorena, A. C., Gama, J., & Carvalho, A. C. P. L. F. (2011). Inteligência Artificial: Uma Abordagem de Aprendizagem de Máquina,. LCT.

Fayyad, U., Piatetsky-Shapiro, G., & Smyth, P. (1996). The KDD process for extracting useful knowledge from volumes of data. Communications of the ACM, 39(11), 27-34.

Geron, A. (2021) Mãos à obra: aprendizado de máquina com Scikit-Learn, Keras & TensorFlow: Conceitos, ferramentas e técnicas para a construção de sistemas inteligentes. Alta Books, 2ª. Ed.Rio de Janeiro.

Han, J., Kamber, M., & Pei, J. (2006). Data mining: concepts and techniques. Morgan kaufmann.

Silberschatz, A., Korth, H. F., & Sudarshan, S. (2006). Sistema de banco de dados. Elsevier.

Tan, P.-N., Steinbach, M., & Kumar, V. (2009). Introdução ao datamining: mineração de dados. Rio de Janeiro: Ciência Moderna.

Turban, E., Sharda, R., Aronson, J. E., & King, D. (2009). Business Intelligence: um enfoque gerencial para a inteligência do negócio. Bookman.

Witten, I. H., Frank, E., & Mark, A. (2011). Hall (2011). Data Mining: Practical machine learning tools and techniques.

Berry, M. J., & Linoff, G. S. (2004). *Data mining techniques: for marketing, sales, and customer relationship management.* John Wiley & Sons.

Silva, L. A., Rangayyan, R. M., & Hernandez, E. D. M. (2008). Classification of breast masses using a committee machine of artificial neural networks. *Journal of Electronic Imaging, 17*(1), 013017-013017.

Silva, L.A., Peres, S. M. & Boscarioli, C (2016). Introdução a Mineração de Dados, 1ª. Ed. Alta Books, São Paulo,

Dunstone, T., & Yager, N. (2008). *Biometric system and data analysis: Design, evaluation, and data mining.* springer.

Stone, Z., Zickler, T., & Darrell, T. (2008, June). Autotagging facebook: Social network context improves photo annotation. In *Computer Vision and Pattern Recognition Workshops, 2008. CVPRW'08. IEEE Computer Society Conference on* (pp. 1-8). IEEE.

Stone, Z., Zickler, T., & Darrell, T. (2010). Toward large-scale face recognition using social network context. *Proceedings of the IEEE, 98*(8), 1408-1415.

Witten, I. H., Frank, E., & Mark, A. (2011). Hall (2011). Data Mining: Practical machine learning tools and techniques.

Jain, A. K., Mao, J., & Mohiuddin, K. M. (1996). Artificial neural networks: A tutorial. *Computer, 29*(3), 31-44.

Haykin, S. (2009). *Neural networks and learning machines* (Vol. 3). Upper Saddle River: Pearson Education.

Friedman, J. H., Baskett, F., & Shustek, L. J. (1975). Algorithm for finding nearest neighbors. *IEEE Trans. Comput.;(United States)*.

Faceli, K., Lorena, A. C., Gama, J., & Carvalho, A. C. P. L. F. (2011). Inteligência Artificial: Uma Abordagem de Aprendizagem de Máquina,. LCT.

Safavian, S. R., & Landgrebe, D. (1991). A survey of decision tree classifier methodology. *IEEE transactions on systems, man, and cybernetics, 21*(3), 660-674.

Mingers, J. (1989). An empirical comparison of pruning methods for decision tree induction. *Machine learning, 4*(2), 227-243.

Quinlan, J. R. (1986). Induction of decision trees. *Machine learning, 1*(1), 81-106.

Hunt, E. B., Marin, J., & Stone, P. J. (1966) Experiments in induction. New York: Academic Press.

Breiman, L., Friedman, J. H., Olshen, R. A., & Stone, C. J. (1984) Classification and regression trees. Belmont, CA: Wadsworth International Group.

Schlimmer, J. C., & Fisher, D. (1986) A case study of incremental concept induction. Proceedings of the Fifth National Conference on Artificial Intelligence (pp. 496-501). Philadelphia, PA: Morgan Kaufmann.

Utgoff, P. E. (1989). Incremental induction of decision trees. *Machine learning*, 4(2), 161-186.

Fayyad, U., Piatetsky-Shapiro, G., & Smyth, P. (1996). The KDD process for extracting useful knowledge from volumes of data. *Communications of the ACM*, 39(11), 27-34.

Tan, P.-N., Steinbach, M., & Kumar, V. (2009). *Introdução ao datamining: mineração de dados.* Rio de Janeiro: Ciência Moderna.

Aggarwal, C. C., & Reddy, C. K. (2013). *Data Clustering: Algorithms and Applications.* USA: CRC Press.

Anderberg, M. R. (1985). *Cluster analysis for applications.* Los Angeles: Academic Press.

Duda, R. O., Hart, P. E., & Stork, D. G. (2001). *Pattern Classification.* New York: John Wiley and Sons.

Graham, D., & Brian, E. S. (2004). *An introduction to mathematical taxonomy.* United States of Amercia: Courier Dover Publications.

Han, J., Kamber, M., & Pei, J. (2006). *Data mining: concepts and techniques.* Morgan kaufmann.

Jain, A. K. (2010). Data clustering: 50 years beyond K-means. *Pattern Recognition Letters*, 31(8), 651-666.

Jain, A. K., & Dubes, R. C. (1988). *Algorithms for clustering data.* New Jersey: Prentice-Hall.

MacQueen, J. (1967). Some methods for classification and analysis of multivariate observations. *Proceedings of the fifth Berkeley symposium on mathematical statistics and probability*, 281-297.

Tan, P.-N., Steinbach, M., & Kumar, V. (2009). *Introdução ao datamining: mineração de dados.* Rio de Janeiro: Ciência Moderna.

Xu, R., & Wunsch, D. (2005). Survey of clustering algorithms. *IEEE Transactions on Neural Networks*, 16(3), 645-678.

6

Meta-Heurísticas e Técnicas de Otimização Aplicadas

Arnaldo Rabello de Aguiar Vallim Filho

6.1 Introdução

Os problemas combinatórios pertencem a uma categoria de problemas que via de regra, apresentam uma multiplicidade de alternativas de solução, o que se pode traduzir para uma linguagem matemática, como sendo problemas que possuem um número muito elevado de soluções viáveis. E neste caso, a busca pela "melhor" dessas soluções torna-se um processo de grande complexidade.

Resolver um problema combinatório então, dependendo da sua dimensão, envolve um número de decisões que pode ser muito grande (muitas vezes milhares ou milhões), e como nesse tipo de problema, cada decisão corresponde a uma variável, isto significa que se pode ter problemas com milhões de variáveis. E o mesmo pode ocorrer com as condições (restrições) que devem ser atendidas no problema, podendo também ser um número muito grande (centenas ou milhares).

Trata-se, portanto, de um tipo de problema que requer técnicas apuradas para que se consiga atingir uma solução adequada.

Em síntese, pode-se considerar um problema combinatório, como sendo um problema com múltiplas possibilidades de solução, muitas combinações possíveis, o que cria grande complexidade quando se deseja identificar a "melhor" solução, segundo algum critério que foi definido para medir o desempenho da alternativa de solução. A Otimização Combinatória diz respeito a encontrar essa "melhor" solução, dentre as inúmeras soluções viáveis, que se convencionou denominar de solução ótima do problema. Tem-se assim, um problema de otimização combinatória (POC).

POC's surgem em muitas áreas em que métodos computacionais são aplicados, envolvendo técnicas de Inteligência Artificial e Pesquisa Operacional.

Dentre alguns exemplos que se destacam, podem ser lembrados o problema do caminho mais curto e circuitos fechados em grafos, o planejamento, programação de produção ou de tarefas, montagem de escalas de horários (scheduling ou timetabling), alocação de recursos a tarefas, projetos de redes, localização de hubs em redes, definição ótima de agrupamentos ("clusterização"), e vários outros.

Um POC, em princípio, poderia ser resolvido por meio de um algoritmo exato, na verdade, corresponde a um conjunto de equações matemáticas que uma vez resolvido leva a uma solução ótima do problema.

Um modelo matemático normalmente é composto de uma Função Objetivo, que representa o critério que se deseja atender (maximização ou minimização). Restrições, que são as condições a atender no problema, e condições das variáveis do problema, sendo que cada variável corresponde a uma decisão a tomar, e estas podem ser variáveis reais, inteiras ou binárias.

A solução ótima: é a melhor solução viável. É aquela que atende as condições do problema e otimiza a função objetivo (atinge o seu máximo ou mínimo). Os algoritmos exatos têm a capacidade de levar o POC a essa solução ótima.

Entretanto, do ponto de vista de complexidade computacional, os POC's, via de regra, se encontram na mais alta classe de complexidade, correspondendo à classe NP-Difícil (*NP-Hard*), o que significa que à medida que as dimensões do problema crescem, o tempo computacional de solução, por um algoritmo exato, cresce exponencialmente, tendendo no limite, ao infinito.

Assim, em muitas situações práticas, em problemas de grande porte, torna-se inviável a utilização de algoritmos exatos.

Nestes casos, faz-se uso de heurísticas e/ou meta-heurísticas. Estas são técnicas que se encontram em uma região fronteiriça entre a IA e a PO.

Heurísticas e meta-heurísticas são técnicas que buscam a solução de um problema, por tentativa e erro, mas isto não é feito de forma arbitrária, mas, sim, seguindo uma certa estratégia. Ambas apresentam certas características, que estão sempre presentes: – se constituem de uma série de passos que são executados de forma iterativa, e assim vão varrendo o espaço de soluções do problema e vão aos poucos restringindo o número de alternativas de solução; fazem uso de lógica, operações matemáticas e de uma boa dose de bom senso; avaliam as soluções encontradas com base em algum critério pré-definido (uma "função objetivo"); interrompem o processo quando um critério foi atingido (por exemplo, o número limite de iterações foi atingido).

A diferença entre heurísticas e meta-heurísticas é que as primeiras se aplicam a um único tipo de problema. Um problema de clusterização ou um problema de classificação, por exemplo. Já as Meta-heurísticas: abrangem classes mais amplas de problemas, podendo uma mesma meta-heurística ser aplicada em vários tipos de problemas diferentes. Por exemplo, uma mesma meta-heurística pode ser usada para resolver problemas de clusterização e também de classificação.

Por outro lado, uma meta-heurística (MH) não é um método pronto para resolver um problema. Toda MH precisa ser ajustada ao problema a ser resolvido. Assim, uma MH pode ser considerada na verdade, como uma estratégia geral de solução de classes de problemas.

Este capítulo irá se dedicar ao estudo dos POC's e irá apresentar algoritmos exatos, baseados em programação matemática, para resolver tais problemas.

Para o caso de POC's de grande porte, serão apresentadas MH's de diferentes tipos para resolver esses problemas.

Em termos de estrutura, o capítulo apresenta na próxima seção os algoritmos de Programação Matemática e várias de suas aplicações clássicas. Na sequência, tem-se uma seção sobre meta-heurísticas, detalhando aspectos conceituias. Discutindo as fontes de Inspiração das meta-heurísticas, e uma descrição de várias meta-heurísticas e de suas aplicações. Particularmente, serão discutidas meta-heurísticas baseadas em trajetória (solução única inicial) e meta-heurísticas baseadas em população de soluções. Ao final tem-se um conjunto de Atividades para prática dos conceitos vistos no capítulo.

6.2 Programação Matemática

6.2.1 Modelagem em Programação Matemática

Esta seção apresenta a técnica de Programação Matemática (PM) e o processo de construção de modelos matemáticos utilizados nesse tipo de técnica.

É importante esclarecer, neste início de seção, que o termo programação não tem relação direta com programação de computadores. É usado aqui mais no sentido de planejamento e refere-se ao processo de construção das soluções, que levam à "melhor" solução do problema. Isto vale para todas as técnicas de Programação Matemática

Os modelos de PM são baseados em algoritmos exatos. Esse tipo de algoritmo é composto de um conjunto de equações matemáticas que uma vez resolvido leva a uma solução ótima do problema. Entendendo-se por Solução Ótima, como sendo a melhor solução dentre o conjunto de soluções viáveis para aquele problema. Sendo soluções viáveis aquelas que atendem a todas as condições consideradas no problema. Problemas combinatórios possuem um número grande de soluções viáveis, mas em geral, somente uma é a melhor de todas (a solução ótima), podendo haver situações em que há mais de uma solução ótima, mas isto é raro. Se a solução é ótima, é possível se demonstrar matematicamente, que não há solução melhor que aquela. Seria algo matematicamente impossível.

Poderia se alegar que uma Solução ótima poderia se modificar se as condições do problema se alterassem, mas com condições alteradas, o que se teria na verdade, é um novo problema, e, portanto, ter-se-ia uma nova solução para esse novo problema, e não para o problema original.

Um modelo matemático padrão de PM é apresentado abaixo:

Modelo Matemático Padrão de PM

As Variáveis correspondem às decisões a tomar no problema. E com base nas variáveis é construído um modelo com a seguinte estrutura:

- Função Objetivo: *representa um critério a atender (Máx! ou Mín!)*
- Restrições: *representa as condições a atender no problema*
- Restrições das Variáveis: *representa as condições a atender para cada Variável. As Variáveis podem ser Reais ≥ 0 e/ou Inteiras/Binárias*

Em muitas situações, entretanto, não é possível o uso de Algoritmos Exatos. Isto ocorre em problemas de alta complexidade computacional (em geral, problemas de grande porte com muitas alternativas de solução) em que o tempo computacional para solução do problema tende a valores muito elevados (diz-se que tende a infinito). Nestes casos, faz-se uso de Heurísticas e/ou Meta-heurísticas, que será o objeto da seção 2, deste capítulo.

6.2.1.1 Pesquisa Operacional e as Técnicas de Otimização

As técnicas de otimização de problemas combinatórios, incluindo a PM, estão agrupadas em uma área do conhecimento denominada Pesquisa Operacional (PO).

A PO agrupa um conjunto de técnicas científicas analíticas aplicadas a problemas combinatórios do mundo real O instrumento que utiliza para resolver tais problemas é a Modelagem Matemática.

PO trabalha fundamentalmente com técnicas Analíticas. A Programação Matemática é a mais importante delas

Os nomes da PO pelo mundo:

- *Operations Research* – EUA
- *Operational Research* – Reino Unido
- *Investigação Operacional* – Portugal
- *Investigación Operativa* – Espanha
- *Investigación de Operaciones* – Espanha

Principais Técnicas de PO

- **Programação Matemática**

    Trata-se da seleção da melhor solução (em relação a algum critério) escolhida dentre um conjunto de alternativas

    – Programação Linear – *relações matemáticas lineares e solução são números Reais ≥ 0*

    – Programação Inteira – *relações matemáticas lineares e solução são números Inteiros ≥ 0*

    – Programação Inteira-Mista – *relações matemáticas lineares e solução pode ser números Inteiros ou Reais ≥ 0*

    – Programação Binária – *relações matemáticas lineares e solução são números Binários: 0 ou 1*

    – Programação Não Linear – *relações matemáticas não lineares*

- **Processos Probabilísticos / Estocásticos**

    Estes são processos aleatórios que dependem do tempo (probabilidades que mudam ao longo do tempo)

    – Processos de Markov – *processos que mudam de estado, e o estado atual só depende do anterior*

    – Teoria de Filas – *processo de Markov aplicado a sistemas de Filas de Espera*

    – Teoria de Jogos – *Estuda situações estratégicas onde jogadores definem ações buscando melhorar seu retorno*

- **Simulação** – *Representa processos de negócios em software, e faz uso de estatísticas da operação para simulá-la*

- **Heurísticas / Meta-heurísticas** *(Inteligência Computacional – lógica, matemática e bom senso)*

- **Teoria de Grafos** – *Trata de Nós e Ligações representando relações. Misto de Programação Matemática e Heurísticas*

- **Programação Dinâmica** – *Uma instância de um problema é resolvida pelas soluções de sub-instâncias, que são armazenadas em uma tabela. (base da solução é lógica e matemática)*

- **Decisão Multicritério** – *Explicitamente considera múltiplos critérios em processos decisórios*

    – AHP – *Analytic Hierarchy Process – Decompõe o problema em uma hierarquia de sub-problemas.*

- **Técnicas Estatísticas** – *Utiliza conceitos estatísticos para estimar parâmetros, avaliar, relacionar e prever*

    – Inferência Estatística – *Estimação de parâmetros e análise de impactos de ações em processos*

    – Econometria – *analisa correlações e relações entre variáveis (fatores)*

    – Análise e Previsão de Séries Temporais – *faz previsões de séries que dependem do tempo*

Dentre as técnicas de PM, será estudado, a seguir, com um nível de detalhamento maior, a Programação Linear, que é a mais utilizada das técnicas de PM.

6.2.2 Programação Linear

A Programação Linear (PL) é uma técnica clássica de Programação Matemática, sendo a mais conhecida das técnicas matemáticas de otimização. Alguns autores dizem que é o "maior sucesso" da matemática, em todos os tempos (vide *American Mathematical Society* – http://www.ams.org/samplings/feature-column/fcarc-trucking).

■ **Conceito de PL:**

A Programação Linear (P.L.) é a mais utilizada das técnicas de P.O., pois é relativamente fácil de ser usada, tem uma enorme aplicabilidade prática e fornece soluções muito boas. Na maior parte da literatura, a P.L. é conceituada como sendo uma técnica com a qual se faz a *distribuição de recursos que sejam limitados, entre atividades que em geral devem satisfazer a certos requisitos mínimos e que precisem destes mesmos recursos. Faz isto, de forma a atingir um objetivo que se deseje alcançar.* Consegue assim, *otimizar* o sistema em estudo.

A P.L. é uma técnica de otimização e dentro de uma interpretação econômica, que é uma das áreas de maior aplicação, as palavras chave em P.L. são:

- *Atividades*, que devem ser desenvolvidas;
- *Recursos*, que devem ser empregados nas atividades
- *Requisitos*, que as atividades devem atender
- *Objetivo*, um objetivo que se deseja alcançar.

A solução do P.P.L. (Problema de P.L.) é chamada *solução ótima*, pois *otimiza* o sistema. O que significa que representa a melhor solução possível dentro das condições apresentadas (atividades, recursos, objetivo e relações entre atividades, recursos e objetivo).

As *atividades* podem ser as mais diversas possíveis:

- produção de um produto em diferentes unidades industriais;
- produção de diferentes produtos industriais ou agrícolas;
- serviços de diferentes tipos (tarefas operacionais e/ou administrativas);
- transporte por diferentes alternativas (rotas, modos, tecnologia, etc.);
- consumo/compra de produtos, equipamentos, etc.;

- níveis de produtos armazenados;
- etc.

Os *recursos* também podem ser de inúmeros tipos:

- instalações;
- equipamentos;
- recursos humanos;
- recursos financeiros;
- matéria prima;
- etc.

Note-se a amplitude deste conceito. Pelo visto, percebe-se que as aplicações de P.L. podem ocorrer em praticamente todas as áreas de atividade humana.

- Economia
- Transportes
- Agricultura
- Logística
- Indústria
- Administração
- Nutrição
- etc.

Em P.L. as atividades são representadas por *variáveis* e as relações entre as atividades e o uso dos recursos são representadas por relações matemáticas, equações e/ou inequações.

Em termos de *objetivo* a se alcançar, o que se faz em P.L. é primeiramente, com o uso destas variáveis, estabelecer uma função que mensure adequadamente o objetivo que se deseje alcançar. Feito isto, existem somente dois tipos possíveis de objetivos em P.L.:

minimização ou *maximização*

Não há portanto, meio termo em P.L. Busca-se sempre ou o máximo ou o mínimo de algo. Em geral se buscará minimizar custos ou então maximizar receitas/lucros e quando se fala em custos aqui, é importante que estes sejam entendidos de uma forma ampla, o que significa que nem sempre os custos estarão expressos em reais (R$), podendo ser expressos em outras formas, como: em ociosidade de pessoal, tempos de operação, etc., que de forma indireta representam custos também. O mesmo pode-se dizer a respeito de receitas/lucros, que em alguns casos podem estar expressas por volume de produção ou volume de vendas, que uma vez concretizadas se refletirão em receitas/lucros para o negócio. Vejamos então uma primeira situação que pode ser uma aplicação típica de P.L.:

> *"Numa indústria com várias filiais, quanto produzir em cada planta industrial, de forma a minimizar o custo global da operação?"*
>
> Através de P.L. é possível dar a resposta a esta questão e automaticamente estar-se-á definindo como usar os recursos necessários para a operação.
>
> Aqui, cada *atividade* será a produção em cada planta industrial e o *nível* da atividade será a *quantidade* a produzir. Como em P.L cada *atividade* é representada por uma *variável*, as variáveis serão os volumes a produzir em cada planta.* Os valores destas variáveis, que *minimizem o custo global da operação* (que é o objetivo a se alcançar), serão as respostas ao problema. As respostas obtidas ao final do problema corresponderão ao *nível ótimo* de cada atividade.
>
> Esta solução deve estar então, otimizando o sistema.

Estas são as idéias básicas da técnica. Vejamos agora como construir o modelo matemático de P.L. e em seguida voltaremos a estas idéias para aprofundá-las um pouco mais.

■ Modelo Matemático Padrão de Programação Linear

A P.L., como todas as técnicas de P.O., inicia a solução dos problemas através da construção de um modelo matemático que represente o sistema

---

*Perceba que definir variáveis é relativamente simples. Basta verificar a pergunta do problema. Para cada resposta que se precise dar, tem-se uma variável. No exemplo, se tivermos 10 plantas industriais, tem-se 10 respostas a dar: *"o volume a produzir em cada uma"*. Portanto, tem-se 10 variáveis.

em estudo. Neste modelo deveremos definir as *variáveis* do problema e em seguida traduzir para a linguagem matemática todas as características deste problema relativas ao seu *objetivo* e às *condições* que *atividades e recursos* devem obedecer.

O modelo de P.L. tem uma estrutura própria que leva em consideração todos estes aspectos e que acaba resultando em três segmentos fundamentais, conforme quadro 6.1:

Quadro 6.1 – Estrutura do Modelo Matemático de P.L.

FUNÇÃO OBJETIVO:	Representa o objetivo do problema. Será o *mínimo (mín!)* ou *máximo (máx!)* de uma função *Z*.
CONJUNTO DE RESTRIÇÕES:	São relações matemáticas. Equações e/ou inequações que representam as limitações de recursos e/ou outras condições do problema envolvendo recursos e/ou atividades.
NÃO NEGATIVIDADE: (*VARIÁVEIS* ≥ *0*)	No modelo de P.L nenhuma variável pode ser negativa. *Atividades* não podem ter *nível* negativo.

Note-se que segue o mesmo padrão de modelos de PM.

A sua formulação matemática genérica é apresentada no quadro 6.2:

Quadro 6.2 – Modelo Matemático Padrão de P.L.

FUNÇÃO OBJETIVO	$Z = c_1.x_1 + c_2.x_2 + \ldots\ldots\ldots c_n.x_n \Longrightarrow$ (*máx!*) ou (*mín!*)
CONJUNTO DE RESTRIÇÕES	*Sujeito a :* $a_{11}.x_1 + a_{12}.x_2 + \ldots\ldots\ldots a_{1n}.x_n \leq$ ou $\geq b_1$ $a_{12}.x_1 + a_{22}.x_2 + \ldots\ldots\ldots a_{2n}.x_n \leq$ ou $\geq b_2$ . . . $a_{m1}.x_1 + a_{m2}.x_2 + \ldots\ldots\ldots a_{mn}.x_n \leq$ ou $\geq b_m$
CONDIÇÕES DE NÃO NEGATIVIDADE	$x_i \geq 0 \qquad i = 1,2,3\ldots\ldots n$

Este, portanto, é o Modelo Matemático genérico de um problema de P.L.

Sobre este modelo é importante resumir suas características mais importantes :

A P.L. é uma técnica de otimização que faz uso de um modelo <u>determinístico</u>. As **variáveis** x_i ($i = 1, 2, \ldots, n$) deste modelo determinístico, são as <u>respostas</u> que se está buscando no problema. Lembrando, que cada variável representa uma atividade e o valor de cada variável será o nível da atividade.

Assim:

<u>Modelo</u> ====>>>> é Determinístico...

<u>Atividades</u> ====>>>> são Variáveis...

valores de variáveis (respostas) representam os *níveis das atividades*

■ **Função Objetivo**

É a função matemática <u>Z</u> que irá representar o objetivo a se *maximizar ou minimizar* (dependendo do sistema em estudo).

Lembrando que todo problema sempre busca atingir um objetivo e que Z em geral, representa um custo a ser minimizado ou um lucro a ser maximizado.

Logo, os coeficientes de Z são interpretados como os custos de cada atividade. No caso de lucro este pode ser interpretado como um custo negativo (coeficientes negativos).

Assim:

<u>Objetivo</u> ===>>>> é uma *função matemática*.

Coeficientes de Z ==>>>> representam o <u>custo</u> de cada atividade (custo < 0 é Lucro)

■ **Restrições**

Lembrando que as atividades precisam de *recursos* e/ou têm *requisitos* a atender*

---

*Alguns textos de P.L. se referem às restrições como sendo unicamente representações matemáticas das limitações de recursos, mas estas restrições podem na verdade, também corresponder a <u>requisitos</u> que as atividades devem cumprir. Por exemplo: suponha que uma das atividades seja um serviço de transporte e distribuição de produtos numa região e que no mínimo tem-se 500 entregas/dia a se efetuar. Veja que esta é uma exigência operacional fundamental e como tal, é imprescindível que seja representada no modelo. E isto é feito também como uma restrição. As restrições assim, representam todas as <u>condições</u> a se atender no problema: limitações e requisitos operacionais.

As restrições correspondem ao conjunto de *condições* a que o sistema em estudo está **sujeito** e que são traduzidas para a matemática por relações matemáticas (equações e/ou inequações).

Assim:

Condições do Problema ====>>>> são *Restrições matemáticas*

Coeficientes de Restrições ==>>>> *quanto* cada recurso é usado or atividade ou o *quanto* cada requisito é atendido por atividade

- **Condições de Não Negatividade**

Em P. L. não se admite que as variáveis do problema sejam negativas.

Como as variáveis representam as *atividades*, isto significa que nenhuma *atividade* pode ter um *nível* negativo. O que faz sentido.

Assim:

Variáveis $x_i \geq 0$, $i = 1, 2, 3, \ldots, n$.

A partir do modelo de P.L. é possível a obtenção de uma solução ótima para o problema e para se obter esta solução ótima a técnica dispõe de um conjunto de procedimentos bem definidos e consolidados numa metodologia que é apresentada mais adiante no texto. Porém antes de entrarmos nos métodos de solução vamos apreciar um exemplo completo de formulação de um modelo de P.L. para uma situação prática que surge com alguma freqüência em indústrias, transportadoras, atacadistas, operadores logísticos, etc.

É apresentado a seguir um caso prático de aplicação da técnica.

- **Caso de Aplicação:** *Alocação de Carga em uma Frota de Caminhões*

Uma empresa de transportes tem uma frota de caminhões médios e pesados e precisa decidir o volume de carga a alocar a cada tipo de veículo de forma a maximizar a receita total que os veículos tem condições de gerar. A operação tem uma série de características e condições que devem ser obedecidas e para tanto são conhecidas as seguintes informações:

a) Peso a movimentar é de no mínimo 7500 ton/mês

b) Veículos Pesados transportam carga lotação que varia entre 2.000 e 5.000 ton/mês

c) Veículos médios transportam carga fracionada que é de no mínimo 4.000 ton/mês

d) Custos de Operação

Previsão Orçamentária para Operação Mensal é de $ 250.000,00/mês

Viagens têm distância média de 500 km e para esta distância os veículos têm custos de:

>custo/ton do Veículo Médio: $ 28,00
>custo/ton do Veículo Pesado: $ 21,50

e) Receita Operacional

Os veículos têm receitas diferentes em função do tipo de carga que transportam e estas receitas são de :

>Frete do veículo Médio: $ 36,00/ton
>Frete do veículo Pesado: $ 28,50/ton

Construção do Modelo

Os passos para a construção do modelo são os seguintes:

a) Definição das variáveis do problema

b) Construção da função objetivo

c) Construção das restrições

d) Condições de não negatividade

Passo a) Definição das variáveis do problema

Todo problema de P.L. deve ser iniciado pela identificação das variáveis do problema, ou seja, deve-se dar "nomes" àquilo que se está procurando: às respostas que se busca. Neste caso, deseja-se saber o peso a alocar em cada tipo de veículo. Portanto, temos duas respostas a dar. Logo, devemos definir duas variáveis.

A definição das variáveis é uma dúvida que alguns têm quando estão se iniciando em P.L. Mas conforme já dito acima, esta na verdade, não é em geral tarefa muito difícil. Basta verificar a pergunta do problema. Para cada resposta que se precise dar, tem-se uma variável. No exemplo, se tivéssemos 5 tipos de veículos, teríamos 5 respostas a dar: " o peso a alocar em cada tipo de veículo". Portanto: 5 tipos, logo 5 variáveis.

Assim: ...... *"para cada resposta ===>>> uma variável".*

Como neste exemplo, só temos 2 tipos de veículos, precisamos de apenas duas variáveis, as quais estão definidas abaixo:

Variáveis:

t_m = peso (t) a transportar em veículos médios;

t_p = peso (t) a transportar em veículos pesados.

Passo b) Construção da função objetivo

Em seguida estabelece-se a equação da quantidade a ser maximizada ou minimizada (função objetivo).

Neste exemplo deseja-se maximizar a Receita Total gerada pelos veículos.

Para a montagem desta equação dispõe-se das receitas (fretes) individuais de cada tipo de veículo.

Frete do veículo Médio: $ 36,00/t

Frete do veículo Pesado: $ 28,50/t

Portanto, fazendo-se Z = Receita Total Gerada pelos Veículos, tem-se:

$$Z = 36,00 \cdot t_m + 28,50 \cdot t_p \text{(máx!)} \qquad \text{(função objetivo:1)}$$

Passo c) Construção das restrições

O passo seguinte é a construção das restrições do problema. Vamos por partes, analisando cada uma das condições apresentadas no problema.

c1) Sabe-se que o peso a movimentar é de no mínimo 7500 ton/mês.

Portanto:

peso transportado veículos médios + peso transportado em veículos pesados $\geq$ 7.500.

Logo:

$$t_m + t_p \geq 7.500 \qquad \text{(restrição:2)}$$

c2) Sabe-se também que os veículos pesados transportam carga lotação que varia entre 2.000 e 5.000 ton/mês

Portanto:

peso transportado em veículos pesados $\geq$ 2.000 e
peso transportado em veículos pesados $\leq$ 5.000

Logo:

$$t_p \geq 2.000 \quad \text{e} \qquad \text{(restrição:3)}$$
$$t_p \leq 5.000 \qquad \text{(restrição:4)}$$

c3) Sabe-se ainda que os veículos médios transportam carga fracionada que é de no mínimo 4.000 ton/mês

Portanto:

peso transportado em veículos médios $\geq$ 4.000

Logo:

$$t_m \geq 4.000 \qquad \text{(restrição:5)}$$

c4) Por último, sabe-se que os Custos de Operação que devem ser de no máximo $250.000,00/mês

Portanto:

Custos de Operação veículo médio + Custos de Operação veículo pesado ≤ 250.000

Mas,

custo/ton do Veículo Médio: $ 28,00 e
custo/ton do Veículo Pesado: $ 21,50

Assim, o

custo de operação de um veículo será o seu custo/ton × o peso transportado (t_m ou t_p)

Portanto, tem-se :

Custo de Operação do veículo médio $= 28,00 \times t_m$, e
Custo de Operação do veículo pesado $= 21,50 \times t_p$

E a inequação final para a restrição fica:

$$28,00 \cdot t_m + 21,50 \cdot t_p \leq 250.000 \qquad \text{(restrição:6)}$$

Passo d) Condições de não negatividade

$$t_m \geq 0 \quad \text{e} \quad t_p \geq 0 \qquad \text{(restrição:7)}$$

Estas duas últimas restrições são introduzidas no modelo, porque não é possível alocar pesos negativos aos veículos.

O modelo completo fica então:

Variáveis e Função Z

t_m = peso (t) a transportar em veículos médios
t_p = peso (t) a transportar em veículos pesados
Z = Receita Total Gerada pelos Veículos

Objetivo

$$Z = 36,00 \cdot t_m + 28,50 \cdot t_p \quad \text{(máx!)} \quad (1) \quad \text{Maximizar Receita}$$

Restrições

$$t_m + t_p \geq 7.500 \quad (2) \quad \text{Mínimo de Ton / mês}$$
$$t_p \leq 5.000 \quad (3) \quad \text{Mínimo de Ton de Lotação}$$
$$t_p \geq 2.000 \quad (4) \quad \text{Máximo de Ton de Lotação}$$
$$t_m \geq 4.000 \quad (5) \quad \text{Mínimo de Ton de Fracionada}$$
$$28,00 \cdot t_m + 21,50 \cdot t_p \leq 250.000 \quad (6) \quad \text{Máximo de Custo / mês}$$

Não Negatividade

$$tm \geq 0 \quad \text{e} \quad t_p \leq 0 \quad (7) \quad \text{Pesos não negativos}$$

Note que neste caso as condições de não negatividade já são garantidas pelas restrições (4) e (5): $t_p \geq 2.000$ e $t_m \leq 4.000$. Logo a rigor, não precisariam nem ser apresentadas.

Montadas todas estas relações matemáticas, verifica-se que todas as características importantes do problema foram devidamente traduzidas para uma linguagem matemática e dentro da estrutura da técnica de P.L., tendo-se, portanto, assim, um *modelo matemático de P.L.*

6.2.3 Atividades de Modelos Exatos

6.2.3.1 Atividades Conceituais

QUESTÕES BÁSICAS FUNDAMENTAIS

1. O que você entende por um Modelo, por um Modelo Matemático e por Modelagem?

2. Explique o que há em comum entre os itens (a) e (b) abaixo:

    a) $F = m \cdot a$; onde: F = força; m = massa; a = aceleração

    b) Um protótipo de avião em escala reduzida usado para testes

3. A construção de um Modelo é equivalente a se encontrar a solução do problema em estudo?

4. Qual a relação existente entre Modelos e decisões?

5. O que são variáveis de decisão?

6. O que é uma Função Objetivo? Qual seu papel em um modelo?

7. O que é uma Restrição? Qual seu papel em um modelo?

8. O que é a Programação Linear – PL?

9. A PO é uma técnica de otimização? Se não, como poderia ser definida?

10. Qual a relação entre PO e PL?

11. Qual a relação entre PL e Programação Matemática?

12. Qual é a estrutura de um modelo de PL?

13. O que há em comum entre as técnicas de PO?

6.2.3.2 Atividades de Modelagem – Problemas Clássicos de Otimização

As atividades a seguir contemplam algumas aplicações clássicas de Programação Matemática.

Problema 1: *Aplicação em Planejamento de Produção*

Uma empresa produz dois tipos de cintos de couro, com qualidades e características diferentes: tipo Standard e tipo Premium.

A empresa deseja determinar quanto produzir por mês de cada tipo de produto, de forma a maximizar seu lucro total.

Esta operação tem algumas características que devem ser atendidas:

- A fábrica tem disponível $500.000,00 para a produção de um mês.

- Sabe-se que um cinto Standard tem custo de $40,00/unidade, enquanto o Premium custa $80,00/unidade.

- A empresa tem contratos que a obrigam a entregar 2.300 cintos Standard por mês. E sua capacidade é de produzir até 8.000 cintos/mês deste tipo.

- Sobre o cinto Premium, não há contratos, e pelo nível da demanda atual, pode-se dizer que não haveria problema de capacidade para atender qualquer demanda.

- Sobre os lucros por produto, o produto Standard gera um lucro de R$30,00/unidade, e o produto Premium, um lucro de R$70,00/unidade.

Deve-se construir um Modelo Matemático de PL que represente este problema.

OBSERVAÇÕES:

1. Note que neste problema deve-se montar um Plano de Produção para a empresa. Deve-se definir quanto produzir de cada produto, e é exatamente isto que é definido em um Plano de Produção de uma empresa: a produção por produto.

2. A rigor, este seria um problema de Programação Inteira, pois o resultado de cada variável deve ser um valor inteiro (quantidade de cintos). Porém, pelo tipo de produto e valores envolvidos, a aproximação para inteiros (caso os resultados não sejam inteiros) não deverá gerar grandes distorções.

Problema 2: *Aplicação em Planejamento de Investimentos (definição de Portfolio de Investimentos)*

Um analista de Investimentos deseja aplicar os recursos de um de seus clientes de forma a atender aos seguintes requisitos:

- *nenhum investimento pode ter mais de 25% do capital total investido;*
- *no mínimo 50% do capital total investido deve ser aplicado em títulos de longo prazo (acima de 10 anos);*
- *aplicações em títulos de alto risco será de no máximo 50% do total investido.*

A tabela 6.1, apresenta as alternativas disponíveis de investimentos:

Tabela 6.1. Opções de Investimento

Tipo de Título	Retorno Anual (% a. a.)	Prazo de Aplicação	Nível de Risco
1	8,5%	15	Baixo
2	10,5%	12	Médio
3	15%	8	Alto
4	7%	7	Baixo
5	16%	11	Alto
6	20%	5	Alto

O capital total a ser investido será de $500.000,00.

Deseja-se determinar quanto investir em cada tipo de título, de forma a maximizar o capital total investido após 1 ano de aplicação.

Deve-se construir um Modelo Matemático de PL que represente este problema.

Problema 3: *Aplicação em Logística (Problema do Transporte)*

Seja uma operação de transporte de carga, em que se tem um conjunto de locais de origem da carga, com ofertas estabelecidas em cada origem, da carga disponível; e um conjunto de locais de destino da carga, cada um com demandas pré-definidas.

A figura 6.1, ilustra a configuração dessa operação.

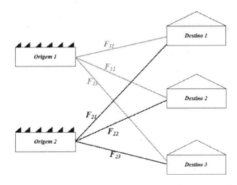

Figura 6.1. Configuração básica de um Problema do Transporte

Na figura tem-se F_{ij} = *fluxo de carga da origem "i" para o destino "j"* ($i = 1, 2;\ j = 1, 2, 3$)

As tabelas 6.2a a 6.2c apresentam os custos unitários de transporte em cada rota, as ofertas de carga nos pontos de origem das viagens e as demandas nos pontos de destino.

Tabela 6.2a - Custos de Transporte por Unidade Transportada ($/Unid)

Origem	Destino 1	Destino 2	Destino 3
1	50,00	20,00	70,00
2	30,00	60,00	90,00

Tabela 6.2b – Ofertas de Carga (Unid)

Origem	Oferta de Carga (unid)
1	15.000
2	25.000

Tabela 6.2c – Demandas de Carga (Unid)

Destino	Demanda (unid)
1	20.000
2	10.000
3	10.000

Deseja-se determinar os fluxos entre as origens e destinos (quanto transportar), F_{ij}, de forma a minimizar o Custo Total do Transporte.

Deve-se construir um Modelo Matemático de PL que represente este problema.

Problema 4: *Problema da Designação*

Tem-se uma demanda pelo processamento de 3 tarefas que podem ser executadas por 3 equipes diferentes.

Todas as equipes têm plenas condições de executar quaisquer das tarefas, porém o custo de execução de cada tarefa varia conforme a equipe

A tabela 6.3 apresenta os custos de execução das tarefas por cada equipe.

Tabela 6.3 - Custos de Tarefas por Equipe ($/tarefa)

Equipe	Tarefa 1	2	3
1	5.000,00	4.000,00	4.000,00
2	3.000,00	3.000,00	8.000,00
3	5.000,00	4.000,00	9.000,00

Cada equipe pode executar apenas uma das tarefas. E todas as tarefas devem ser executadas.

Deve-se determinar a alocação ótima de tarefas às equipes de forma que o custo total da operação seja mínimo.

Deve-se construir um Modelo Matemático de PL que represente este problema.

Dica: Considere as variáveis como binárias.

6.3 Meta-Heurísticas

6.3.1 Conceitos e Visão Geral de Meta-heurísticas

Uma forma de se ver as meta-heurísticas é entende-las como técnicas que se situam na fronteira entre PO e IA (Colorni et al., 1996)

- Meta-heurísticas são Estratégias gerais de solução de problemas combinatórios

- Podem ser aplicadas a diferentes tipos de problemas

- Identificam um conjunto de Soluções viáveis, sendo que algumas podem estar próximas da solução ótima

Glover (1986) introduziu o termo "meta-heurísticas" combinando duas palavras, meta (prefixo grego metá, "além" no sentido de "nível superior") e heurística (grego heuriskein ou euriskein, "encontrar" ou "descobrir" " ou "pesquisar")

Aplicações

São empregadas em problemas complexos de grande porte, pois, exigem poder computacional.

PROBLEMAS com muita COMPLEXIDADE

(a) *Complexidade significa muitas Operações Elementares*

(b) *Operações Elementares = soma, subtração, comparação, etc.*

Complexidade pode levar a tempos computacionais tendendo a **infinito**, quando se tenta resolver matematicamente o problema

Exemplos:

- Problemas de classificação

- Problemas de clusterização

- Problemas combinatórios de otimização

- etc.

Diferença ente Heurísticas e Meta-heurísticas

Heurísticas e meta-heurísticas são técnicas que buscam a solução de um problema, por tentativa e erro, mas seguindo uma certa estratégia de busca da solução.

Ambas apresentam as seguintes características:

- fazem uso de lógica, operações matemáticas e de uma boa dose de *bom senso*;

- se constituem de uma série de passos;

- repetem esses passos muitas vezes (iterações), que vão restringindo o número de alternativas de solução;

- avaliam as soluções encontradas com base em algum critério pré-definido *(uma "função objetivo")*;

- interrompem o processo quando o número limite de iterações (pré-definido) foi atingido ou algum outro critério de parada (pré-definido) foi alcançado

A diferença entre elas é que a HEURÍSTICA: se aplica a um único tipo de problema

> Exemplo: problema de clusterização ou problema de classificação, por exemplo. A *Árvore de Decisão, por exemplo, é uma heurística. Só se aplica a Classificação*

META-HEURÍSTICAS, por outro lado, abrangem classes mais amplas de problemas.

> Exemplo: uma mesma meta-heurística pode ser usada para resolver problemas de clusterização e também de classificação
>
> *Redes Neurais se enquadram neste caso. Podem ser usadas para clusterização, classificação, previsão de séries temporais, etc.*

Uma Meta-heurística (MH) <u>não</u> é um método pronto para resolver um problema.

Toda MH precisa ser ajustada ao problema a ser resolvido

Uma MH pode ser considerada na verdade, como uma estratégia geral de solução de classes de problemas

Meta-heurísticas e *Machine Learning*

A Aprendizagem de Máquina faz uso intenso de Heurísticas e Meta-heurísticas. Parte considerável de *Machine Learning (ML)* é algum tipo de Heurística ou Meta-heurística, entretanto, há um tipo em particular, em que as meta-heurísticas têm papel relevante.

Em Ciência de Dados ou em *Data Analytics*, há quatro abordagens principais:

- Análise Descritiva, que busca descrever o que ocorreu. Responde à seguinte questão: "O que aconteceu?"

- Análise Diagnóstica, que procura explicar o que ocorreu. Responde à seguinte questão: "Por que isso aconteceu?"

- Análise Preditiva, que procura desenvolver previsões sobre tendências ou eventos futuros e responde à questão: "O que pode ocorrer no futuro?"

- Análise Prescritiva, que desenvolve modelos para propor alternativas de solução para questões complexas. Responde à seguinte questão: "O que deve ser feito a seguir?"

As meta-heurísticas exercem um papel importante na Análise Prescritiva. Por meio de meta-heurísticas é possível a construção de modelos voltados para a otimização de problemas combinatórios, o que não seria possível por meio de modelos exatos, dada a classe de complexidade dos problemas. Assim, representam uma ferramenta de apoio à decisão, sugerindo (prescrevendo) alternativas de decisão e, via de regra, indicando a "melhor" decisão para um problema complexo.

META-HEURÍSTICAS – Uma visão Matemática

Processo de Solução de um problema Combinatório por MH se dá por meio de iterações sucessivas. As Meta-heurísticas geram soluções sucessivas do problema, no Hiperespaço de Soluções Viáveis, que é gerado pelos valores das variáveis de decisão do problema, e obedecendo às restrições a que o problema está sujeito. Dependendo do problema, as iterações podem se dar de forma discreta e/ou contínua.

HIPERESPAÇO DE SOLUÇÕES

Vamos ver um exemplo de um Hiperespaço de Soluções.

EXEMPLO: Hiperespaço de Soluções de um Problema Combinatório

Problema de Composição de uma Frota

Uma empresa deseja adquirir novos caminhões médios e pesados para a sua frota. Deseja-se determinar quantos veículos de cada tipo devem ser comprados, de forma a maximizar a Produção Total (medida em ton.km) que os novos veículos têm condições de produzir.

São conhecidas as seguintes informações:

a) Custos

Capital Disponível: $ 1.800.000,00

Preço do Veículo Médio: $ 60.000,00

Preço do Veículo Pesado: $ 120.000,00

b) Manutenção

A oficina tem capacidade para absorver no máximo 13 novos veículos pesados

devido a limitações de vagas para esse tipo de veículo.

c) No total a oficina suporta no máximo 20 novos veículos.

d) Capacidades dos Veículos, são apresentadas na tabela 4:

Tabela 6.4 – Capacidades dos Veículos

Tipo de Veículo	Capacidade (t.km/dia)
Médio	4.800
Pesado	16.000

Para este problema, tem-se o seguinte Modelo de Programação Linear que leva a uma solução ótima:

Modelo Matemático

Máx $[4.800V_m + 16.000V_p]$ <<<===   Maximizar Produção da Frota

Sujeito a:

$60V_m + 120V_p \leq 1.800$ <<<===   Orçamento (Limite de Capital)
$V_p \leq 13$ <<<===   Limite de Veícs. Pesados
$V_m + V_p \leq 20$ <<<===   Limite de Frota Total
$V_m \geq 0;\ V_p \geq 0$ <<<===   Qtdes. de Veículos não podem ser neg.

Este modelo pode ser representado por seu hiperespaço de soluções, conforme a figura 6.2 a seguir:

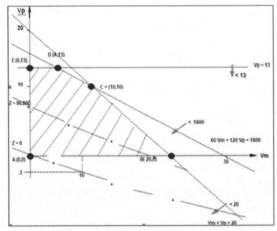

Figura 6.2. Hiperespaço de Soluções - Visão Gráfica

A área hachurada da figura corresponde ao hiperespaço de soluções do problema. A área contém todas as soluções viáveis do problema e uma delas será a solução ótima. Neste caso, aquela que maximiza a função objetivo.

O que as MHs fazem é percorrer esse hiperespaço de soluções, segundo uma dada estratégia, para buscar atingir a solução ótima.

As estratégias das MHs uma vez que encontrem um ponto de ótimo local, procuram não ficar presas naquele ponto. Registram aquela solução de boa qualidade, mas empregam estratégias para escapar de ótimos locais, e continuar a busca por outros ótimos locais que eventualmente, poderão fornecer soluções melhores ainda. Uma MH sempre busca ótimos locais que poderão levar em algum momento ao ótimo Global, que é o seu objetivo final (vide figura 6.3). Cada tipo de MH tem as suas estratégias próprias para atingir esse objetivo.

Ótimo Local e Ótimo Global (máximo ou mínimo) de uma Função

- **Ótimo Local**:

    Ponto em que o valor da função é menor (ou maior) do que em pontos de sua "vizinhança" (pontos próximos), mas pode não ser o ponto ótimo em relação a pontos mais distantes;

- **Ótimo Global**:

    Ponto em que o valor da função é menor (ou maior) do que em todos os outros pontos viáveis do espaço de soluções, conforme figura 6.3

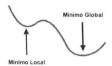

Figura 6.3. Ótimo Local e Global (problema de minimização) - Visão Gráfica

Estratégias de Meta-heurísticas

Para "escapar" de ótimos locais as meta-heurísticas exploram estratégias em que muitas vezes aceitam soluções piores (valor maior ou menor) que a solução atual.

A partir de uma solução pior, podem, eventualmente, percorrer uma trajetória que a levará a uma solução melhor.

Esta é chamada de estratégia de "diversificação" da busca por soluções.

Meta-heurísticas vs. Algoritmos vs. *Frameworks*

Note que um Algoritmo nada mais é do que a estruturação lógica de uma Heurística ou Meta-heurística, para posterior implementação em código.

Quando se trata de uma Meta-heurística, a implementação torna-se um **Framework**, que pode ser adaptado a diferentes aplicações

Desempenho de MHs vs. Variedade de MHs

Uma meta-heurística não consegue ter ótimo desempenho em todas as categorias de problemas de otimização. Sua abordagem pode funcionar bem em alguns, mas possivelmente, não irá funcionar bem em outros problemas. Isto levou a comunidade de pesquisa a desenvolver grande número de meta-heurísticas, de forma que quase sempre se tenha alguma MH que tenha bom desempenho quando aplicada ao problema que se deseje resolver (Peres e Castelli, 2021).

6.3.2 Taxonomias das Meta-heurísticas

Como se tem vários tipos de MHs, é importante que tenha taxonomias para se compreender melhor esse universo.

■ **Taxonomia pela Fonte de Inspiração da MH**

Neste caso, tem-se alguns tipos que podem ser destacados:

- Meta-heurísticas BIO-INSPIRADAS;
- Meta-heurísticas inspiradas nas CIÊNCIA SOCIAL;

- Meta-heurísticas inspiradas na FÍSICA;
- Meta-heurísticas inspiradas na QUÍMICA;
- Meta-heurísticas inspiradas nas CIÊNCIAS AMBIENTAIS;
- Outros

Um primeiro ponto que convém salientar é a questão levantada por Sörensen (2015) de que deve-se tomar um certo cuidado com as metáforas que são utilizadas para inspiração das MHs.

Uma metáfora tem os seus aspectos lúdicos que podem encantar os praticantes de MH. Porém, em boa parte dos casos, não permite que se tenha clareza sobre a real operação do algoritmo. Somente com a metáfora pode ser difícil compreender a proposta do algoritmo.

A sua forma efetiva de funcionamento pode ser ofuscada pela metáfora. Assim, é fundamental que se verifique o algoritmo propriamente dito, e não somente o fenômeno no qual estaria baseado.

Note-se abaixo a lista de MHs, em que se percebe a disseminação de MHs / Metáforas:

ABC – Artificial Bee Colony Algorithm: baseada em colônias de abelhas;

ACO – Ant Colony Optimization: baseada em colônias de formigas;

ALO – Ant Lion Optimizer: baseada no comportamento de formigas-leão;

BA – Bat Algorithm: baseada no comportamento de ecolocalização de morcegos;

BHO – Black Hole Optimization Algorithm: baseada no fenômeno de buracos negros;

CLONALG – Clonal Selection Algorithm: baseada em princípios de teoria imunológica;

CS – Cuckoo Search algorithm: baseada no parasitismo de ninhada de algumas espécies de cuco;

CSO – Cat Swarm Optimization: inspirado no comportamento natural dos gatos;

DA – Dragonfly Algorithm: inspirado no comportamento natural das Libélulas;

DE – Differential Evolution Algorithm: inspirado na teoria da evolução de Darwin;

FFA – Firefly Algorithm: inspirado no comportamento intermitente dos vagalumes;

GA – Genetic Algorithm: inspirado na teoria da evolução de Darwin;

GBS – Gravitational Based Search Algorithm: baseado na lei de Newton da gravidade e do movimento;

GOA – Grasshopper Optimization Algorithm: inspirado em enxames de gafanhotos;

GWO – Grey Wolf Optimizer: inspirado no comportamento de lobos cinzentos

HS – Harmony Search Algorithm: Imita o comportamento de músico produzindo uma harmonia perfeita;

KH – Krill-Herd Algorithm: simula o comportamento de pastoreio de indivíduos de krill

MFO – Moth Flame Optimizer: inspirado no método de navegação das mariposas;

PSO – Particle Swarm Optimization: baseado no comportamento social de bandos de pássaros;

SCA – Sine Cosine Algorithm: usa um modelo matemático baseado em funções seno e cosseno;

SFL – Shuffled Frog Leaping Algorithm: baseado em uma população particionada de sapos;

WOA – Whale Optimization Algorithm: imita o comportamento social das baleias jubarte.

Principais Meta-heurísticas Bio-Inspiradas (Computação Natural)

Estas MHs bio-inspiradas compõem a área denominada de Computação Natural.

São também chamadas de MHs Inspiradas na Natureza.

Estas MHs podem ser subdivididas em duas grandes áreas:

- Computação Evolutiva (*Evolutionary Computation – EC*) e
- Inteligência de Enxames (*Swarm Intelligence – SI*)

Os algoritmos de EC são inspirados na teoria evolucionária de Darwin, em que uma população de indivíduos é modificada por meio de operadores de recombinação e mutação.

Em SI, a ideia é produzir inteligência computacional explorando analogias de interação social, em vez de habilidades cognitivas puramente individuais.

São relacionadas abaixo, algumas das mais importantes nessas duas subáreas:

Evolutionary Computation (EC)

- Algoritmos Genéticos (*Genetic Algorithm – GA*)
- Evolution Strategies (ES)
- Evolutionary Programming (EP)
- Genetic Programming (GP)

Swarm Intelligence (SI)

Colônia de Formigas (*Ant Colony – AC*)

- Artificial Bee Colony (ABC)
- Particle Swarm Optimization (PSO)
- Artificial Immune Systems (AIS)

■ Taxonomia pela Estratégia de Busca da Solução

Outro tipo de taxonomia que se costuma utilizar é a partir do tipo de estratégia utilizada pela MH para buscar a solução do problema. E neste caso, tem-se dois segmentos a considerar:

- Meta-heurísticas de TRAJETÓRIA ou baseadas em SOLUÇÃO ÚNICA
- Meta-heurísticas baseadas em POPULAÇÃO de SOLUÇÕES

Meta-heurísticas baseadas em **solução única**, são também chamadas de **métodos de trajetória**, e são aquelas que iniciam a busca por uma solução com uma única solução inicial e se afastam dela, descrevendo uma trajetória no espaço de busca.

Alguns deles podem ser vistos como extensões "inteligentes" de algoritmos de pesquisa local. Seguem abaixo, algumas das mais importantes e conhecidas:

Simulated Annealing – SA

Tabu Search – TS

Greedy Randomized Adaptive Search Procedure – GRASP

Variable Neighborhood Search – VNS

Guided Local Search – GLS

Iterated Local search – ILS

e outras variantes

As meta-heurísticas **baseadas em população** lidam com um conjunto (uma população) de soluções em vez de uma única solução. Partem de um conjunto inicial de soluções viáveis para o problema e a partir desse conjunto inicial utilizam estratégias de geração de novos conjuntos de soluções (novas gerações de soluções).

Os métodos populacionais mais estudados estão relacionados às MHs **Bio-inspiradas** ou **Computação Natural**, envolvendo seus dois segmentos:

Computação Evolutiva (EC) e

Inteligência de Enxame (SI).

As principais MHs destes dois segmentos já foram apresentadas acima.

6.3.3 Meta-heurísticas Baseadas em Trajetória (solução única)

Esta seção descreve algumas das principais MHs baseadas em Trajetória ou Solução Única. Serão descritas as seguintes MHs:

- *Simulated Annealing*
- *Tabu Search*
- *GRASP*

E serão feitas algumas comparações em relação à evolução dos processos dessas MHs.

6.3.3.1 *Simulated Annealing* – SA

O SA imita um processo físico que ocorre no "tratamento térmico" de metais. Este tratamento térmico, em inglês, é chamado de **Annealing**. Daí, o nome *"Simulated Annealing"*.

Simulated Annealing (SA) é uma técnica muito flexível voltada à solução de problemas de otimização combinatória. Pode ser aplicada na solução de problemas de grande porte, com alta complexidade, que possam pertencer à classe de complexidade NP-Difícil *(NP-Hard)*.

Um pouco de História

O SA foi originalmente proposto por Metropolis no início dos anos 1950's. Mas, nesta 1ª proposta não se pensava em problemas combinatórios. A ideia era gerar um "modelo" de um processo de cristalização. Nos anos 1980 um grupo de pesquisa independente notou semelhanças entre o processo físico de **recozimento** (o *Annealing)* e alguns problemas de otimização combinatória. Eles notaram que havia uma correspondência entre os estados físicos alternativos da matéria e o espaço de soluções de um problema de otimização. E também, que a função objetivo de um problema de otimização poderia corresponder à energia livre do material. Assim surge o SA, voltado para problemas de otimização.

Discutindo-se um pouco mais a ideia Geral da SA, pode-se elencar as seguintes características:

- O *Annealing* (*Têmpera ou* Recozimento, em português) é um "tratamento térmico" que é aplicado a metais após o processo de fundição. Neste tratamento o metal já fundido é aquecido a altas temperaturas, e em seguida é resfriado de uma forma gradual. Com isto, consegue-se que suas moléculas se distribuam de modo bem uniforme em uma estrutura cristalina. Isto confere grande resistência ao material;

- Se o metal for resfriado muito rapidamente, o resultado não é uma estrutura cristalina, e o metal sólido torna-se fraco e frágil (podendo apresentar bolhas e fissuras em sua estrutura);

- Se o metal for refrigerado de forma gradual e controlada, uma estrutura cristalina se forma no nível molecular, resultando em grande integridade estrutural;

- O SA é uma simulação deste processo, porém voltado para problemas combinatórios.

Segue no quadro 6.3, uma síntese da analogia entre o processo físico de tratamento térmico de metais e os problemas de otimização combinatória resolvidos por SA:

Quadro 6.3. Analogia: Processo Físico vs. *Simulated Annealing*

PROCESSO FÍSICO Têmpera e/ou Recozimento (*Annealing*)	METAHEURÍSTICA Têmpera ou Recozimento Simulado (*Simulated Annealing – SA*)
. *Tratamento Térmico* *aplicado a materiais metálicos*	*Otimização* *aplicada a Problemas Combinatórios*
. *O Material é aquecido a altas temperaturas* *Altas temperaturas, geram alta energia, que gera arranjo aleatório de átomos*	. *Nível de Energia = Função Objetivo*
. *Queda lenta de Temperatura, leva a arranjos de partículas em padrões regulares* . *A Configuração Final gera Material de Maior Resistência*	. *Arranjos de Partículas = Soluções Viáveis* . *Configuração Final = Solução "Ótima"*

O Algoritmo do SA

Dois mecanismos são básicos no algoritmo do SA:

- **Geração de Configurações Alternativas**

    Trata-se da geração de outras alternativas viáveis de solução para o sistema.

    Para gerar novas "soluções viáveis" é preciso **_rearranjar_** o sistema

    Exemplo:

    Em um PRV – Problema de Roteirização de Veículos, um rearranjo poderia ser a troca da posição de um ponto numa rota

- **Regra de Aceitação da Solução**

    É preciso definir uma Regra de Aceitação da Nova Solução Gerada

    A nova Solução será uma nova "configuração do sistema", gerada após um rearranjo

    A regra usada pelo SA baseia-se no chamado **"Critério de Metrópolis"**

■ Critério de "Metrópolis" – *Princípio de Aceitação de Soluções*

Para um problema de Minimização, tem-se duas possibilidades de **aceitação** de uma nova configuração do sistema:

1ª Se nova solução for melhor → A nova solução será aceita

Tem-se
$$\Delta E \leq 0,$$

sendo:

ΔE = diferença de Energia (função objetivo) entre configurações do sistema;

ou

2ª Se nova solução for pior → Aceita-se solução se:

$$P(Boltzman) \geq Aleat[0,1]$$

onde:

Aleat[0, 1] é um número aleatório gerado entre 0 e 1

Distribuição de Boltzman:

$$[P(\text{Boltzman})] = B = e^{-\Delta E/kT}.$$

Parâmetros de Controle (IMPORTANTE)

Um aspecto importante na aplicação de qualquer MH é a definição de seus parâmetros (ou hiperparâmetros) de controle. No caso do SA tem-se o seguinte conjunto de parâmetros a definir:

T = Temperatura; *parâmetro que controla o valor da Temperatura do sistema*

T_R = Taxa de Resfriamento da temperatura;

N_{iterT} = Nº de iterações em cada temperatura *(alternativas geradas)*;

N_S = Nº máximo de sucessos (aceites) em cada iteração (cada temperatura);

N_{Iter} = Nº Total de alternativas geradas *(Nº total de iterações)*.

A partir de definição desses parâmetros desenvolve-se o processo do algoritmo. O processo básico do SA e um pseudocódigo são apresentados nos quadros 6.4a e 6.4b.

Quadro 6.4a. Processo do SA

INÍCIO: . **Define Função Objetivo**
    . **Define Solução Inicial**
    . **Define Temperatura Inicial com valor Elevado** (busca agressiva no espaço de soluções)
■ **Rearranjos**
    . Busca por novas soluções na "Vizinhança" da solução atual
    . Introduz _Pequenas Perturbações_ na configuração atual
    ☞ Exemplo: **Muda um único ponto de posição**
■ **Aceita nova Configuração** ("Metropolis" Criteria)
    Se ΔEnergia ≥ 0 ;   **em caso contrário**: Se P(Boltzman) $\geq$ Aleatório [0,1]
    Δ**Energia** = Δ**FO** _(FO = Função Objetivo)_   **B = exp(-ΔFO / T)**
■ **Redução de Temperatura**
    Menos movimentos de descida são permitidos
    Se não for Terminar ➔ Retorne para **Rearranjos**

Quadro 6.4b. Pseudocódigo do SA

```
INICIALIZAR
  Iterações= 0;  T=To {Temp Inicial};  Inst=Io { Instância}; E(Inst)=Eo {Energia};  E_OTM=E(Inst); N_S-Max = Nmax
  FAÇA enquanto {Critério Geral}
  INÍCIO
    Iter Temp=0;
    FAÇA enquanto {Critério da Temperatura}
    INÍCIO
      REARRANJO
      J = rearranjo(I);   D = E(J)-E(Inst)
      ● SE D≤0  E  N_S-Max ≤ Nmax
          ACEITE; E_OTM =E(J); Inst=J; REGISTRA INDICES;
      ● Senão
      INÍCIO
          SE  N_S-Max ≤ Nmax  E  ALEAT[0,1] ≤ exp(-D/T)  {Boltzman}
              ACEITE; E_OTM =E(J); Inst=J; REGISTRA INDICES;
      FIM
      N_Iter T = N_Iter T +1;
    FIM
    N_Iter= N_Iter +1;  T=T_R*T;
  FIM
```

Comportamento e Características do Algoritmo

- SA consegue escapar de ótimos locais realizando movimentos de "subida" (em caso de Minimização) da Função Objetivo (_uphill moves_)

    Inicialmente, quando T é alta, ocorrem com maior frequência mudanças do sistema

    para configurações onde a solução (valor da Função Objetivo) é inferior (pior)

- Conforme o processo de resfriamento avança, se reduz a probabilidade de _uphill moves_ (em caso de Minimização) ou _downhill_ moves (em caso de Maximização)

À medida que T decresce, o algoritmo se torna mais restritivo, e a aceitação de soluções inferiores vai se tornando cada vez mais rara

- O algoritmo SA é grande consumidor de tempo computacional

  Necessita de grande número de iterações para se aproximar da Solução Ótima.

As figuras 6.4a e 6.4b, ilustram um processo de Evolução do SA.

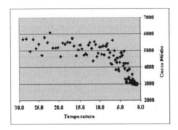 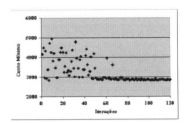

Figura 6.4a. Custo Médio vs. Temperatura   Figura 6.4b. Custo Mínimo vs. Iterações

6.3.3.2 Busca Tabu *(Tabu Search – TS)*

Idéia Geral da Técnica

TS foi proposta por Glover (1986)

- **Baseada em Memórias (curto e longo prazo)**

  Uso inteligente de memórias ajuda na busca de soluções e permite escapar de ótimos locais

- **Requisitos Básicos**

    – TS parte de uma *Configuração Inicial* (*solução inicial*)
    – E de uma *Função Objetivo*, que se busca otimizar

- **Conceitos Básicos**

  Configuração

    É um dos *arranjos* possíveis dos componentes do sistema
    É uma das *Soluções Viáveis* para o problema

A cada configuração corresponde um valor da *Função Objetivo*

Vizinhança

É o *Conjunto de Configurações* que pode ser gerado a partir de uma solução

- **Processo Básico**
    - A partir da configuração inicial desenvolve-se uma série de *Perturbações* no sistema, que são também chamados de *Rearranjos*
    - Processo termina quando atinge um Número de Iterações pré definido

- **Perturbação *(ou Rearranjo)***
    - É a transformação de uma configuração E_i para uma configuração E_{i+1}
    E_{i+1} = configuração com modificação ***muito pequena*** em relação a E_i
    Exemplo:
    Alteração de um único ponto de uma rota. Todos os outros ficam inalterados
    - No Rearranjo pesquisa-se outras soluções na *Vizinhança* da Solução Inicial
    Para Vizinhanças muito amplas pode-se pesquisar uma Sub Vizinhança
    - Identifica-se na Vizinhança a *melhor solução*, dentre as testadas
    Guarda-se esta melhor solução, para comparações futuras

Comportamento e Características do Algoritmo

- **Três Princípios Básicos**
    - Lista Tabu, *que guarda as últimas* soluções (memória de curto prazo);

- Mecanismo de Aceitação de uma solução, com base na Lista Tabu
- Alternância entre Estratégias: *Diversificação* e *Intensificação* de soluções

- **Lista Tabu**

    * *Lista Tabu evita situações cíclicas (ciclos de soluções)*
    * *Diversifica as soluções*
  - É uma lista *Rotativa* de soluções
    Soluções "passam" pela Lista: entram, ficam por um tempo, e saem
    Mantêm-se na Lista Tabu as "últimas" soluções encontradas
  - Cada solução permanece na Lista pelo "Tempo Tabu" *(Tabu Tenure)*
    OBS: *Tempo Tabu = No. de Iterações que solução fica na Lista que é igual ao Tamanho da Lista*
  - Lista Tabu pode ter *Tamanho Fixo ou Variável*
    Tamanho da Lista (número de soluções na lista) é um Parâmetro da técnica
    Se Tamanho da Lista for Variável, este pode ser sorteado periodicamente

- **Mecanismo de Aceitação da Solução**

  - *Melhor solução de uma Vizinhança só é aceita se não pertencer à Lista Tabu*

Diversificação e *Intensificação* da Solução

- **Diversificação**

  - Lista Tabu leva a uma *Diversificação* da pesquisa de soluções
    O algoritmo busca por novas soluções por um número de vezes
    Depois passa para a Fase de Intensificação

- **Intensificação**

- TS desconsidera Lista Tabu e busca na vizinhança da melhor solução existente

  Se uma melhor solução é encontrada, Intensificação é reiniciada

  Este reinício pode ser parametrizado por um No. Máximo de Vezes

- TS também desconsidera Lista Tabu em casos de *"soluções suficientemente boas"*

  O que é *"solução suficientemente boa"*?

- **Critério de Aspiração**

  - *Critério define o que é "solução suficientemente boa"*
  - *Exemplo: Melhor solução até o momento*
  - *Solução aprovada pelo Critério de Aspiração é "boa"*

- ***Parâmetros do TS***

  - Especificação da Estrutura da Vizinhança;
  - Atributos a registrar na Lista Tabu;
  - Tipo de Lista Tabu: *Fixa ou Variável*
    * Tamanho Fixo:
      definir Tamanho (número de soluções que serão mantidas na Lista)
    * Tamanho Variável:
      definir Tamanho Mínimo e Máximo (faixa de tamanhos)
      definir Periodicidade de Sorteio ;
  - Escolha do Critério de Aspiração;
  - Nº. Máximo de Reinícios na Fase de Intensificação
  - Escolha do Critério de Parada (*número total de iterações*).

O processo básico do TS e um pseudocódigo são apresentados nos quadros 6.5a e 6.5b.

Quadro 6.5a. Processo Básico do TS

INÍCIO: . Define Função Objetivo
       . Define Solução Inicial
■ **Rearranjos**
  . Busca por novas soluções na "Vizinhança" da solução atual
   Introdução de *pequenas perturbações* na configuração atual
     ☞ *[Exemplo: Muda um único ponto de posição]*
  . Seleciona a melhor solução encontrada
■ **Lista Tabu (Princípio da Diversificação)**
  . Mantém um número de últimas soluções (3 a 5 soluções)
  . Se a solução ∈ "Lista Tabu" → Solução não é aceita
■ **Critérios de Aspiração (Princípio da Intensificação)**
  Se a solução for "suficientemente boa" (ΔEnergia > 10%) → Solução é aceita
  Se não for Terminar → Retorne para **Rearranjos**

Quadro 6.5b. Pseudocódigo Básico do TS

```
INICIALIZAR
              Bloco_de_Iterações= 0;  Iterações=0; Tamanho da Lista Tabu=N;
              FAÇA enquanto {Critério Geral}
      INÍCIO
              Se Lista de Tamanho Variável, Então Sorteia Tamanho;
              FAÇA enquanto {Critério do Bloco, se houver}
              INÍCIO
                     IDENTIFICA VIZINHANÇA;
                     REARRANJOS NA VIZINHANÇA;
                     SE Melhor Solução da Vizinhança é Não Tabu
                       INÍCIO
                              Aceita Soluçao Melhor;
                              Atualiza Melhor Soluçao;
                              Registra Indices;
                       FIM
                     SENÃO
                       Se INTENSIFICAÇÃO / ASPIRAÇÃO
                         BUSCA NA VIZINHANÇA;
                         INÍCIO
                              Aceita Soluçao Melhor;
                              Atualiza Melhor Soluçao;
                              Registra Indices;
                         FIM
                     Iterações= Iterações +1; Reinicios = Reinicios + 1;
              FIM
              Bloco_de_Iterações= Bloco_de_Iterações +1;
      FIM
```

As figuras 6.5a e 6.5b, ilustram um processo de evolução do TS, para os casos de lista tabu de tamanho fixo e de tamanho variável.

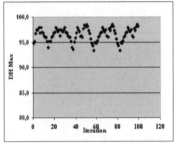

Figura 6.5a. Tabu: Lista de Tamanho Fixo

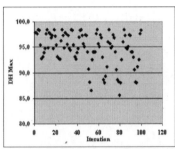

Figura 6.5b. Tabu: Lista de Tamanho Variável

6.3.3.3 GRASP – *Greedy Randomized Adaptive Search Procedure* (Procedimento de Busca Adaptativa Aleatória Gulosa)

A meta-heurística GRASP foi proposta por Feo e Resende (1995). Os autores descrevem essa MH como sendo de múltiplos inícios (*multi-start*), ou iterativa, e se desenvolve em duas fases:

- Fase de Construção: em que se constrói uma solução viável para o problema;

- Fase de Busca Local: em que se investiga a vizinhança da solução viável gerada na fase 1, até que um mínimo local seja encontrado.

As fases são aplicadas iterativamente até que um critério de parada seja atendido. Cada iteração fornece uma solução para o problema em questão. E a melhor solução geral é mantida como resultado final.

Na fase de construção, uma única solução viável é construída de forma iterativa. A cada iteração insere-se na solução um dos seus elementos.

Nesse sentido, deve-se lembrar que a solução de um problema combinatório é composta de um conjunto de elementos, que de forma agregada caracterizam uma solução. Assim por exemplo, em um problema de construção de rotas, a solução seria o conjunto de pontos alocado a cada rota e a sequência de passagem em cada ponto. Cada ponto, portanto, seria um elemento da solução. A solução pode ser construída iterativamente, inserindo-se um a um os pontos em cada rota. E neste caso, cada ponto seria selecionado a partir de uma lista de todos os pontos que deveriam ser atendidos pelas rotas. É este raciocínio que é seguido na Fase de Construção, descrita a seguir.

- **Fase 1: Construção**

Nesta fase, produz-se uma solução viável, de forma iterativa, incorporando-se à solução, paulatinamente, um a um dos seus elementos, até que esta esteja completa. No GRASP, a incorporação de cada elemento novo à solução que está em construção se dá a partir de uma Lista de elementos Candidatos (LC).

A cada iteração da Construção, a seleção do próximo elemento a ser incorporado à solução é determinada pela avaliação de todos os elementos do conjunto de candidatos, por meio de uma função de avaliação gulosa, $g(\cdot)$ que estabelece a importância de cada candidato na LC (Resende e Ribeiro, 2002).

Com base em LC, gera-se uma segunda lista apenas com os "melhores" candidatos, avaliados pela função $g(\cdot)$, e essa nova lista é chamada de "Lista Restrita de Candidatos" (LRC).

Em seguida, um dos elementos, e_s, de LRC é selecionado aleatoriamente, e este elemento é retirado de LC. O conjunto LC é, portanto, reduzido em um elemento, Este novo LC é usado na próxima iteração da Fase de Construção.

Note que não necessariamente é selecionado o melhor candidato de LRC. A escolha é entre os melhores, mas é feita de forma aleatória. É esse elemento e_s que é incorporado à solução s, que está em construção.

Note-se que como a escolha é aleatória, a cada iteração da Fase de Construção pode-se gerar uma solução diferente, mesmo que se parta da mesma LC.

Quando a solução s estiver completa, entra-se então, na Fase de Busca Local.

O critério de "melhor", que define a inclusão de um candidato na LRC, pode ser definido por um número p de candidatos ou então, pela regra abaixo (Boussaïd, 2013):

- Para problemas de Maximização:

    Candidato é aprovado se:

    $$g_{Candidato} \geq g_{max} - \alpha(g_{max} - g_{min})$$

- Para problemas de Minimização:

    Candidato é aprovado se:

    $$g_{Candidato} \leq g_{min} + \alpha(g_{max} - g_{min}),$$

onde: g_{min} = mínimo valor de $g(\cdot)$ dentre os candidatos $\in$ LC
g_{max} = máximo valor de $g(\cdot)$ dentre os candidatos $\in$ LC
$\alpha \in [0, 1]$

A estratégia de seleção de uma solução candidata $\in$ LC é regulada pelo parâmetro α. O parâmetro define se a seleção vai tender mais para uma escolha aleatória ou gulosa.

Se α tende para 1 a seleção fica mais aleatória, em caso contrário, tende a ser mais gulosa (*greedy*).

- **Fase 2: Busca Local**

O objetivo nesta fase é encontrar o máximo local na vizinhança da solução obtida na fase anterior.

Nesta fase, uma busca é feita na Vizinhança $V(s)$ de e_s, e retorna com a melhor solução encontrada. Testam-se as soluções vizinhas sucessivamente, até que se encontre a melhor.

Em seguida é atualizada a melhor solução encontrada até aquele momento.

Todo o processo das duas fases se repete por um dado número de iterações. A solução "ótima" do problema será a melhor solução encontrada durante o processo.

Na sequência apresenta-se de forma mais estruturada o processo do GRASP, e depois pseudocódigos para cada fase do algoritmo (quadros 6.6a a 6.6d).

Quadro 6.6a. Processo Básico do GRASP

INÍCIO: . . Entrada da Instância; . Solução: $s \leftarrow \emptyset$
Faça por um Número m de iterações
■ FASE 1: FASE DE CONSTRUÇÃO: CONSTRÓI UMA SOLUÇÃO VIÁVEL
□ **Lista de Candidatos (LC)**
LC é composta por elementos de E = {1, 2, ..., n}, que podem compor Soluções Viáveis
□ **Lista Restrita de Candidatos (LRC)**
Todos os Candidatos de LC são avaliados por g(.)
Restringe LC e gera LRC - Lista Restrita de Candidatos. com "melhores" candidatos
Para problema de Maximização:
Inclui em LRC se: $g_{Candidato} \geq g_{max} - \alpha.(g_{max} - g_{min})$
Para problema de Minimização:
Inclui em LRC se: $g_{Candidato} \leq g_{max} + \alpha.(g_{max} - g_{min})$
$\alpha \in [0, 1]$
□ **Incorporação de Elementos á Solução**
Um elemento e_s de LRC é selecionado aleatoriamente
Acrescentar e_s à solução **s**
Se uma solução s foi completada, a Construção termina
❧ FASE 2: BUSCA LOCAL
Buscar novas soluções na vizinhança, **V(s)**, de **s**.
Novas soluções são geradas por sucessivas *pequenas perturbações* na configuração atual *[Exemplo: Muda um único ponto de posição]*
Registrar a melhor solução encontrada
Atualiza a melhor solução para o Problema
Se Número m de iterações foi atingido, finaliza processo
Solução Ótima será a melhor solução encontrada

Quadro 6.6b. Pseudocódigo geral do GRASP

Procedimento: GRASP()
Entrada da Instância ();
Enquanto Critério de Parada não satisfeito →
s ← FasedeConstrução()
s ← BuscaLocal(s)
Atualiza Melhor Solução
Fim Enquanto
Retorna (Melhor Solução Encontrada)
Fim GRASP

Fonte: Adaptado de FEO e RESENDE, 1995

Quadro 6.6c. Pseudocódigo do GRASP - Fase de Construção

> **Procedimento: FasedeConstrução()**
>   Solução: **s** ← { };
>   Enquanto Solução **s** não está construída →
>   Cria lista restrita de candidatos (LRC)
> e_s ← seleciona elemento aleatoriamente em LRC
>   **s** ∪ {e_s}
>   Adapta *(recalcula)* **g(.)**
>   Fim Enquanto
> **Fim FasedeConstrução()**

Fonte: Adaptado de FEO e RESENDE, 1995

Quadro 6.6d. Pseudocódigo do GRASP - Fase de Busca Local

> **Procedimento: BuscaLocal**
>   Enquanto s: não Ótimo Local →
>   Busca em **V(s)**, por solução melhor s_o ∈ **V(s)**;
>   Seja **s** = s_o;
>   Fim Enquanto
>   Retorne (**s** ótimo local para **l**)
> **Fim BuscaLocal**

Fonte: Adaptado de FEO e RESENDE, 1995

Como finalização desta seção, convém se pontuar alguns aspectos importantes sobre a meta-heurística GRASP.

Diz-se que é *adaptativa* porque os benefícios associados a cada candidato são recalculados a cada iteração da fase de construção para refletir as mudanças provocadas pela seleção do elemento anterior.

E a componente *probabilística* do GRASP caracteriza-se pela escolha aleatória de um dos melhores candidatos da LCR, mas não necessariamente do melhor candidato (Feo e Resende, 1995).

Deve-se notar também que como sempre ocorre com MHs, há alguns aspectos que impactam a performance da MH, destacando-se os seguintes:

- escolha adequada da estrutura de vizinhança $V(s)$,
- estratégias e técnicas utilizadas na busca em $V(s)$,
- ponto de partida dessa busca.

Estes são fatores chave para que o processo tenha a performance esperada.

E sobre a função gulosa, convém lembrar que a função g(·) mede o benefício míope de selecionar cada candidato. Daí ser uma seleção gulosa. Lembrando, que um algoritmo guloso é míope porque decide analisando apenas as informações disponíveis em uma dada iteração. Este tipo de algoritmo não executa nenhum tipo de extrapolação para avaliar possíveis consequências daquela decisão. É uma análise muito restrita, que pode conduzir a soluções boas localmente, mas que podem estar distantes da solução ótima ou *quasi* ótima.

Os gráficos das figuras 6.6a e 6.6b, ilustram um processo de evolução do GRASP ao longo das iterações, para dois diferentes valores de α.

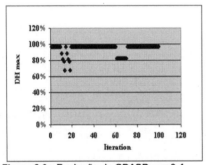
Figura 6.6a. Evolução do GRASP: $\alpha = 0{,}4$

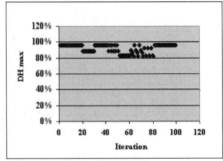
Figura 6.6b. Evolução do GRASP: $\alpha = 0{,}7$

6.3.4 Meta-heurísticas Baseadas em População de Soluções

Sobre as meta-heurísticas baseadas em população de soluções esta seção apresenta quatro das mais conhecidas, que podem ser consideradas como Clássicas, e que, consequentemente, são muito utilizadas em uma variedade de problemas.

Serão descritas aqui:

- Algoritmo Genético (*Genetic Algorithm* – GA)

- Otimização por Colônia de Formigas (*Ant Colony Optimization* – ACO)

- Colônia Artificial de Abelhas (*Artificial Bee Colony* – ABC)

- Otimização por Enxame de Partículas (*Particle Swarm Optimization* – PSO)

6.3.4.1 Algoritmo Genético *(Genetic Algorithm – GA)*

É uma categoria de algoritmos evolucionários, que foi desenvolvido por John Holland (1975) e popularizado por David Goldberg (1989).

Características do Algoritmo

- Inspirados na Teoria da Evolução de Darwin (evolução das espécies).
- Uma solução para o problema é chamada de um "Indivíduo";
- Populações de indivíduos são criadas, e os Indivíduos são submetidos aos chamados "Operadores Genéticos":

    Tem-se Operadores de:

    – Seleção,

    – Cruzamento ou Recombinação (*crossover*) e

    – Mutação.

    Com a aplicação desses Operadores, novas gerações de soluções (Indivíduos) são geradas.

    As características dos Indivíduos, são registradas em seus genes, e são transmitidas para seus descendentes, e tendem a propagar-se por novas gerações

    Características dos descendentes são parcialmente herdadas de seus pais por meio do Operador de Cruzamento (*crossover*) e parcialmente de novos genes criados durante o processo de reprodução (Operador de Mutação)

Este processo de geração de novas gerações, corresponde, na verdade, a uma busca intensa no espaço de soluções, com a verificação de um número considerável de novas soluções para o problema.

- No decorrer dessas gerações os Indivíduos competem entre si, e os mais aptos tendem a sobreviver. O nível de Aptidão do Indivíduo é medido por meio de uma "Função de Aptidão" (*Fitness*), que é equivalente a uma Função Objetivo.

Uma analogia entre GA e problemas de otimização combinatória é apresentada no quadro 6.7.

Quadro 6.7. Analogia: GA vs. Problema de Otimização Combinatória

Algoritmo Genético	Problema Combinatório
Indivíduo	Uma Solução para o Problema
População	Um Conjunto de Soluções
Cromossomo	Representação de uma Solução
Gene	Parte da representação de uma Solução
Alelo	Um valor que um Gene pode assumir
Crossover	Operadores do Algoritmo de AG *Combinam Soluções*
Mutação	Operadores do Algoritmo de AG *Mudam (Mutação) Soluções*

Síntese do GA

Uma População inicial de INDIVÍDUOS (SOLUÇÕES) é criada, e em seguida, é submetida a Operadores Genéticos: Seleção, Recombinação (crossover) e Mutação.

Com isto, novas gerações são criadas (novas soluções). Isto corresponde a uma busca no espaço de soluções

No decorrer das gerações indivíduos (soluções) competem entre si, por meio de uma Função de Aptidão (Função Objetivo). Os mais aptos tendem a sobreviver

EXEMPLO de um PROCESSO

A figura 6.7 apresenta um exemplo de Indivíduo e do Processo do GA com seus Operadores.

Função de Aptidão (função objetivo) ou *Fitness*

- Determina *a Qualidade do Indivíduo* como solução para o problema em estudo

- Mede a Aptidão do Indivíduo, em uma analogia com a Evolução das Espécies

    Em termos práticos, é uma função matemática (Função Objetivo) que se deseja otimizar (maximizar ou minimizar)

Seleção de Indivíduos (*pais*) para Reprodução

Pela Seleção de Indivíduos pais para a reprodução, e pela recombinação ou cruzamento desses indivíduos, cria-se uma nova geração.

A Seleção de Indivíduos é feita por sorteio, e é baseada nos valores da Aptidão de cada Indivíduo. A chance de um indivíduo ser sorteado, e, portanto, selecionado, é proporcional ao valor da sua Aptidão.

Este processo é chamado de "seleção pela roleta", pois é como se fosse uma roleta. Cada sorteio é como se fosse um giro da roleta.

Indivíduos mais aptos tem maior probabilidade de serem selecionados para reprodução, e um mesmo indivíduo pode estar em vários cruzamentos ou várias mutações.

Exemplo de Indivíduo:

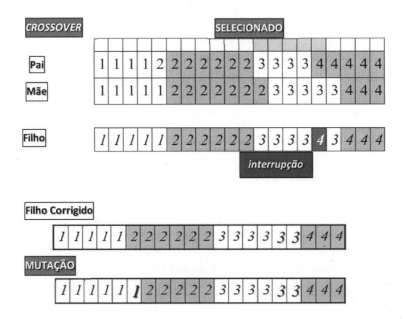

Exemplo de Processo do GA: com *Seleção / Cruzamento / Correção e Mutação*

Figura 6.7. Exemplo de Indivíduo e do Processo do GA com seus Operadores

Exemplo: Sejam 4 Indivíduos, com os valores de Aptidão apresentados na tabela 6.4:

Tabela 6.4 – Exemplo de Aptidões e suas Probabilidades

Indivíduo	Aptidão	Probabilidade de Escolha
1	200	40%
2	100	20%
3	75	15%
4	125	25%
Total	**500**	**100%**

Note que a probabilidade de seleção dos indivíduos é proporcional à sua Aptidão. Assim, um indivíduo de maior Aptidão tem maior probabilidade de ser selecionado.

Elitismo

Em certos casos, pode-se deixar de utilizar a seleção pela roleta, e uma estratégia elitista pode ser aplicada na população de indivíduos.

Neste caso, tem-se o seguinte procedimento:

Um conjunto de indivíduos mais adaptados (maior Aptidão) é selecionado de forma determinística;

Nestes Indivíduos nenhuma modificação é feita pelos operadores genéticos;

Com esta estratégia "Elitista", garante-se que melhores indivíduos permaneçam na população.

Taxa de Cruzamento na Seleção

Estabelece-se uma Taxa de Cruzamento entre os indivíduos. Assim, o Tamanho da População multiplicado pela Taxa de Cruzamento corresponde ao número de vezes que sorteios serão feitos para Seleção de Indivíduos.

Parâmetros do GA

Pela descrição do GA, vê-se que a meta-heurística trabalha com os seguintes parâmetros:

- Tamanho da População;
- Taxa de Cruzamento;
- Taxa de Mutação;
- Número de Gerações;

- Critério de Parada.

O Processo Básico do GA é apresentado no quadro 6.8.

Quadro 6.8. Processo Básico do GA

1. **INÍCIO:** Gerar soluções iniciais → "População de Indivíduos" (conjunto de soluções)
2. **Avaliar Indivíduos:** calcular a Função de Aptidão de cada indivíduo (de cada solução)
3. **OPERADORES:** aplicar Operadores aos Indivíduos
    - **Operador de SELEÇÃO:** sorteia os Indivíduos para Cruzamento (*crossover*)
      Favorece a escolha de indivíduos mais aptos
    - **Operador de CRUZAMENTO (*crossover*):** combina informações de dois indivíduos e gera novos indivíduos (soluções)
    - **Operador de MUTAÇÃO:** introduz uma diversificação genética na população, por meio de uma modificação aleatória em alguns segmentos de genes
4. Fim do Processo? Se não for, retornar ao Passo 2

Fluxograma do GA

Com base no processo do GA pode-se estabelecer o fluxo básico do algoritmo, que é apresentado na figura 6.8.

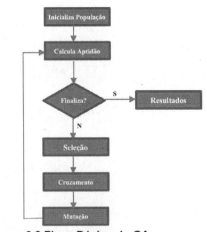

Figura 6.8 Fluxo Básico do GA

6.3.4.2 Otimização por Colônia de Formigas (*Ant Colony Optimization – ACO*)

A ACO usa uma metáfora de Colônias de Formigas reais. Se inspira no comportamento de formigas reais, na busca e exploração de alimentos (*forrageamento*)

Primeiros algoritmos surgiram no início dos anos 1990 (Dorigo et al., 1991, Colorni et al., 1991, Dorigo et al., 1996).

O Comportamento de uma Colônia de Formigas Real

Na busca por uma Fonte de Alimento, as formigas exploram inicialmente uma área no entorno do ninho realizando um percurso aleatório (*random walk*).

Conforme Dorigo (1991):

> Baseia-se no comportamento das formigas em busca do alimento.
>
> Há uma colônia de formigas artificiais que cooperam entre si, para encontrar boas soluções para o problema.

- Ao longo do trajeto Fonte de Alimento – Ninho, as formigas depositam no solo um rastro de **feromônio** (um hormônio)

    Com isso, marcam as rotas, para guiar outras formigas para a Fonte de Alimento

- À medida que o tempo passa, as rotas mais utilizadas (mais curtas) vão apresentar maior concentração de feromônio.

    Essas rotas irão atrair mais formigas

- Ao final, fica estabelecido um único caminho, que será o mais curto de todos

    (percurso ótimo)

O experimento da Ponte Binária (Denebourg et al., 1990) é apresentado na figura 6.9. O experimento avaliou o efeito da trilha de feromônio na coleta de alimento, e demonstrou que as rotas mais curtas atraiam mais formigas, pelo depósito de feromônio nessas rotas.

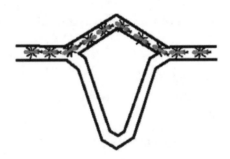

Figura 6.9. Experimento da Busca por Alimento vs. Feromônio

(Denebourg et al., 1990)

A ACO é uma meta-heurística em que uma Colônia de Formigas Artificiais coopera para encontrar boas soluções para problemas complexos de otimização discreta

Essas colônias artificiais, exploram características das colônias de formigas reais

O objetivo é construir soluções para os problemas de otimização, trocando informações sobre a qualidade das soluções que vão sendo encontradas, por meio de uma forma de comunicação similar à utilizada pelas formigas reais

É uma meta-heurística baseada em Populações de Soluções e é um algoritmo evolucionário. Melhora iterativamente ao longo de gerações.

Cada geração é composta por "formigas" e cada formiga representa uma solução, que é um ponto do espaço de soluções, em que se desenvolve uma busca aleatória

De geração em geração, os resultados de cada formiga (cada solução) são comparados e cada formiga recebe um peso com base em uma função

De acordo com o peso que cada formiga receber, ela servirá de base para a próxima geração

ALGORITMO BÁSICO

Inicialização:

No início do algoritmo, os parâmetros são definidos e todas as variáveis de feromônio são inicializadas

Construir Soluções de Formigas:

Um conjunto de m formigas artificiais constrói de forma incremental e estocástica soluções para o problema

Em cada etapa de construção, a solução parcial atual é estendida, adicionando-se uma nova solução viável do espaço de soluções

Para escolher, qual solução deve ser adicionada, uma escolha probabilística é feita

Esta decisão é geralmente influenciada pela quantidade de feromônio associada a cada um dos elementos

Atualização de Feromônios:

O processo de atualização de feromônios destina-se a tornar os componentes da solução pertencentes a boas soluções mais desejáveis para as formigas que operam nas seguintes iterações

Ações do *Daemon*: As ações do *daemon* referem-se a qualquer operação centralizada que não pode ser realizada por uma única formiga. A ação do *daemon* mais utilizada consiste na aplicação de busca local às soluções construídas

O Processo Básico do ACO é apresentado no quadro 6.9.

Quadro 6.9. Processo Básico do ACO

Procedimento: ACO Metaheurística
Inicializa valores de Feromônios
Enquanto, não atende condições de Fim →
. Construir Soluções de Formigas
. Atualizar Feromônios
. Desenvolver Ações do *Daemon* (**opcional**)
Fim
Fim - Procedimento

Estrutura e Métricas

- Formigas se movem em um Grafo
- Ao se mover, "depositam" Feromônio na aresta
- Seleção de movimento da Formiga para próximo Nó é probabilística
- Feromônio evapora com o tempo!

  Há, portanto, uma taxa de decréscimo de Feromônio ao longo das iterações

$$\tau_{ij} = (1 - r)\tau_{ij},$$

sendo $\rho \in [0, 1]$ a Taxa de Decaimento de Feromônio

Os parâmetros e métricas do ACO são apresentados no quadro 6.10.

Quadro 6.10. PARÂMETROS e MÉTRICAS do ACO

Quantidade de Formigas	No. de Soluções
Probabilidade de Escolha de uma Solução	$\rho_{ij}^k(t) = \Delta FO / \Sigma \Delta FO$
Feromônio (t_{ij})	$\tau_{ij} = \Sigma \Delta FO$
Qualidade Heurística (h)	ΔFO
Taxa de Decaimento de Feromônio	$\rho \in [0,1]$
Decaimento de Feromônio	$\tau_{ij} = (1-\rho)\,\tau_{ij}$

6.3.4.3 Colônia Artificial de Abelhas (*Artificial Bee Colony – ABC*)

Há vários algoritmos de otimização inspirados no comportamento de colônias de abelhas (*bee colonies*). Na natureza essas colônias fazem uso de muitas estratégias e procedimentos de ação que podem ser usados como modelos para comportamento coletivo e sistemas inteligentes. Karaboga e Akay (2009) descrevem em seu artigo uma série de características dessas colônias de abelhas, que podem ser utilizadas como inspiração para meta-heurísticas. Segue abaixo um resumo do que é apresentado no artigo:

- Abelha Rainha: ela é a única fêmea que põe ovos, sendo a mãe de todas as abelhas da colônia. Quando a colônia está com falta de fontes de alimento, a rainha produz novos ovos. Se a colônia ficar muito lotada, a rainha para de pôr ovos;

- Abelha Zangão (Drones): é a abelha do sexo masculino, e tem a função de fecundar a rainha;

- Abelhas Operárias: fazem a maior parte do trabalho na colmeia, coletam alimentos, armazenam, removem detritos e abelhas mortas, ventilam a colmeia e guardam a colmeia;

- Voo de Acasalamento: no voo os zangões seguem a rainha e se acasalam no ar;

- Forrageamento: trata-se da busca e a exploração de alimentos, sendo a tarefa mais importante na colmeia. Abelhas "batedoras" ou "forrageiras" exploram as áreas ao redor da colmeia, procurando fontes de pólen, néctar e própolis. Terminada a busca, as abelhas batedoras voltam para a colmeia e depositam o néctar coletado. Durante o forrageamento, as abelhas procuram equilibrar a exploração de fontes alimentares conhecidas com a exploração de novas, potencialmente melhores, em um ambiente dinâmico.

- Dança das Abelhas: depois de descarregar o néctar, a abelha forrageira que encontrou uma fonte rica de alimentos, realiza movimentos especiais chamados de "dança" na área da colmeia para compartilhar suas informações sobre a fonte de alimento, como a abundância, sua direção e distância e recruta as outras abelhas para explorar essa rica fonte. É um mecanismo de comunicação por meio do voo;

- Seleção do Local da Colmeia: abelhas batedoras, trabalhando em paralelo, exploram locais potenciais para o ninho, e compartilham suas informações sobre os locais explorados com as outras abelhas escoteiras por meio de uma dança;

- Sistema de Navegação: As abelhas forrageiras usam uma organização de memória espacial semelhante a um mapa para voos de busca de origem e alimentos. Primeiramente, elas utilizam estímulos obtidos durante seus voos. E em segundo lugar, codificam a informação espacial em suas danças em sua memória espacial semelhante a um mapa.

- Seleção de Tarefas: as abelhas são especializadas em determinadas tarefas na colmeia, mas estas podem também ser alteradas dinamicamente, dependendo da necessidade.

Karaboga e Akay (2009) apresentam e discutem várias meta-heurísticas que exploram boa parte dessas características para assim, gerar algoritmos de otimização.

Uma dessas meta-heurísticas é a *Artificial Bee Colony – ABC* proposta por Karaboga (2005), e é uma das meta-heurísticas inspiradas no processo de forrageamento de alimentos desenvolvido nas colônias. Esses algoritmos, inspirados em forrageamento, fazem uso do comportamento de busca descentralizada que é levada a efeito pelas abelhas. Além disso, o ABC tem vantagens de ser um processo que possui memória, envolve busca local e tem um mecanismo de melhoria de soluções, como será visto na sequência.

Nesta meta-heurística uma "Fonte de Alimento" corresponde a uma solução viável para o problema. E o algoritmo inicia a partir de um conjunto de "fontes de alimento" (uma população de soluções) geradas de forma aleatória. O nível de alimento ou a quantidade de néctar (valor da solução) em cada fonte, é medido por meio de uma função de aptidão (função objetivo).

O algoritmo trabalha com três "tipos de abelhas": operárias, observadoras e exploradoras, cada tipo com funções específicas. Assim, uma "abelha" corresponde a um método de busca/aprimoramento de soluções.

As funções de cada um dos três tipos de abelhas são descritas a seguir:

- **Abelhas Operárias** (*employed bee*):

    As abelhas Operárias são responsáveis por explorar as fontes de alimento disponíveis no entorno da colmeia (espaço de soluções) e coletar informações necessárias. É um processo de diversificação da busca por soluções. No começo cada abelha Operária é "posicionada" em uma das fontes de alimento iniciais. Assim, o número de abelhas empregadas é igual ao número de fontes de alimento.

    Cada abelha executa uma busca por uma nova fonte de alimento (uma nova solução) na vizinhança da "fonte" atual. Trata-se, portanto, de um processo de busca local. O algoritmo utilizado para isso é um algoritmo guloso (*greedy algorithm*). Na busca gulosa, se uma "fonte" melhor é encontrada, ela passa a ser a nova fonte de alimento (nova solução). Assim, se a quantidade de néctar (valor da solução) da nova posição for maior do que a atual, a abelha memoriza a nova posição e descarta a antiga. Caso contrário, a abelha mantém a posição anterior na memória.

    As abelhas Operárias também compartilham as informações com os Observadoras, conforme será visto a seguir.

- **Abelhas Observadoras** (*onlooker bee*):

    Estas abelhas observam a "dança" das Operárias e escolhem uma para seguir. Em termos de algoritmo, isto significa selecionar uma das soluções que estão associadas às abelhas operárias, e explorar a vizinhança dessa solução de forma mais intensa. Para esta escolha há antes um compartilhamento de informações. Depois que todas as abelhas operárias completam o seu processo de busca local, o compartilhamento de informações se dá. A posição das fontes de alimento e a quantidade de néctar, são compartilhadas com as abelhas observadoras.

    Cada abelha observadora avalia as informações do néctar das fontes de alimento, e escolhe uma fonte baseada na distribuição de probabilidades, relacionada às quantidades de néctar. A seleção da Fonte é feita, assim, por meio do método de Seleção da "Roleta", que é baseado em Aptidão. Maior a quantidade de néctar, maior a probabilidade de ser selecionada. A ideia, assim, é encontrar fontes de alimento de maior qualidade e intensificar as buscas em regiões promissoras. É, portanto, um processo de intensificação da busca na vizinhança das melhores soluções.

Como, as fontes são selecionadas probabilisticamente (método da roleta), é possível que uma fonte seja explorada por mais de uma abelha. Em termos de quantidade de abelhas, a primeira metade da colônia artificial é composta pelas Abelhas Operárias e a segunda metade é composta pelas Observadoras (Karaboga, 2005).

- **Abelhas Exploradoras ou Batedoras** (*scout bee*):

    Caso a Fonte de Alimento de uma abelha Operária não seja melhorada por uma quantidade **Limite** de iterações, essa Fonte de Alimento é abandonada. O valor **Limite** é um número máximo permitido de iterações, pré-definido, que é introduzido como um parâmetro da meta-heurística. Em caso de abandono de uma fonte de alimento, a abelha Operária se torna uma Exploradora ou Batedora, e busca aleatoriamente uma nova fonte (nova solução) nas proximidades da colmeia (espaço de soluções). É, portanto, um processo de diversificação da busca por soluções. Depois que a abelha Batedora encontra uma nova fonte de alimento, a Batedora se torna uma abelha Operária novamente, e passa a executar as suas funções.

    O número médio de batedoras é de cerca de 5 a 10% do total de abelhas (Karaboga, 2005).

Depois que a cada abelha Operária é atribuída a uma nova fonte de alimento, outra iteração do algoritmo recomeça.

Todo o processo é repetido até uma condição de parada seja atingida.

Uma analogia entre uma Colônia de Abelhas Real e a meta-heurística ABC, é apresentada no quadro 6.11.

Quadro 6.11. Analogia: Colônia de Abelhas Real vs. ABC

Colônia Real	Colônia do Algoritmo ABC	Observação
Fontes de Alimento	SOLUÇÕES VIÁVEIS	Soluções no espaço de soluções do problema combinatório
Néctar da Fonte de Alimento	QUALIDADE da SOLUÇÃO Será o valor de uma Função de Aptidão	Critério de otimização (função objetivo)
Abelha Operária	PROCESSO da Abelha Operária . Registra informações de uma solução . Determina valor da Aptidão dessa solução . Busca novas soluções na vizinhança de sua solução . Compartilha as informações com Abelhas Observadoras	Processo de Busca diversificada de soluções no espaço de soluções
Abelha Observadora	PROCESSO da Abelha Observadora . Seleciona soluções a explorar . Usa método da roleta para seleção . Explora vizinhança da solução selecionada	Processo de Intensificação da busca de soluções na vizinhança das melhores soluções
Abelha Exploradora	PROCESSO da Abelha Exploradora . Verifica-se se uma Abelha Operária atingiu o limite admitido de iterações, sem melhoria . Em caso positivo, abandona-se essa solução . Gera-se aleatoriamente uma nova solução	Processo de maior Diversificação da busca de soluções no espaço de soluções

Os parâmetros de controle do ABC, são apresentados no quadro 6.12.

Quadro 6.12. Parâmetros de Controle do ABC

Parâmetro	Valor Usual
Tamanho do Enxame	CS, proporcional á dimensão do problema
Número de Abelhas Operárias	CS/2
Número de Abelhas Observadoras	CS/2
Número de Abelhas Batedoras ou Exploradoras	Usual é uma Abelha Exploradora *Para cada solução abandonada, é gerada uma solução aleatória*
Número máximo admissível de Iterações sem melhoria numa Solução (Limite)	Limite = CS x No. de Dimensões do Problema/2

Um Processo Básico do ABC e um pseudocódigo são apresentados nos quadros 6.13a e 6.13b.

Quadro 6.13a - Processo Básico ABC

```
Procedimento: ABC
  Inicializa População
    1. Gere aleatoriamente um conjunto de soluções como fontes iniciais de alimento
  Enquanto não atende condições de Fim →
          4. Posicione Abelhas Operárias nas suas Fontes de Alimento
             Determine as Quantidades de Alimento (avalie a performance) de cada Fonte de Alimento
          Posicione Abelhas Observadoras nas suas Fontes de Alimento dependendo das quantidades existentes
          Interrompa o processo de exploração das fontes exauridas pelas abelhas
          Envie as Abelhas Exploradoras para a área de busca para encontrar novas fontes de alimento, aleatoriamente
          Registre a melhor fonte de alimento encontrada até este momento
  Fim Enquanto
Fim ABC
```

Quadro 6.13b - Pseudocódigo – ABC

```
Procedimento: ABC
Inicializa População e Parâmetros
    . Gere aleatoriamente um conjunto de soluções como Fontes Iniciais de Alimento sᵢ, i = 1, 2..., S
    . Atribua a cada Abelha Operária uma Fonte de Alimento sᵢ; i = 1, 2..., S
    . Calcule o Desempenho f(sᵢ) das Fontes de Alimento sᵢ; i = 1, 2..., S
    . Defina:
            It = 0 (No. total de Iterações); It_max = IT_MAX (No. Máximo de Iterações);
            I₁ = I₂ = .... = I_S = 0 (Iᵢ = No. de Iterações sem melhoria da Solução i; i = 1, 2..., S);
            I_max = L_MAX [Máximo Admitido de Iterações sem Melhoria da Fonte i; i=1, 2..., S]
Enquanto não atende condições de Fim →
    Fase 1: Abelhas Operárias
        1. Para cada Fonte de Alimento sᵢ
            i. Operador de Busca Local: Aplique um algoritmo de busca na Vizinhança de sᵢ → sv
            ii. Se f (sᵥ) > f(sᵢ):       então: troque sᵢ por sᵥ e faça Iᵢ = 0;
                                       em caso contrário: Iᵢ = Iᵢ + 1
    Fase 2: Abelhas Observadoras
        2. Faça Vᵢ = ∅ ; i = 1,.2..., S; sendo Vᵢ = {soluções vizinhas de sᵢ; i = 1,.2..., S}
        3. Para cada Abelha Observadora:
            i. Selecione uma Fonte de Alimento sᵢ [use método de Seleção da Roleta, baseado em Aptidão]
            ii. Operador de Busca Local: Aplique algoritmo de busca na vizinhança de sᵢ → sv
            iii. Vᵢ = Vᵢ ∪ {sv}
        4. Para cada Fonte de Alimento sᵢ e Vᵢ ≠ ∅
            i) Defina svᵢmax × arg max{f(s)}; s×Vᵢ
            ii) Se f(sᵢ) < f(sᵥmax),    então: troque sᵢ por sᵥmax e faça Iᵢ = 0
                                       em caso contrário: Iᵢ = Iᵢ + 1
    Fase 3: Abelhas Batedoras ou Exploradoras
        5. Para cada Fonte de Alimento sᵢ
            . Se Iᵢ = I_max_i, então: troque sᵢ por uma solução gerada aleatoriamente
        6. It = It + 1 (incrementa No. de Iterações)
Se It = It_max: Fim Enquanto
```
Fonte: Adaptado de "An artificial bee colony algorithm for the capacitated vehicle routing problem. W.Y. Szeto, Yongzhong Wu, Sin C. Ho. European Journal of Operational Research, 215 (2011) 126–135".

6.3.4.4 Otimização por Enxame de Partículas [PSO – Particle Swarm Optimization]

Conceitos Básicos

PSO é um dos algoritmos baseados em Inteligência de Enxames (*Swarm Intelligence*)

Desenvolvido por Kennedy e Eberhart (1995)

Inspira-se no comportamento social de bandos de pássaros e cardumes de peixes

O algoritmo começou como uma simulação de um ambiente social simplificado

Os agentes eram vistos como pássaros à prova de colisão, e a intenção original era simular graficamente a coreografia graciosa, mas imprevisível, de um bando de pássaros (Kennedy e Eberhart,1995)

O algoritmo trabalha com um enxame de partículas (uma população) representando soluções candidatas do problema a ser resolvido

O algoritmo PSO original trabalha com a ideia dessas partículas se movendo em um espaço de busca multidimensional. A direção das partículas é controlada pela sua "velocidade"

Nessa versão canônica do PSO, cada partícula é movida por duas forças elásticas:

> uma atraindo-a com magnitude aleatória para a localização mais adequado até agora, encontrada pela partícula (na sua vizinhança ou ótimo local);

> outra atraindo-a com magnitude aleatória para a melhor localização encontrada por qualquer uma das partículas, suas vizinhas sociais no enxame (ótimo global)

A determinação da velocidade tem assim, duas componentes:

- uma na direção do melhor valor global do enxame de partículas e
- outra para o melhor valor encontrado na vizinhança da partícula

(Kennedy e Eberhart, 1995; Poli, 2008)

O comportamento e a convergência do algoritmo são controlados por 3 parâmetros:

- o tamanho da população de partículas
- parâmetros C_1, C_2 que controlam as acelerações das partículas

  C_1 *controla a aceleração da partícula em direção à melhor localização global*

  C_2 *controla a aceleração da partícula em direção ao melhor vizinho*

Conceitos

As gerações de soluções (*as populações*) são associadas a um tempo t.

A cada tempo t (geração), todas as partículas mudam suas velocidades $v_i^{(t)}$ em direção às suas melhores localizações, locais e globais, conforme as fórmulas abaixo:

$$v_i^{(t+1)} = v_i^{(t)} + \left[C_1 \cdot u_1 \cdot \left(g^{(t)} - x_i^{(t)}\right)\right] + \left[C_2 \cdot u_2 \cdot \left(p_i^{(t)} - x_i^{(t)}\right)\right],$$

$$x_i^{(t+1)} = x_i^{(t)} + v_i^{(t)},$$

onde:

$v_i^{(t)}$ = velocidade da partícula

$x_i^{(t)}$ = solução candidata

$p_i^{(t)}$ = melhor localização (solução) na vizinhança da partícula (ótimo local)

$g^{(t)}$ = melhor localização (solução) global do enxame (ótimo global)

C_1 = aceleração (peso) pelo componente social *(default >> $C_1 = 2$)*

C_2 = aceleração (peso) pelo componente cognitivo *(default >> $C_2 = 2$)*

u_1 e u_2 = números aleatórios gerados por uma distribuição uniforme no intervalo $[0, 1]$

Análise da mudança de Velocidade

Note pelas equações que o movimento da partícula é uma combinação de efeitos:

- Recebe um primeiro impacto da *Distância (diferença):* (Ótimo Global − Solução Atual)

  mas, esta Diferença é impactada por dois Fatores:

    - *Fator 1 Aleatório*
    - *Fator 1 de Aceleração da Partícula (confere um peso a esta Distância)*

- Recebe um segundo impacto da *Distância (diferença):* (Ótimo Local − Solução Atual)

  mas, esta Diferença também é impactada por dois Fatores:

    - *Fator 2 Aleatório*
    - *Fator 2 de Aceleração da Partícula (confere um peso a esta Distância)*

Um pseudocódigo do PSO é apresentado no quadro 6.14.

Quadro 6.14. Pseudocódigo – PSO

```
Procedimento: PSO
    t ← 0;
    P⁽ᵗ⁾ ← Inicializa                          >>> Inicializa População
    Enquanto não atende condições de Fim →
        Para todo xᵢ⁽ᵗ⁾ ∈ P⁽ᵗ⁾ →
            fi(t) = Avalia (xi(t) );           >>> Avaliação de Candidato
            Se fᵢ⁽ᵗ⁾ ≤ f_best_i ⁽ᵗ⁾ então:
                pᵢ⁽ᵗ⁾ = xᵢ⁽ᵗ⁾
                f_best_i ⁽ᵗ⁾ = fᵢ⁽ᵗ⁾
            Fim Se                             >>> Preserva Melhor Solução Global
            xi(t) = Move(xi(t));               >>> Move Candidato conforme Equação
        Fim Laço
        t = t + 1
    Fim Enquanto
Fim Procedimento: PSO
```

Considerações Gerais sobre o PSO

O PSO se distingue dos algoritmos evolucionários clássicos em alguns pontos:

- não tem seleção de sobreviventes;

- não possui operador de cruzamento (*crossover*);

- o operador de mutação é substituído pelo operador de movimento alterando cada elemento da partícula $x_i^{(t)}$ com a probabilidade de mutação $p_m = 1,0$;

- não possui operador de seleção.

A seleção é implementada no PSO de forma implícita, ou seja, melhorando permanentemente a melhor solução local.

No entanto, quando essa melhoria não é mais possível, o algoritmo fica preso no ótimo local.

6.3.5 Atividades Meta-heurísticas

6.3.5.1 Atividades Conceituais

QUESTÕES BÁSICAS FUNDAMENTAIS

1. Em termos de processos de busca da solução ótima de um problema combinatório, em que os métodos heurísticos se diferenciam de métodos exatos?

2. Quais as principais características de uma heurística?

3. Qual a diferença entre heurísticas e meta-heurísticas?

4. Meta-heurísticas partem de uma solução inicial? Em uma frase, o que as meta-heurísticas fazem a partir da primeira solução encontrada, para atingir a solução "ótima"?

5. O que diferencia meta-heurísticas de trajetória daquelas baseadas em população?

6. Como se poderia caracterizar o espaço de soluções de um problema combinatório? Quantas dimensões tem esse espaço?

7. Qual a diferença entre ótimo local e ótimo global?

8. Quais as duas principais estratégias que as meta-heurísticas utilizam para escapar de ótimos locais?

9. Definir Vizinhança e Rearranjo ou Perturbação de uma dada solução de um problema combinatório.

10. Faça uma analogia do *SA – Simulated Annealing*, com o processo térmico "imitado" pelo SA

11. Por que o termo *Annealing*, no SA?

12. Explique o Critério de "Metrópolis" e o seu papel no SA.

13. O *Tabu Search – TS*, utiliza o conceito de memória de curto prazo. Explique como esse conceito é utilizado no TS, e qual a sua função no TS.

14. O Algoritmo Genético (*Genetic Algorithm – GA*) faz uso do operador de cruzamento ou de recombinação (*crossover*). Qual é o papel desse operador e o que resulta de sua aplicação?

15. Em uma colônia de formigas real, ao longo do trajeto *fonte de alimento – ninho*, as formigas depositam no solo um rastro de feromônio (um hormônio). Como este comportamento é simulado na meta-heurística de Otimização por Colônia de Formigas (*Ant Colony Optimization – ACO*), e qual é o seu papel na estratégia da meta-heurística?

6.3.5.2 Atividades de Modelagem – Aplicações de Meta-heurísticas

As atividades a seguir contemplam algumas aplicações fundamentais de Otimização Combinatória, baseada em meta-heurísticas.

Problema 1: Aplicação em Portfólio de Investimentos

Suponha que um investidor tem 6 opções de investimentos e deseja maximizar sua rentabilidade, a partir de um capital de $300.000,00. Conhece-se as taxas médias de rentabilidade dos investimentos e seus níveis de risco, conforme a tabela 6.5:

Tabela 6.5. Opções de Investimento

Título	Retorno Médio (% a. a.)	Prazo	Nível de Risco
1	7%	2	Baixo
2	9%	5	Médio
3	10%	2	Alto
4	8%	6	Baixo
5	11%	3	Alto
6	15%	2	Alto

O investidor deseja seguir as diretrizes abaixo:

- *nenhum investimento pode ter mais de 30% do capital total investido;*

- *no mínimo 50% do capital investido deve ser aplicado em títulos de longo prazo (acima de 4 anos).*

Considerando-se que este problema será resolvido por uma meta-heurística, responda aos itens a seguir:

a) Defina uma função para medir o desempenho das soluções propostas pela meta-heurística (função objetivo);

b) Monte um Modelo de Dados para representar uma solução do problema;

c) Como o algoritmo poderia tratar (representar e garantir) as diretrizes do investidor e as condições implícitas no problema?

Problema 2: **Problema da Mochila** *(Knapsack Problem)*

O problema da mochila é um problema clássico, como muitas possibilidades de aplicação prática, em que se precisa empacotar um conjunto de itens, com valores e dimensões conhecidos (como pesos, por exemplo), em um contêiner com uma dada capacidade. Se o volume total dos itens exceder a capacidade, não se pode embalar todos. Nesse caso, o problema é escolher um subconjunto dos itens de valor total máximo que caberá no contêiner.

Considerando-se que este problema será resolvido por uma meta-heurística, responda aos itens abaixo:

a) Monte um Modelo de Dados para representar uma solução do problema;

b) Defina 2 tipos de Rearranjo que a meta-heurística poderia utilizar para buscar novas soluções para o problema.

Problema 3: **Problema de Agrupamento de Dados (*clustering*)**

Este é um problema clássico, em que se deve criar 4 agrupamentos de exemplares de uma base de dados com 20 exemplares.

Considerando-se que se optou por resolver o problema por meio de um Algoritmo Genético, responda aos itens abaixo?

a) Mostre como seria a representação de uma solução (um cromossomo) deste problema de clusterização;

b) Simule 2 Indivíduos e gere um cruzamento (*crossover*) desses dois indivíduos;

c) Simule uma mutação em um indivíduo.

Problema 4: Problema do Caixeiro Viajante – PCV (*Travelling Salesman Problem – TSP*)

Este é um problema clássico com aplicações em várias áreas do conhecimento. No PCV deve-se determinar o roteiro de mínima distância que passa por todos os Nós de uma Rede, uma única vez, e retorna ao Nó inicial.

Considerando-se que se tem um problema com 20 nós, e que seria resolvido por *Tabu Search*, responda aos itens abaixo:

a) Defina um modelo de dados para representar a solução do PCV;

b) Sugira as informações de cada solução que seriam armazenadas na Lista Tabu;

c) Sugira uma alternativa de tamanho para a lista tabu. Justifique a escolha;

d) Simule uma lista de tamanho variável e defina a faixa de variação dessa lista, o período de troca do tamanho da lista, e o mecanismo utilizado para definição do novo tamanho de lista a cada troca.

Referências

Boussaïd, I.; Lepagnot, J.; Siarry, P. (2013). A survey on optimization metaheuristics. Information Sciences 237, pp. 82–117

Colorni, A.; Dorigo, M., Maniezzo, V. (1991). Distributed Optimization by Ant Colonies. Proceedings of ECAL-91 – European Conference on Artificial Life, Paris, France, F. Varela and P. Bourgine (Eds.), Elsevier Publishing, 1991, pp. 134-142

Deneubourg, J. L.; Aron, S.; Goss, S.; Pasteels, J. (1990). The Self-Organizing Exploratory Pattern of the Argentine Ant. Journal of Insect Behavior. Springer Nature. 3(2):159, March 1990. DOI: 10.1007/BF01417909

Dorigo, M.; Maniezzo, V.; Colorni, A. (1991) The ant system: an autocatalytic optimization process. Technical Report 91-016, Department of Electronics. Politecnico di Milano, Milan, Italy

Dorigo, M., Maniezzo, V. ; Colorni, A. (1996). The ant system: optimization by a colony of cooperating agents. IEEE Transactions on Systems, Man, and Cybernetics – Part B26 (1996)29–41.

Feo, T. A. e Resende, M. G. C. (1995). Greedy Randomized Adaptive Search Procedures. Journal of Global Optimization, 6:109-133, 1995.

Gendreau, M.; Potvin, J. Y. – Editors (2002). Handbook of Metaheuristics. Second Edition. Springer Science and Business Media. International Series in Operations Research & Management Science. Volume 146.

Glover, F.; 1986. Future paths for integer programming and links to artificial intelligence. Computers and Operations Research, 13, 533-549

Goldberg, D (1989). Genetic Algorithms in Search, Optimization and Machine Learning Reading, MA, Addison-Wesley.

Holland, J. H. (1975). Adaptation in Natural and Artificial Systems. University of Michigan Press, Ann Arbor.

Karaboga, D. (2005). An Idea Based on Honey Bee Swarm for Numerical Optimization. Technical Report TR06, Erciyes University, 2005

Karaboga, D.; Akay, B. (2009). A survey: algorithms simulating bee swarm intelligence. Artificial Intelligence Review 31 (2009) 61–85

Kennedy, J.; Eberhart, R. (1995). Particle swarm optimization. Proceedings of ICNN'95 International Conference on Neural Networks, 1995, pp. 1942-1948 vol.4. doi: 10.1109/ICNN.1995.488968. Date of Conference: 27 Nov.-1 Dec. 1995

Peres F., Castelli M. (2021). Combinatorial Optimization Problems and Metaheuristics: Review, Challenges, Design, and Development. Applied Sciences. 2021; 11(14):6449. https://doi.org/10.3390/app11146449

Poli, R. (2008). Analysis of the Publications on the Applications of Particle Swarm Optimisation. Journal of Artificial Evolution and Applications. Hindawi Publishing Corporation. Volume 2008,Article ID 685175. https://doi.org/10.1155/2008/685175

Resende, M. G. C. e Ribeiro, C. C. (2002). Greedy Randomized Adaptive Search Procedures. AT&T Labs Research Technical Report TD-53RSJY, version 2.

Sörensen, K. (2015). Metaheuristics-the Metaphor Exposed. Int. Trans. Oper. Res. 2015, 22, 3–18

Szeto, W. Y. (2011). "An artificial bee colony algorithm for the capacitated vehicle routing problem". European Journal of Operational Research, 215 (2011) 126–135".

7

Governança de Dados

Dirceu Matheus Júnior
Guilherme Augusto Lopes Ferreira

7.1 Introdução

Governança de dados é um dos mais crescentes assuntos da era da Transformação Digital. Embora o tema não seja recente, as organizações não imaginavam que passariam a extrair tanto valor dos seus dados, principalmente após ao advento dos conceitos relacionados ao Big Data, quando as organizações adquiriram capacidade exponencial de ingestão, manipulação e processamento de enormes quantidades de dados, gerando valor a partir de dados até então não utilizados, como por exemplo dados não estruturados em áudios, vídeos, documentos, etc.

Essa mudança radical de paradigmas tecnológicos, culturais e de negócios proporcionou grandes revoluções na indústria, com uma grande onda de transformação digital nos mais diversos segmentos de negócios. Nos aspectos relacionados ao Big Data, as organizações se viram de um dia para o outro, lidando com volumes de dados completamente inéditos, trabalhando com fluxos de dados em altíssimas velocidades e com uma enorme variedade de tipos de dados. As práticas de administração de dados estabelecidas até então definiam critérios, ferramentas e técnicas cabíveis apenas para os dados altamente estruturados gerados pela própria organização em seus sistemas transacionais, o que levou diversas organizações a cometerem falhas nas mais variadas dimensões como: vazamento de dados pessoais, falta de acurácia e qualidade dos dados, estabelecimento de plataformas de Big Data ineficazes, desorganização generalizada de dados, etc.

Esse cenário como um todo vem estimulando o mercado de forma abrangente a refletir sobre como aprimorar as práticas de Governança e Administração de dados, para que sejam alcançados níveis adequados às novas demandas de negócios, cada vez mais centrados em dados, as evoluções das plataformas de Big Data e ao crescente acervo de dados presente nas organizações.

Qualquer esforço de governança empregado nas organizações deriva de alguma forma da Governança Corporativa. SHLEIFER e VISHNY (1997, P.737) definem governança corporativa como o "conjunto de mecanismos pelos quais os fornecedores de recursos garantem que obterão para si o retorno sobre seu investimento". Desta forma empresas com altos padrões de governança possuem consequentemente maior valor no mercado.

Todas as empresas governam dados de alguma forma. As que possuem técnicas eficazes na realização deste processo experimentam o máximo dos recursos oferecidos pelos dados, enquanto as que governam forma orgânica, frequentemente encontram seus objetivos de negócio sendo prejudicados por projetos e iniciativas que podem não gerarem valores positivos, ou até mesmo, gerar valor negativo por diversos fatores, incluindo vazamentos de dados, problemas de imagem, processos analíticos ineficazes, gerar desinformação, etc.

A Governança de Dados efetiva contribui para que uma organização possa que um ambiente de Big Data tenha capacidade de reconhecer os dados que possui, onde estão armazenados, além de organizar a democratização desses ativos de forma estruturada e responsável permitindo e acelerando o fluxo de analytics, desde os processos de visualização de dados, até processos avançados de ciência de dados e *machine learning*. Em linhas gerais, fazendo um paralelo com as definições de SHLEIFER e VISHNY (1997) a Governança de dados pode ser definida como um conjunto de políticas e processos que visam garantir a otimização na geração de valor por meio de iniciativas relacionadas com Dados e Analytics, contribuindo assim para o tão almejado crescimento exponencial das organizações.

Um dos mais conhecidos *frameworks* para governança de dados disponível no mercado está representado no DMBoK (*Data Management Book of Knowledge*) compilado e publicado pelo DAMA (*Data Management Association*) apresenta os conceitos de governança divididos em 10 funções de Gestão de Dados (DAMA, 2017), conforme apresentado na figura 7.1. Esse capítulo abordará de forma conceitual e prática a Governança de Dados com base nos pilares de Alinhamento Estratégico, Evolução Arquitetural e Risco, Segurança Privacidade e Compliance.

Figura 7.1: Funções de Gestão de Dados
Fonte: DAMA-DMBOK, DAMA International, 2017

Em linhas gerais, as iniciativas de Governança de Dados objetivam criar políticas e processos que servirão como guias para as diversas atividades de Gestão de Dados em uma organização. Nas seções a seguir serão explorados arquétipos que podem direcionar como os times de governança e gestão de dados podem se estabelecer em uma organização.

7.2 Pilares Fundamentais da Governança de Dados

7.2.1 Alinhamento estratégico

7.2.1.1 Conceitos

Alinhamento estratégico representa a necessidade de garantir que os investimentos realizados nas iniciativas e projetos de dados de alguma forma gerem valor para a organização. Valor geralmente está relacionado com aumento de receita, diminuição de custos com consequente aumento de lucros, ou até mesmo valores que podem ser considerados indiretos, como melhoria de imagem organizacional, satisfação dos colaboradores, fornecedores, clientes, etc.

Transformar estratégias do negócio em estratégias de Dados significa inserir Dados ao contexto do negócio, ou seja, compartilhar os problemas, as buscas de novos mercados, desenvolvimento de novos produtos, emprego de diversas estratégias de negócios, etc. o que acaba tornando os projetos de dados mais complexos, pois assumindo uma posição estratégica, é fundamental que a equipe de Dados, principalmente os tomadores de decisões conheçam profundamente o negócio.

Assim como muitas vezes é difícil para os líderes do negócio entender as particularidades do mundo dos dados existem casos onde os líderes de Dados que não entendem ou não se interessam pelas questões e particularidades de negócio.

É comum considerar que apenas as grandes iniciativas de dados como a adoção de ferramentas inovadoras, incluindo implementações de Data Lake em Cloud, ou ferramentas de self-service Analytics como Tableau e Power BI, trarão alinhamento estratégico de dados, no entanto, ações muito menores e fáceis de serem implantadas aumentam a participação e o valor de dados nos negócios.

O alinhamento estratégico é um processo que pode variar para cada organização pois cada uma tem suas características, um porte específico, uma disposição para investimentos única, políticas, comportamentos, culturas, etc. que as tornam diferentes umas das outras.

Em um cenário de transformação digital acelerada, os dados estão cada vez mais no centro das estratégias de negócios, aumentando a dependência de negócios com dados e suas tecnologias.

O DAMA relaciona os fatores ambientais com Processos, Pessoas e Tecnologias envolvidas nas iniciativas de dados que podem contribuir para o atingimento dos objetivos organizacionais, com base em princípios chaves da organização e suas respectivas iniciativas.

Figura 7.2 – Hexágono de Fatores ambientais do DAMA
Fonte: DAMA-DMBOK, DAMA International, 2017

7.2.1.2 Estruturas Organizacional

A estrutura organizacional de dados e *analytics* nas corporações é um fator determinante para o alinhamento estratégico. Durante muitos anos as áreas de dados eram parte das áreas de TI (até hoje muitas continuam operando dessa forma). Atualmente muitas áreas de dados operam como pares das áreas de TI, mas como dito anteriormente, cada organização opera e delibera de forma bastante única, o que reflete diretamente na organização das iniciativas de dados.

A escolha dos arquétipos para estruturas organizacionais é fundamental para a efetividade do alinhamento estratégico.

Listamos aqui os principais arquétipos utilizados nas organizações de Dados:

- **Centralizado em Dados**: Os especialistas em Dados tomam todas as decisões relacionadas a Dados. Geralmente nesse arquétipo todo o trabalho relacionado com Dados e Analytics é realizado por uma área central na organização e atendem os negócios e demais áreas da organização como clientes. Neste caso as atividades de Governança e Gestão de dados acontecem dentro de uma mesma estrutura organizacional;

- **Feudal**: Cada unidade de negócio toma decisões de forma independentes, sem qualquer área ou unidade centralizada para definições *enterprise-wide*, Governança e Gestão de dados acontecem de forma independente por cada unidade de negócio;

- **Federado**: Combinação entre o Feudal e Centrado em Dados. Nesse arquétipo um time centralizado de Dados e Analytics é responsável pelas principais atividades de Governança, que englobam criar políticas, processos e até mesmo alguns poucos controles centralizados que regem como as demais áreas poderão gerir e administrar seus dados, com uma forte participação dos executivos de dados nas definições que permeiam toda a organização.

- **Anárquico**: Tomada de decisões individuais ou por pequenos grupos de modo isolado, não orquestrado.

No mundo de dados as atividades de Engenharia de Dados, que envolvem todo o trabalho de coleta, ingestão, transformação de dados (Data Lake/Mesh em geral) e as atividades de Análise de Dados, como geração de relatórios e dashboards, análise estatística, Machine Learning, etc., podem operar em arquétipos distintos. Por exemplo, a Engenharia de Dados pode operar em um modelo centralizado, enquanto a Análise de Dados pode operar no modelo federado. Cada organização precisa escolher a melhor combinação dos arquétipos de acordo com suas características, veremos a seguir como as evoluções das plataformas de dados vêm estimulando mudanças de paradigmas de governança.

7.2.2 Evolução Arquitetural de Dados e Soluções

7.2.2.1 Evolução na plataforma de Dados

É papel fundamental da Governança de Dados garantir que as plataformas de dados evoluam de acordo com o mercado e novas tecnologias, assim como com as próprias demandas e necessidades do negócio.

Entende-se por plataformas de dados o constructo de tecnologias como Data Warehouses, Data Lakes, Data Meshes, Ambientes de Treino e Deploy de Modelos Analíticos, entre outros, que operam a coleta, armazenamento, processamento/transformação, análise de dados, etc. com foco na visão centralizada de dados de uma organização, bem como compartilhamento e democratização de dados de acordo com políticas e processos de autenticação e autorização.

As plataformas de Dados vêm evoluindo constantemente nos últimos anos de acordo com as novas tecnologias e também pela centralidade em dados tão almejada pelas organizações. A Governança de Dados vem se adaptando, muitas vezes com velocidades díspares com os dois movimentos citados acima.

Vivemos uma enorme mudança de paradigma quando evoluímos dos ambientes de Data Warehouses para os Data Lakes, onde adquirimos habilidades de manipular praticamente qualquer tipo de dados. Nesse momento a grande mudança de paradigma de Governança foi deixar de administrar dados apenas com uma visão relacional, com dados estruturados, armazenados em tabelas de bancos de dados com linhas e colunas para uma visão de dados também não estruturados, como áudios, vídeos, documentos, etc. nesse momento a veracidade da informação passou a ser um grande desafio, pois garantir exatidão de tabelas com campos pré determinados, com restrições validáveis é completamente diferente de manipular e analisar vídeos do circuito interno de câmeras, onde por exemplo um pássaro pode bloquear completamente a imagem que se esperava receber, ou a lente da câmera pode estar suja e a imagem ser captada distorcida. Nesse momento novas práticas de governança de dados surgiram, como por exemplo tratar e documentar dados como objetos, que por sua vez possuem metadados específicos que podem contribuir para o melhor entendimento do que se pode encontrar naqueles dados, assim como a evolução das práticas de Inteligência Artificial, sobretudo de Aprendizagem Profunda (Deep Learning) puderam contribuir para permitir o processamento e entendimento desse tipo de dados.

Recentemente uma nova abordagem para plataformas de dados, conhecida como Data Mesh, surgiu mudando paradigmas de como uma plataforma de dados pode operar de forma distribuída em uma organização. Até então os Data Warehouses e Data Lakes possuíam em comum serem uma plataforma única e centralizada para toda uma organização, já o Data Mesh consiste em permitir que diversas áreas de uma empresa possuam suas respectivas plataformas de dados conectadas logicamente por um catálogo de metadados técnicos.

Essas mudanças de paradigmas arquiteturais fizeram com que o arquétipo de governança para engenharia de dados mais utilizado, a Governança Centralizada, se mostrasse ineficiente em um ambiente distribuído como o Data Mesh se apresenta, assim fez-se necessária a criação de políticas e processos de Governança de Dados Federada, o que representa uma mudança considerável de paradigma para grande maior parte das organizações.

Até então, geralmente as organizações possuíam áreas centralizadas responsáveis por garantir a segurança e a integridade dos dados, em uma abordagem de Data Mesh, onde a Governança Federada concede às áreas de negócios e tecnologia autonomia na gestão de diversas práticas de dados, a responsabilidade por garantir segurança e integridade de dados é da área dona desses dados, enquanto uma área central de dados é responsável apenas por proporcionar um ambiente onde se possa garantir esses atributos dos dados.

Dividir o trabalho de governar dados entre diversas áreas de uma organização certamente permite acelerar a coleta, processamento e uso dos dados, o que é fundamental para os processos de transformação das organizações, que buscam centralidade em dados.

É papel central da Governança de Dados acompanhar constantemente as evoluções das tecnologias e plataformas de dados com o objetivo de na mesma velocidade alterar as políticas e processos de gerenciamento de dados. Um Data Mesh com uma rígida governança centralizada certamente não gerará mais valor do que um Data Lake único em uma organização.

Além de evoluir junto com as tecnologias de dados, a Governança tem o papel fundamental de garantir que os recursos necessários sejam disponibilizados para que seja possível desenvolver e implantar evoluções técnicas nos ambientes de dados, garantindo também aos times autonomia e liberdade para experimentação e rápida evolução das plataformas.

7.2.2.2 Qualidade de Dados

Na qualidade de dados, é importante destacar quais elementos são considerados na medição de qualidade de dados. Fatores como completude, integridade, precisão, cobertura, integração e metadados podem fazer parte dessa dimensão e classificação de Qualidade de Dados e elas mapeiam o tipo de problema que pode estar afetando a empresa. A avaliação inicial de qualidade dos dados críticos, pode ser usado como um destaque e referência para demais avaliações, uma avaliação básica, podendo ser usada como referência de resultados que podem ser aplicados em processos de correções, ajustes e busca de possíveis causas.

O plano de Qualidade de Dados, sugere-se que seja sintético e definido pelas áreas envolvidas e conterá pontos básicos: Why_(objetivos claros a se atingir), When_(periodicidade das avaliações de Qualidade de Dados), How_(procedimentos de Qualidade de Dados), What_(dados envolvidos, regras aplicadas e plataformas usadas), Who_(stakeholders e áreas envolvida), além de passos de identificação de possíveis causas, suas correções e comunicação. As regras poderão ser baseadas no princípio de MVC- Minimum Viable Control,_ou seja, um controle viável, sem ser impeditivo ou burocrático, porém aplicável e acompanhado. A realização de avaliações de Qualidade de Dados periódicas é importante para identificar possíveis causas raiz dos problemas, destacando onde e como eles nascem.

Os Planos de melhoria deverão ser definidos em conjunto com as áreas de negócios, Governança de Dados e TI, buscando a identificação e correção das causas raízes dos problemas

Analise cuidadosamente os itens de Qualidade de Dados e defina aqueles que você entende que podem ser os mais importantes para a sua concepção de Qualidade dos dados. Selecione e monte a sua planilha de avaliação. Lembre-se que a Governança de dados estabelece a supervisão sobre essa gerência específica (Qualidade de Dados) e verifica o cumprimento dos pontos fundamentais. Faça uma varredura em todos os campos de todas as linhas da(s) tabela(s) alvo_(Cliente, por exemplo) e procure por possíveis inconsistências nos valores, identificando campos brancos, outros com erros de CEP, endereços incompletos, valores acima de patamares definidos por regras de negócios estabelecidas etc. Além disso, para campos numéricos pode-se analisar a fisionomia estatística dos dados, como média, moda, mediana, valores mais altos, mais baixos etc. Também estabelece avaliações de integridade de referência entre as linhas daquela com as de outras tabelas. A limpeza corrige os dados que estejam com erros ou fora dos padrões. A análise pode atuar como uma espécie de "catador" de pedaços dos dados (token), ajustando o conteúdo ou criando novos, procurando afinidades e equivalências.

Segundo FERNANDES (2019), com tanta tecnologia e energia gerada pelo uso dos dados se as áreas de infraestrutura atrasam suas expansões, as áreas de negócio descuidam da qualidade dos dados, os prazos são alarmantes para o desenvolvimento e entrega dos projetos ou áreas de arquiteturas de dados não tem força para mudar as topologias de serviços de dados ultrapassados, enquanto seu concorrente implanta arquitetura com microsserviços, ganhando sinergia na conectividade entre os ambientes de dados, sistemas, processos e o próprio cliente? Uma possível solução para essa situação é dar mais autonomia às áreas e funcionários envolvidos nos projetos, é possível obter padronização conforme a característica das empresas, com total liderança da alta administração.

7.2.2.3 Gestão de Metadados

Podemos definir metadados como qualquer dado utilizado para descrever algum agrupamento de dados, geralmente com o objetivo de contribuir para a busca, entendimento ou facilitar seu manuseio de alguma forma. O uso de metadados geralmente acontece nas seguintes dimensões:

- **Metadados Técnicos:** São os metadados que descrevem como os dados estão estruturados em seu ambiente técnico e possuem uma contribuição valiosa para o processo de desenho de uma estrutura de banco de dados por ex. Em seu conteúdo geralmente encontram-se descrições dos campos, incluindo tipagem de dados, nome de tabelas e banco de dados, índices utilizados para facilitar a consulta de dados, particionamento, etc. A Representação de um metadado técnico deve ser entendível e útil para um profissional técnico que vai manipular esse conjunto de dados, ou até mesmo realizar parametrizações no ambiente de banco de dados.

- **Metadados de Negócios:** São aqueles utilizados para descrever a perspectiva de negócios sobre um dado, como por exemplo saber que um campo denominado COD_BLK_1 representa o motivo para o bloqueio de uma operação de crédito em primeira instância pode ser muito relevante no processo decisório de uma área de negócios ao se analisar esse conjunto de dados. A Linguagem aqui utilizada deve ser o idioma de negócios, onde na maioria das vezes os jargões técnicos são irrelevantes, ou podem até mesmo induzir um profissional de negócios ao engano, mas certamente um contador entenderá definições de cálculos de tributos aplicado em um valor se um outro contador fizer uma boa descrição com a visão técnica de contabilidade.

- **Metadados Operacionais:** O Ciclo de vida de um dado é uma jornada repleta de manipulações, processamentos, transformações, integrações entre ambientes, etc. Acompanhar o ciclo de vida dos dados com a geração de metadados técnicos certamente facilita tanto a vida de profissionais técnicos que poderão saber que uma rotina de transformação de dados não aconteceu e um processamento manual precisará acontecer, quanto da vida de um usuário de negócios que ao perceber que um conjunto de dados não é atualizado há 5 dias ele precisará procurar outra forma temporária para realização dos seus processos analíticos.

Com as definições realizadas acima, podemos perceber que os metadados possuem um papel fundamental para a administração dos dados, mas podemos imaginar também que gerar, manter e evoluir metadados não é uma tarefa fácil. Por isso a Governança de Dados tem um papel fundamental na definição de processos claros e factíveis para que os metadados sejam gerados tanto nos ambientes transacionais quanto nos ambientes informacionais. Geralmente um time de desenvolvimento de uma aplicação para um produto digital está muito mais focada em acelerar a entrega de funcionalidades em seu app do que realizar descrições, de qualquer natureza. Uma estratégia de metadados inclui iniciativas de aculturamento tanto dos times técnicos quanto de negócios nas atividades de produção de metadados.

Muitos metadados podem ser gerados de forma automatizada, como por exemplo, pode-se determinar a periodicidade de carga de um dataset no ambiente informacional a partir da média das últimas cargas realizadas com sucesso.

A Governança de Dados deverá definir qual é o melhor arquétipo para a gestão de metadados. Por ex. Uma gestão centralizada de metadados pode implicar na validação por um time central para qualquer publicação de metadados, enquanto uma gestão federada permitirá que diversos times tenham condições de produzir e gerenciar seus metadados a partir de um conjunto de regras definido por um time centralizado.

Como as organizações estão cada vez mais aumentando suas iniciativas relacionadas a dados e os metadados são ferramentas imprescindíveis para uma melhor administração de dados, um time centralizado para gerenciar e validar qualquer publicação de metadados certamente representará um enorme gargalo. Atualmente muitas organizações estão apostando na federação do processo de metadados, incluindo formas de monitoramento e controle do que é produzidos por diversos times e um pequeno time centralizado além de produzir regras e processos, pode atuar de forma colaborativa na definição de metadados mais cruciais e estratégicos, garantindo que o conjunto de metadados de tenha condições de atuar como uma espécie de glossário.

Um Glossário pode ser representado por 3 principais formas:

- **Folksonomia:** é um glossário formado pelos seus usuários, que utilizam *Tags*, ou até mesmo *Hashtags* para descrever dados. Folksonomia é muito utilizado nas redes sociais e por sua facilidade da não existência de regras, permite que os padrões de nomenclatura emerjam com o uso.

- **Taxonomia:** é um glossário criado e controlado por grupos, geralmente pequenos, de pessoas especialistas sobre determinados domínios. A taxonomia provê uma visão hierárquica sobre os termos, por exemplo: Futebol é um termo mais específico que esporte, mas mais abrangente que futebol de salão. A Taxonomia provê uma visão mais formal (e algumas vezes mais confiável) que a Folksonomia, mas geralmente menos abrangente, por contar com a colaboração de menos pessoas.

- **Ontologia:** possui um arranjo que extrapola a hierarquia, representando o agrupamento dos termos em forma de grafos e relacionamentos que visam a descrição de um determinado domínio de dados de uma organização.

As plataformas de dados vêm evoluindo de forma acelerada e cada vez mais a arquitetura distribuída é empregada. Para garantir que os metadados possam representar um glossário sobre os dados de uma organização, um repositório centralizado para todos os metadados é uma estratégia para simplificar o gerenciamento de metadados gerados comumente por diversas fontes, incluindo pessoas, sistemas, schedulers, etc.

Um repositório central de metadados tem como responsabilidade receber, armazenar, permitir a evolução e expor os principais tipos de metadados por ele gerenciados. Geralmente uma rica camada de APIs tanto para ingestão quanto para consulta é criada.

Embora os metadados representem uma fração muito pequena dos dados, quando comparados por volumes, já mencionamos diversas vezes neste livro o frenético crescimento da importância e do volume dos dados nas organizações, dessa forma, até os repositórios de metadados estão crescendo exponencialmente. O que antes era comumente armazenado em simples estruturas de bancos de dados relacionais, hoje precisa contar com uma complexa e heterogênea plataforma de dados, com tecnologias SQL, NoSQL, Objetos, Grafos, etc. Um novo termo surgiu para definir os novos repositórios de metadados: Metadata Lake.

7.2.2.4 Catálogo de Dados

Na sessão anterior pudemos observar que administrar metadados requer um repositório centralizado que geralmente é uma plataforma técnica capaz de conduzir as evoluções necessárias nos metadados, no entanto, para os metadados cumprirem sua função de facilitar a busca, entendimento ou facilitar o manuseio de dados, uma forma amigável de exposição precisa cumprir o papel de publicar os metadados de uma forma tão simples que permita qualquer colaborador técnico ou não técnico encontrar um conjunto de dados de uma forma tão simples quanto perguntar para o Google quantos anos tem a Madona.

Uma parte importante dos processos analíticos consiste em buscar dados que possam contribuir na geração de insights, dessa forma o catálogo possui um papel fundamental nos processos analíticos de uma organização, é uma ferramenta fundamental para os cientistas de dados, principalmente quanto estão operando em iniciativas ligadas à inovação e estão descobrindo padrões ou tendências nos dados que podem levar a novos negócios.

O uso do Catálogo deve atender diversos interessados e vai muito além da descoberta de dados para analytics. Um responsável pela curadoria de um domínio de dados pode manter uma visão de todos os ativos que ele possui, um analista de privacidade de dados pode identificar onde estão armazenados dados pessoais, ou qualquer pessoa em uma organização pode fazer buscas triviais ou eventuais.

O Catálogo de Dados tem a missão de apresentar de forma organizada, estruturada, simples, que permita a busca fluída dos ativos de dados de uma organização. Sua missão parece simples, já que um repositório central de metadados tem uma boa parte do trabalho pesado, no entanto a criação e sustentação de um Catálogo de Dados eficaz requer grandes esforços e a Governança de Dados é responsável por garantir que as políticas e processos adequados estão disponíveis para sua boa execução.

7.2.3 Risco, Segurança, Privacidade e Compliance

7.2.3.1 Segurança de Dados

As plataformas e ferramentas para Big Data capacitam as organizações a coletarem e armazenarem muito mais dados do que com as ferramentas tradicionais de *Datawarehouse* e permitem que todos esses dados sejam processados, no intuito de que eles possam cada vez mais fazerem sentido, suportarem tomadas de decisões, etc. ou seja, serem mais valiosos.

Como tudo que há valor, os dados devem ser devidamente protegidos, objetivando que estes sejam acessados apenas pelas pessoas autorizadas e permaneçam íntegros e disponíveis sempre que forem requisitados.

As ferramentas e tecnologias de Big Data são relativamente recentes e tiveram como objetivo inicial principal quebrar a barreira da capacidade da manipulação de dados além dos limites conhecidos dos bancos de dados relacionais. Segurança da informação tornou-se um elemento secundário e passou a ser considerado mais recentemente nestas ferramentas.

Em adição, torna-se muito mais difícil auditar e governar os enormes volumes de dados no mundo do Big Data, muitas vezes não é possível determinar quais pessoas têm acessos a determinadas categorias de dados, tornando o sistema como um todo mais vulnerável.

Até a chegada das ferramentas de Big Data, a maior parte do trabalho analíticos se concentravam nos processos de BI – Business Intelligence e do DW – Datawarehouse, que tinham como principais fontes de dados os próprios sistemas internos, como ERP, CRM, PoS, SCM, etc. que são fontes confiáveis, controladas pela própria organização.

Atualmente os processos analíticos contam com dados compostos de Redes Sociais, provedores externos de dados, dados provenientes de dispositivos móveis, Internet das Coisas, e-mail etc. que são fontes não controladas diretamente pelas organizações e precisam ser protegidos durante o trânsito que geralmente acontece por APIs pela rede pública da internet e eventualmente não criptografado, criando grandes vulnerabilidades para os sistemas.

Dessa forma pessoas maliciosas podem de alguma forma introduzirem códigos maliciosos nos processos de coleta de dados, afetarem a integridade dos dados, entre outras atividades maliciosas.

Dados possuem valor, quanto mais dados armazenados, mais valor pode-se gerar. Os repositórios de Big Data são extremamente assediados e frequentemente notícias de casos de escândalos de dados são divulgadas, como o ocorrido pela Target em 2013 onde dados pessoais e de cartão de crédito de mais de 110 milhões de pessoas foram comprometidos, ou do Uber em 2016 onde informações de usuários e motoristas foram divulgadas quando hackers conseguiram acessar a conta do GitHub da Uber e encontraram as credenciais da conta da AWS onde os dados ficavam armazenados.

Técnicas de criptografia de dados são muito úteis e visam garantir que os dados não sejam interpretados, mesmo se forem acessados indevidamente. Assim como práticas de autenticação forte estão sendo aplicadas nas ferramentas de Big Data.

Tradicionalmente as ferramentas de Big Data trabalham em ambientes de computação distribuídas e os nós dos cluster se comunicam por redes de computadores. Para dar vazão aos dados, muitas vezes essa comunicação ocorre de forma não criptografada e aumenta a vulnerabilidade dos dados armazenados.

Guardar logs e dados de acesso são práticas importantes para que incidentes de Segurança da Informação sejam detectados e compreendidos, facilitando os processos de entendimento e melhoria e hoje estes também fazem parte dos processos analíticos, inclusive para entender-se melhor o comportamento dos clientes em plataformas digitais.

Os administradores de sistemas big data geralmente possuem acesso irrestrito aos dados, por motivos da natureza do trabalho de gestão do ambiente. Grandes privilégios aos Administradores também podem representar vulnerabilidades dos dados armazenados.

Todo objetivo de coletar e armazenar grandes volumes de dados está em realizar processos analíticos avançados e chegar a insights muito valiosos. Esses dados geralmente são entregues aos usuários por meio de relatórios, gráficos, ou até mesmo por ferramentas conhecidas como self-service BI, onde o usuário tomador de decisão pode por conta própria criar seus relatórios, manipular dados, etc.

Precisa ser ressaltado que os dados vão adquirindo valor em todas etapas do seu ciclo de vida e quanto mais valor, mais assediado ele será.

7.2.3.2 Leis de proteção de dados

O Big Data influenciou diretamente como os dados das pessoas são manipulados, além do que dados antes descartados, com as ferramentas de Big Data podem determinar o perfil ou comportamento dos clientes.

As técnicas de Big Data proporcionaram também a coleta indiscriminada de dados pessoais gerados nas redes sociais, compras online, visitas a portais e sites de conteúdos, e em diversas outras atividades digitais. O uso desses dados sem autorização dos indivíduos vem levantando grandes questionamentos.

Como tudo, com mais valor, aumentou o interesse nas organizações em explorar os dados pessoais de forma mais intensiva e o uso indiscriminado dos dados, associados à grandes vazamentos e escândalos incentivou que diversas iniciativas como regulamentações e Leis determinassem regras para o uso correto na manipulação dos dados pessoais e punições caso essas não sejam cumpridas.

Uma das maiores iniciativas pioneiras nesse sentido foi a criação de uma Lei Europeia para garantir a privacidade e a correta manipulação de dados pessoais dos cidadãos europeus. A GDPR (General Data Protection Regulation) foi criada em 2016 e passou a vigorar desde 2018 com o principal objetivo de garantir que os indivíduos controlem seus dados pessoais que são manipulados por terceiros, que passam a ter responsabilidades cíveis e criminais na manipulação de dados.

No Brasil a LGPD (Lei Geral de Proteção de Dados Pessoais) foi publicada em 2018 e passou a vigorar em Agosto de 2020. A Lei brasileira atua de forma bastante semelhante à sua base europeia.

Principais definições da LGPD fonte: (LEI Nº 13.709, DE 14 DE AGOSTO DE 2018):

- **Dado pessoal:** informação relacionada a pessoa natural identificada ou identificável;

- **Dado pessoal sensível:** dado pessoal sobre origem racial ou étnica, convicção religiosa, opinião política, filiação a sindicato ou a organização de caráter religioso, filosófico ou político, dado referente à saúde ou à vida sexual, dado genético ou biométrico, quando vinculado a uma pessoa natural;

- **Dado anonimizado:** dado relativo a titular que não possa ser identificado, considerando a utilização de meios técnicos razoáveis e disponíveis na ocasião de seu tratamento;

- **Banco de dados:** conjunto estruturado de dados pessoais, estabelecido em um ou em vários locais, em suporte eletrônico ou físico;

- **Titular:** pessoa natural a quem se referem os dados pessoais que são objeto de tratamento;

- **Controlador:** pessoa natural ou jurídica, de direito público ou privado, a quem competem as decisões referentes ao tratamento de dados pessoais;

- **Operador:** pessoa natural ou jurídica, de direito público ou privado, que realiza o tratamento de dados pessoais em nome do controlador;

- **Encarregado:** pessoa indicada pelo controlador e operador para atuar como canal de comunicação entre o controlador, os titulares dos dados e a Autoridade Nacional de Proteção de Dados (ANPD);

- **Tratamento:** toda operação realizada com dados pessoais, como as que se referem a coleta, produção, recepção, classificação, utilização, acesso, reprodução, transmissão, distribuição, processamento, arquivamento, armazenamento, eliminação, avaliação ou controle da informação, modificação, comunicação, transferência, difusão ou extração;

- **Anonimização:** utilização de meios técnicos razoáveis e disponíveis no momento do tratamento, por meio dos quais um dado perde a possibilidade de associação, direta ou indireta, a um indivíduo;

- **Consentimento:** manifestação livre, informada e inequívoca pela qual o titular concorda com o tratamento de seus dados pessoais para uma finalidade determinada;

- **Eliminação:** exclusão de dado ou de conjunto de dados armazenados em banco de dados, independentemente do procedimento;

- **Autoridade nacional:** órgão da administração pública responsável por zelar, implementar e fiscalizar o cumprimento desta Lei em todo o território nacional.

A LGPD também traz diversos direitos aos Titulares:

- Confirmação da existência de tratamento.

- Acesso aos seus dados.

- Correção de dados incompletos, inexatos ou desatualizados.

- Anonimização, bloqueio ou eliminação de dados tratados em desconformidade com a LGPD.

- Portabilidade dos dados a outro fornecedor de serviço ou produto.

- Eliminação dos dados pessoais tratados com o consentimento do titular

- Informação das entidades públicas e privadas com as quais o controlador realizou uso compartilhado de dados.

- Informação sobre a possibilidade de não fornecer consentimento e sobre as consequências da negativa.

- Revogação do consentimento.

- Oposição ao tratamento realizado com fundamento em uma das hipóteses de dispensa de consentimento, em caso de descumprimento ao disposto na lei.

- Revisão de decisões automatizadas.

A lei também implica sanções caso suas determinações não sejam consideradas. A lista abaixo apresenta as principais sanções de acordo com a (LEI Nº 13.709, DE 14 DE AGOSTO DE 2018):

- Advertência, com indicação de prazo para adoção de medidas corretivas.

- Multa simples, de até 2% do faturamento líquido da pessoa jurídica de direito privado, grupo ou conglomerado no Brasil no seu último exercício, limitada, no total, a R$ 50.000.000,00 por infração.

- Publicização da infração após devidamente apurada e confirmada a sua ocorrência.

- Bloqueio dos dados pessoais envolvidos na infração até a sua regularização.

- Eliminação dos dados pessoais envolvidos na infração.

Com a criação de leis que garantem a proteção dos dados pessoais, assim como a garantia de controle dos titulares sobre suas informações pessoais, as organizações passaram a revisar a forma que manipulavam dados pessoais e aplicar diversas medidas e práticas que culminaram na melhor utilização dos dados pessoais, garantindo a privacidade dos indivíduos.

7.3 Governança como agente de valor para negócios

Governança de forma geral remete muitas pessoas ao pensamento de políticas rígidas, processos formais e até mesmo ações que geralmente tornam as organizações mais lentas e mais pesadas. No atual cenário onde muitas empresas que operam já nasceram digitais e muitas organizações já concluíram seus processos de transformação digital a governança efetiva não tem outra opção a não ser contribuir para acelerar as iniciativas digitais alinhadas com negócios e tecnologias.

Em um cenário onde tanto a tecnologia e as organizações estão em acelerado ritmo de transformação, a governança também precisa evoluir rapidamente. Apoiar as iniciativas de transformação é um dos fatores chave de sucesso que contribuem para a rápida evolução da Governança. Os arquétipos dos times de governança também vêm se ajustando, o que antes era um time centralizado em uma organização, hoje disponibiliza seus membros para embarcarem nos *Squads* ágeis de desenvolvimento de novos produtos, onde o especialista em governança tem o mesmo objetivo transformacional que o líder de produtos, ou até mesmo o engenheiro.

O propósito comum claro e definido trará autonomia para o time multidisciplinar ajustar de forma rápida e segura as políticas de governança de dados, o que certamente contribuirá com os demais times de produtos que estão com pressões e propósitos de transformação semelhantes.

Para que as iniciativas de governança de dados possam evoluir de forma clara e concisa em um cenário onde seus especialistas atuam de forma distribuída entre os times de desenvolvimento de produtos, uma estrutura baseada em chapters, como descrito no modelo spotify para aplicação das metodologias ágeis de desenvolvimento de *software*, pode contribuir para manutenção de uma visão unificada de governança.

Aplicar o nível correto de governança para cada categoria ou agrupamento de dados também é uma forma de manter políticas e processos rígidos em dados altamente sensíveis e flexibilizar onde se manipula dados menos críticos para o negócio. Nesse caso deve-se sempre levar em consideração a garantia da privacidade das pessoas. Mesmo organizações altamente reguladas como bancos, operadoras de telecomunicações, podem se beneficiar de aplicar níveis distintos de governança em seus dados.

Em grandes organizações, com plataformas distribuídas de dados operadas por diversas áreas, muitas vezes torna-se complexo determinar se o melhor modelo de governança para um dado é algo mais rígido ou mais flexível. A criação de um conselho consultivo de governança de dados pode contribuir com a escolha correta do nível de governança adequado para cada tipo de dado.

Governança de Dados não é uma iniciativa de um grupo específico de pessoas, ou algo apenas para ser tratado pelos executivos. Diferentes papéis podem contribuir para uma governança leve e eficaz, por exemplo, os executivos têm papel fundamental na criação de uma visão clara sobre onde espera-se chegar com as iniciativas de governança de dados, além de nutrirem uma cultura onde todos têm responsabilidade nesse processo.

No final das contas, governança de dados não é um projeto que tem começo, meio e fim, é sim um processo constante e iterativo, é um conjunto estruturado de práticas e iniciativas de se somam de forma organizada e garantem os mais diversos aspectos mencionados neste capítulo, sempre levando em consideração o aspecto de agilidade. A evolução constante deve ser um mantra para todas as pessoas envolvidas, uma prática de governança aplicada deve ser acompanhada, monitorada e constantemente ajustada para garantir os três princípios de Alinhamento Estratégico, Evolução Arquitetural e Risco, Segurança, Privacidade e Compliance, sempre alinhado às necessidades de transformação da organização.

7.4 Exemplo de Aplicações

7.4.1 Criação de um Repositório de Termos de Negócios

Garantir que diversas pessoas possuem entendimento comum sobre qualquer assunto é um enorme desafio, ainda mais nas grandes organizações onde comumente as pessoas estão organizadas em grupos e localizações distintas. Geralmente até mesmo temas simples como determinar o que em uma organização pode-se definir como um cliente, ou cliente ativo pode gerar entendimentos ambíguos entre as pessoas.

Para algumas áreas cliente ativo pode ser aquele que possui alguma interação nos últimos 3 meses, outros grupos consideram aqueles que não solicitaram o cancelamento do serviço, para o departamento jurídico cliente ativo pode ser aquele que tem potencial de realizar alguma reclamação judicial e assim por diante.

A criação de um repositório Taxonômico de Termos de Negócios amplamente divulgado e disponível por toda a organização pode garantir a padronização de entendimentos sobre como cada área de negócios geralmente reconhece seus dados.

Criar e manter um repositório como esse requer esforços que perduram durante toda a etapa do ciclo de vida do dado, que inicia quando as primeiras conversas de negócios acontecem, muito antes de qualquer aplicação ser desenhada.

Existem ferramentas específicas que facilitam a gestão e operação das atividades relacionadas a este tipo de repositório.

7.4.2 Gestão de consentimento para manipulação de dados

A LGPD requer que o titular de um dado consinta sobre a manipulação dos seus dados pessoais por algum operador. Durante o relacionamento com uma grande organização, como por exemplo empresas de telecomunicações, bancos, etc. onde uma grande variedade de produtos permeia a relação, diversos dados pessoais sensíveis são tratados e manipulados. Nestes casos, geralmente uma grande quantidade de consentimentos precisa ser realizada pelo titular. Em alguns casos, as empresas precisam manipular consentimentos referentes a mais de um regulatório, como leis de privacidade de outros países (GDPR, CCPA, etc.), órgãos regulatórios (ANATEL, BACEN, SUSEP, etc.), entre outros.

Gerenciar uma enorme quantidade de consentimentos e suas respectivas revogações por parte dos titulares pode ser um enorme desafio para organizações.

Identificar os dados pessoais e relacioná-los com devidos consentimentos é uma tarefa que fatidicamente contribui para a manutenção da conformidade das organizações com seus reguladores. Algumas empresas optam por construir seus próprios mecanismos de gestão de consentimentos, embora existam ferramentas especializadas na execução dessa tarefa e podem acelerar consideravelmente os esforços de conformidade de uma organização.

7.5 Proposição de Atividades

1) Com base nos conceitos apresentados neste capítulo, desenhe a Estrutura Decisória atual de dados da sua organização e proponha um novo desenho, que combine arquétipos plurais. Leve em consideração:

- Os Arquétipos atuais e propostos das estruturas decisórias.
- Existe ou existirá um executivo exclusivo para os assuntos de dados?
- Para quem o executivo reporta e para quem ele reportará na nova estrutura proposta?
- Como funcionam e como funcionarão as estruturas de Engenharia e Análise de Dados?

2) Defina um conjunto de dados, pode ser uma tabela de banco de dados, ou um conjunto delas que tenha condições de atender o uso de uma aplicação. Para esse conjunto de dados defina seus respectivos metadados técnicos, metadados de negócio e metadados operacionais, conforme apresentado na sessão Gestão de Metadados deste capítulo.

3) Proponha para a sua organização alguma iniciativa de dados esteja alinhada estrategicamente com seus objetivos, ou seja, que irá contribuir com o sucesso do negócio.

4) Desenhe de forma resumida um Plano de Qualidade de dados para sua organização que contenha o Why_(objetivos claros a se atingir), When_(periodicidade das avaliações de Qualidade de Dados), How_(procedimentos de Qualidade de Dados), What_(dados envolvidos, regras aplicadas e plataformas usadas) e Who_(stakeholders e áreas envolvida).

Referências

Barbieri, Carlos, Governança de Dados: Práticas, conceitos e novos caminhos. São Paulo, Alta Books, 2019

Eryurek, Evren, Gilad, Uri. Data Governance: The Definitive Guide. EUA, O'Reilly Media, Inc, 2021

Fernandes, Agnaldo Aragon, Diniz, José Luiz, de Abreu, Vladimir Ferraz, Governança Digital 4.0. Rio de Janeiro, Brasport, 2019

Shleifer, Andrei, Vishny, Robert, A survey of corporate governance, EUA, Journal of Finance v.52, n.2, 1997. Disponível em `https://scholar.harvard.edu/files/shleifer/files/surveycorpgov.pdf`. Acesso em 18/09/2022

DAMA International. DAMA-DMBOK (2nd Edition): Data Management Body of Knowledge, DAMA International, EUA, 2017

8

Pesquisa Aplicada, Inovação e Produção Tecnológica em Mestrados Profissionais

Renata Mendes de Araujo

8.1 Introdução

A pesquisa é, historicamente, uma atividade humana fundamental, tendo como objetivo a produção de conhecimento em uma determinada área, contribuindo para o desenvolvimento científico e para a sociedade em geral. A pesquisa científica tem como razão principal obter conhecimento sobre fatos por meio de métodos sistemáticos e organizados para sua realização e a disseminação desse conhecimento à sociedade [Recker 2013].

O compartilhamento de conhecimento científico tem sido o motor da evolução tecnológica nos diversos domínios de atuação humana. A influência do conhecimento no progresso tecnológico é tão impressionante que mal podemos observar a velocidade com que novas tecnologias surgem atualmente. As inovações se dão em sequência, avançando a partir de tecnologias e conhecimento científico, tecnológico ou empírico anteriores [Tidd, Bessant e Pavitt 2008]. No passado, o avanço se dava de forma mais lenta e em situações mais claras de ruptura. Nos tempos atuais, dadas as facilidades de compartilhamento de informações, os avanços tecnológicos e a introdução contínua de produtos no mercado, as inovações são muito mais frequentes, incrementais, com impactos mais abrangentes em termos sociais e econômicos, tendo em vista as segmentações de mercado e as inúmeras variações de uso de uma mesma tecnologia.

Segundo Santos (2017), "*na sociedade do conhecimento, a força econômica e social de qualquer país depende da sua capacidade de gerar, incorporar, utilizar e difundir conhecimento científico e tecnológico. O valor estratégico de bens intangíveis passou a ser totalmente reconhecido, requerendo uma articulação plena das instituições produtoras do conhecimento científico e tecnológico com os demais setores da sociedade*". As universidades, como instituições secularmente produtoras de conhecimento científico e tecnológico, têm sido francamente estimuladas a se posicionarem como atoras nesse ecossistema de produção de conhecimento e inovação. Tal estímulo, por sua vez, tem tensionado os processos usuais de pesquisa científica, evidenciando, principalmente, a valorização de processos de pesquisa aplicada e a entrega de seus resultados com objetivos de desenvolvimento tecnológico, inovação e criação de novos negócios.

O mundo sempre foi um espaço desafiador, e a inovação sempre foi a propulsora de avanços em nossa forma de estar no mundo. Atualmente, inovação é sinônimo de desenvolvimento econômico e social e de soberania na economia do conhecimento e da colaboração global. O processo de inovação está intrinsicamente associado ao processo de pesquisa científica, sobretudo à pesquisa aplicada, na medida em que inovar exige conhecimento e método com foco na resolução de problemas ou exploração de oportunidades econômicas e de bem-estar em contextos organizacionais e sociais [Araujo et al. 2017].

No Brasil, a inovação está ainda muito associada ao estímulo governamental. Inovar, como uma atividade de risco, talvez ainda seja visto de forma distanciada pelas empresas. Pelos pesquisadores, pode ser ainda uma ação carregada de desconhecimento e preconceitos [Araujo e Chueri 2017]. No entanto, os caminhos da pesquisa aplicada e da inovação abrem oportunidades expressivas de geração de conhecimento científico e de geração de impactos econômicos e socioambientais. Esse caminho é fundamental para reposicionar as instituições de pesquisa, sobretudo as universidades, como atores indispensáveis no ecossistema de geração de conhecimento e em seu papel social.

O objetivo deste texto é, fundamentalmente, particularizar o conceito e os objetivos da pesquisa aplicada e suas relações com o processo de inovação. O texto também destaca as principais questões que precisam ser compreendidas por um pesquisador para identificar oportunidades de disseminação de conhecimento tecnológico, geração de ativos de propriedade intelectual, inovação e empreendedorismo, a partir de seu processo e resultados de pesquisa. O texto também aponta para questões práticas que envolvem os diferentes formatos de disseminação de conhecimento tecnológico e os processos de busca e disponibilização desse conhecimento.

O texto está estruturado em 8 seções, além desta introdução. A seção 2 discute os conceitos de pesquisa básica e aplicada e suas relações com o desenvolvimento tecnológico e a inovação. A seção 3 esclarece sobre o conceito de inovação, seus processos e a importância das universidades nos ecossistemas de sua produção. A seção 4 detalha as interseções entre os processos de pesquisa científica e os processos de inovação. A seção 5 introduz os objetivos da formação e produção dos mestrados profissionais, estimulados por políticas públicas nacionais de fomento à pesquisa aplicada e inovação. A seção 6 ilustra os tipos de produção técnica/tecnológica que podem ser gerados pelos programas de pesquisa aplicada, na perspectiva da CAPES e da área da Computação em particular. Na seção 7, é sugerida uma abordagem de busca e levantamento de conhecimento tecnológico em bases de propriedade intelectual para fins de pesquisas acadêmicas. A seção 8 conclui o capítulo.

8.2 Pesquisa básica e pesquisa aplicada

Uma questão muito recorrente no cenário científico é a delimitação de conceitos entre pesquisa básica e pesquisa aplicada. Há uma corriqueira necessidade das comunidades científicas em distingui-las, de modo geral, da seguinte forma [Stokes 2005]:

a) **Pesquisa básica (fundamental ou pura)**: a pesquisa para o entendimento de fatos e fenômenos, entendimento da natureza e suas leis, dirigindo-se para o desconhecido e ampliando o domínio de possibilidades tecnológicas;

b) **Pesquisa aplicada**: preocupa-se com a aplicação do que é conhecido, com tornar o real possível, demonstrar a viabilidade do desenvolvimento científico, engenharia e *design*, explorar caminhos e métodos alternativos para a consecução de fins práticos.

Há, ainda, em geral, o entendimento de que exista uma dependência para as ações de pesquisa aplicada aos resultados de pesquisa básica. Mais ainda, que haja uma sequência linear para o avanço científico-tecnológico que prevê atividades conforme apresentadas na figura 8.1. Segundo Stokes (2005), essa visão foi sendo construída historicamente por força da dinâmica de interesses das comunidades científicas, dos governos, dos formuladores de políticas públicas e do mercado, principalmente concentradas nas nações industrializadas do hemisfério norte e fortemente influenciadas pelos movimentos geopolíticos, notadamente, a II Guerra e a Guerra Fria.

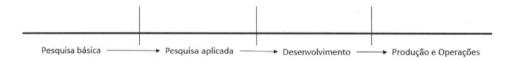

Figura 8.1. Modelo linear de segmentação do processo tecnocientífico (adaptado de Stokes (2005))

No entanto, para Stokes (2005), **essa sequência linear não é real**. Segundo ele, *"A pesquisa se desenvolve por meio de escolhas"*, em que um pesquisador pode definir estratégias e objetivos que podem envolver ir e vir entre buscar responder a questões conceituais e questões práticas. Além disso, Stokes diz que avanços tecnológicos podem ocorrer sem a dependência de conhecimento científico: *"Durante a maior parte da história da humanidade, as atividades práticas têm sido aperfeiçoadas por 'melhoradores' de tecnologia, os quais não conheciam nenhuma ciência, nem tampouco teriam obtido disso alguma ajuda, se conhecessem."* [Stokes 2005].

Essa divisão dicotômica entre pesquisa básica e pesquisa aplicada tem sido mantida e conservada principalmente por força das políticas públicas e dos sistemas de financiamento à pesquisa, em que medidas objetivas e lineares simplificam a regulação e a distribuição de recursos. No entanto, as pressões da atualidade originadas das demandas econômicas e sociais mostram que essa dicotomia pode atrapalhar o processo, colocando muitos esforços de discussão para determinar claramente as margens entre os diferentes tipos de pesquisa e, mais ainda, gerando até mesmo preconceitos entre elas. O fato é que, atualmente, é cada vez mais reconhecido o entendimento de que não é somente investindo pesadamente na pesquisa básica que países alcançarão conhecimento e desenvolvimento tecnológico necessário para sua competitividade.

Críticas e revisões a esse modelo linear foram sendo estabelecidas nas últimas décadas, e Stokes (2005) vem a sugerir uma revisão denominada Quadrante de Pasteur (figura 8.2), que organiza as estratégias de pesquisa em quadrantes, de acordo com duas dimensões: a) o foco no entendimento fundamental; e b) a consideração quanto ao uso dos resultados da pesquisa.

O mais importante no entendimento desse quadrante é que um mesmo pesquisador pode caminhar por trajetórias de pesquisa na busca por

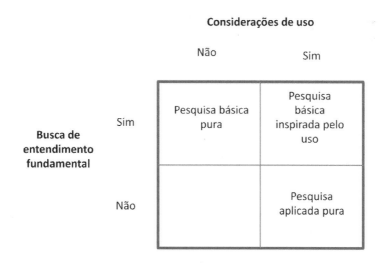

Figura 8.2. Quadrante de Pasteur (adaptado de Stokes (2005))

soluções que envolvam pesquisas fundamentais, aplicadas inspiradas por uso ou aplicadas puras, guiados por uma visão de resultados táticos (imediatamente aplicados), puramente científicos (altamente abstratos) ou estratégicos (pesquisa básica inspirada em uso). Não é difícil compreender que muitas soluções que temos em uso no mundo moderno nas mais diversas áreas (saúde, engenharia, computação, biologia etc., ou mesmo nas áreas sociais) foram construções baseadas em contribuições específicas de resultados de atividades de pesquisa nos diversos quadrantes apresentados anteriormente.

Outro ponto importante discutido por Stokes (2005) é que o modelo linear levou a uma crença de que a inovação é um processo dependente da pesquisa científica, tanto da pesquisa pura quanto, principalmente, da pesquisa aplicada, como se essa última fosse condição *sine qua non* para sua existência. Ocorre que a dinâmica da inovação não é assim simplista, o movimento entre desenvolvimento de novas tecnologias e a pesquisa é muito mais interativo: a pesquisa se desenvolve por avanços de conhecimento e entendimento, e a tecnologia se desenvolve em um processo de melhoria contínua para absorver melhores capacidades para soluções de problemas. Esses processos podem parecer independentes, mas são fortemente influenciados um pelo outro (figura 8.3).

Portanto, para essa autora, perder-se nas discussões entre pesquisa aplicada ou pura é esforço em vão. **Mais relevante do que classificar se uma pesquisa é aplicada ou pura é que o pesquisador tenha muita clareza dos objetivos e implicações do que deseja alcançar com sua pesquisa e como sua pesquisa pode impactar o conhecimento e as tecnologias existentes.**

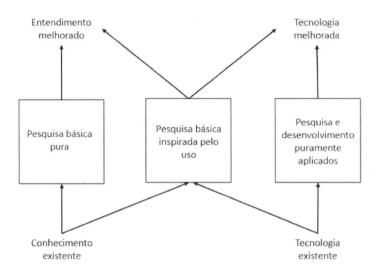

Figura 8.3. Interação de conhecimento, pesquisa e desenvolvimento tecnológico (adaptado de Stokes (2005))

8.3 Inovação

Quando ouvimos a palavra "inovação", com muita frequência, nossa mente é levada a pensar em algo um tanto quanto futurista, surpreendente, com certo ar *high-tech*, que vai mudar nossa vida para sempre. A palavra inovação pode também vir à nossa mente invariavelmente associada a pessoas com mentalidade genial, que, de alguma forma mágica, transformaram uma brilhante ideia em produtos para sempre consumidos e adquiriram enormes fortunas. Inovação também nos remete a empresas que surgiram com força total em nossas vidas, cuja marca torna-se até mais forte do que seus próprios produtos. Pensando assim, a inovação, muitas vezes, torna-se um conceito aparentemente inalcançável para a maioria das pessoas, sendo considerada como o resultado da sorte, ou da genialidade, ou de muito investimento, ou das três coisas juntas.

Talvez pelo excesso de uso do termo ou falta de precisão no seu conceito, a inovação também costuma ser entendida simplesmente como algo novo, inusitado, o resultado da criatividade colocada em ação para a resolução de problemas ou para a exploração de oportunidades. Se, por um lado, a inovação, sim, sempre nos surpreende por sua criatividade e capacidade de reconhecer oportunidades, por outro, ela só pode ser entendida como tal quando colocada em prática e associada ao seu impacto, ou seja, em sua efetividade na solução de problemas e na escala de exploração econômica ou uso que adquire. A inovação também abrange conotações voltadas à solução de problemas sociais e ambientais [Lemme 2017] [Chueri 2017] [Barki et al. 2019], o que leva a novas definições como algo novo, com ganho econômico, social ou ambiental.

Dessa forma, as principais conceituações do termo, historicamente advindas do domínio da Economia, distinguem claramente a invenção, algo novo, da inovação, *algo novo com ganho econômico ou impacto social*. Essa é a razão pela qual boa parte das pesquisas científicas desenvolvidas em todos os países, embora, por natureza, apresentem a ideia de "algo novo" e avançado em relação ao estado-da-arte em uma área de pesquisa, não podem ser conceituadas como inovação. Para que o resultado de uma pesquisa se torne uma inovação, há um passo importante, que é transformar esse algo novo, que se mostrou eficiente em um contexto, em um produto que possa ser consumido no mercado e que traga impactos econômicos e/ou sociais.

Uma primeira forma de compreender a inovação é pelo seu **objeto**. Segundo Schumpeter [apud: Tidd, Bessant e Pavitt 2008], por exemplo, uma inovação pode compreender: i) a introdução de um novo produto no mercado ou a mudança qualitativa em um produto existente; ii) a inovação de um processo que seja novidade para uma indústria; iii) a abertura de um novo mercado; iv) o desenvolvimento de novas fontes de suprimento de matéria-prima ou outros insumos; ou v) mudanças na organização industrial ou em seu paradigma.

Outra dimensão necessária para classificá-la diz respeito ao seu **grau de novidade**, ou seja, o quanto o produto existente é novo no mercado ou na sociedade. As inovações ditas **radicais** são aquelas trazidas por produtos ou serviços antes inexistentes no mercado e que provocam grandes mudanças no mundo, nos mercados e na sociedade. Um exemplo de inovação radical é o advento da WWW, o surgimento dos telefones celulares, a criação das máquinas fotográficas digitais, serviços de economia como o Uber, iFood etc. O desenvolvimento de inovações radicais envolve muitos riscos, e, em alguns casos, pode-se nem sequer ter total controle sobre o que se está produzindo e o efeito que causará.

Na outra ponta desse espectro relacionado à novidade, estão as inovações **incrementais**, que são aquelas que preenchem continuamente o processo de mudança, quer seja em uma organização, região, país ou no mundo. Por exemplo, as constantes alterações nos dispositivos celulares são inovações incrementais. Inovações radicais tendem a ter alto **impacto** e, consequentemente, possuem potencial de **resultados** comerciais ou socioambientais muito altos. Já as inovações incrementais partem de algo já conhecido que se deseja aprimorar, possuem menor risco em seu desenvolvimento e, embora também apresentem resultados esperados positivos, são, geralmente, em escala menor (figura 8.4).

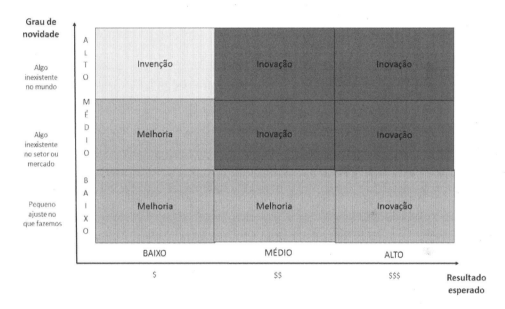

Figura 8.4. Inovação segundo sua intensidade (adaptado de Scherer e Carlomango (2009)

8.3.1 Processos de Inovação

Como tornar a inovação uma realidade? A inovação é uma ação que pode ser, em algum nível, sistematizada. Atualmente, já são conhecidas condições básicas e atividades que compõem os processos voltados à produção da inovação [Tidd, Bessant e Pavitt 2008]. Como a inovação só pode ser considerada como tal quando tem sucesso, até que isso aconteça, o que existe são os processos de inovação.

Algo que é reconhecidamente sabido no processo de inovar é que inovação é questão de conhecimento – tanto científico como tecnológico e também empírico. Para que a inovação surja, é preciso conhecer **o que já está posto** a respeito da ciência, da tecnologia e da experiência que existe dentro do tema que se deseja inovar. Inovar também envolve informação e observação do *status quo* – **o que é hoje** – em termos de mercado, sociedade e possibilidades tecnológicas. A partir daí, a inovação diz respeito à criatividade e à criação de coisas novas – **o que pode vir a ser**. Como se pode perceber, os aspectos desse processo compreendem passos já conhecidos no processo de pesquisa científica (vide seção 8.4). A inovação envolve, portanto, um processo contínuo de busca de oportunidades, concepção, análise de viabilidade e desenvolvimento de produtos/serviços/processos, avaliação em uso e produção em escala, bem como a manutenção de conhecimento interno e a gestão de parcerias necessárias para garantir ou acelerar projetos bem-sucedidos.

8.3.2 Ecossistemas de Inovação

Engana-se quem acredita que inovar seja uma prática exclusiva de uma empresa, em particular, de uma grande empresa. Inovar é um processo cada vez mais disponível a diversos setores, organizações e grupos sociais. Além disso, inovar é um processo colaborativo que exige parcerias e relações entre diversas instituições.

A visão da inovação como elemento fundamental para o desenvolvimento econômico, a competitividade, o empreendedorismo e a sustentabilidade, associada às estratégias de inovação aberta [Chesbrough 2003], determina a configuração de ecossistemas regionais voltados a manter uma rede de atores que se articulem para a promoção da inovação – os ecossistemas de inovação [Wang, 2010 apud: Kosloski et al. 2016].

No Brasil, o Marco Legal da Ciência, Tecnologia e Inovação [LEI Nº 13.243] tem tentado fomentar os processos de inovação e transferência de tecnologia, estimulando, por exemplo, a criação de Núcleos de Inovação Tecnológica (NIT) dentro das universidades e dos centros de pesquisa nacionais. O Marco Legal da Ciência Tecnologia e Inovação [LEI Nº 13.243] tem tentado também flexibilizar a legislação nacional, mais refratária à dinâmica necessária às parcerias, desenvolvimento conjunto e transferência de conhecimento entre instituições de pesquisa, governo, indústria e mercado.

A despeito do alcance na flexibilização legal, dos estímulos econômicos à inovação e da abertura à inovação por parte das políticas públicas de financiamento à pesquisa, percebe-se um movimento de uma boa parcela da comunidade de pesquisa – um dos atores fundamentais nesse sistema – ainda tênue no sentido de responder à dinâmica dos ecossistemas de inovação nacional e mundial. Em parte, pela falta de entendimento do conceito e processos de inovação, pela pouca clareza das políticas públicas nacionais, pelos ainda entraves legais e, por fim, pela cultura acadêmica de produção científica, com foco no estímulo à publicação de artigos e na formação de pesquisadores para a pesquisa acadêmica.

8.4 Da Pesquisa à Inovação

Grosso modo, a pesquisa aplicada está relacionada a determinado contexto de aplicação de negócio, social ou organizacional e a um público-alvo onde oportunidades ou problemas são identificados. Esse contexto precisa ser compreendido, e os problemas existentes, identificados e devidamente descritos. A identificação de um problema nos contextos de aplicação pode ser corroborada com evidências tanto da prática como da comunidade científica, onde outros pesquisadores podem ter também identificado e trabalhado em soluções para o mesmo problema ou problemas similares.

Cabe ao pesquisador, ao compreender de forma aprofundada um cenário-problema, preferencialmente sob diferentes perspectivas disciplinares, pensar em uma solução que pode abranger construtos concretos como modelos, métodos, ou experiências de instanciação de uma solução já existente, em uma visão prescritiva (positivista) de solução. O pesquisador pode também optar por aprofundar o contexto-problema e suas soluções sob uma perspectiva sociotécnica, interpretativa ou crítica, sem necessariamente construir soluções, mas aprofundar o conhecimento geral sobre aquele contexto de forma detalhada. Há também a perspectiva projetiva de pesquisa, como os paradigmas de pesquisa do artificial [Pimentel et al. 2017].

De acordo com a perspectiva utilizada, o pesquisador aplica processos/métodos adequados para construir, avaliar, justificar ou teorizar a respeito do problema ou solução de pesquisa. A aplicação desses métodos, junto com a observação do contexto, a identificação e descrição do problema e a comparação de sua visão com a comunidade científica sob um paradigma específico, resulta na geração de conhecimento científico, usualmente disseminado sob a forma de publicações científicas.

Por outro lado, a inovação, segundo o Manual de Oslo,* pode ser definida como um processo que se inicia no campo das ideias e materializa-se em uma invenção, que posteriormente será comercializada para gerar uma riqueza econômica e/ou social. Para Tidd, Bessant e Pavitt (2008), a inovação envolve três pilares: conhecimento (científico, tecnológico ou empírico), informação (dados organizados, disponíveis e capturados do ambiente) e criatividade (criação de coisas diferentes e novas).

Os processos de inovação, em geral, surgem de um esforço contínuo de observação do mundo e prospecção de necessidades, problemas e oportunidades, visando à construção de soluções que cheguem efetivamente ao uso de seu público-alvo ou mercado. As soluções representam avanços no estado da técnica vigente, e o conhecimento que geram ao serem criadas é valorizado como propriedade, não somente como valor comercial, mas também como valor intelectual. Colocar um produto no mercado não é tarefa simples e exige um ecossistema receptivo, com parcerias constantes entre empresas, governo, financiadores e instituições de conhecimento.

Há uma grande interseção desses dois processos – inovação e pesquisa científica – no que se refere a observar o mundo, identificar oportunidades, compreender o estado da arte e da técnica das soluções existentes, criar soluções novas e avaliar seu uso. No que diferem, é no rigor metodológico para se chegar a resultados (no caso da pesquisa científica) e na preocupação com a colocação no mercado de um produto (no caso da inovação).

---

*http://download.finep.gov.br/imprensa/manual_de_oslo.pdf

No entanto, os dois processos podem beneficiar-se mutuamente. Os processos de inovação se beneficiam ao incorporarem métodos para investigação do conhecimento científico, ampliando o espectro de conhecimento para novas soluções e fazendo o uso dos resultados científicos para minimizar riscos de produção de uma invenção. Já os processos de pesquisa científica se beneficiam ao incorporarem, em suas estratégias, uma visão voltada ao público-alvo, direcionada ao impacto e à relevância das soluções que estão sendo criadas, da ampliação do espectro de conhecimento a ser consumido ou gerado ao considerar as bases de propriedade intelectual e ao identificar parcerias no ecossistema para sustentabilidade de suas ações.

Enquanto a pesquisa científica instrumenta o pesquisador com métodos que garantem rigor e visam à geração de conhecimento para comunidades científicas, a inovação confere visão aplicada a problemas reais e a desafios para o desenvolvimento de soluções. A combinação desses processos pode alavancar tanto a geração de conhecimento científico com visão aplicada como a produção de artefatos inovadores baseados em pesquisa científica.

O exercício de integração dos processos de pesquisa científica e inovação pode estimular uma visão empreendedora – não necessariamente no sentido empresarial, mas no sentido da motivação para gerar conhecimento e soluções de impacto e relevância real [Coelho 2017] –, ao mesmo tempo que são avaliadas as reais possibilidades e os benefícios dessa integração. Por essa razão, temos acompanhado o forte discurso acerca da necessidade de explorar, nas instituições, ambientes e projetos de pesquisa, oportunidades de geração e disponibilização de conhecimento tecnológico, indispensável para nutrir os ecossistemas de inovação nacionais. Além disso, é altamente esperada a formação de profissionais com competências para enxergar e executar esses processos, o que tem levado, por exemplo, à criação dos mestrados profissionais.

8.5 Formação e Produção por Mestrados Profissionais

No Brasil, o estímulo à pesquisa e inovação surge, no processo de formação profissional, nos cursos de graduação em todas as áreas de conhecimento. Nesse nível, os estudantes são estimulados ao desenvolvimento de atividades de pesquisa, desenvolvimento tecnológico e inovação em disciplinas específicas, trabalhos de conclusão de curso, participação em projetos de iniciação à pesquisa e inovação, entre outras atividades. O empreendedorismo também é estimulado com a inserção dos estudantes em ecossistemas de inovação estruturados pelas instituições de ensino superior [De Castro et al. 2021]. Na área de Computação, em particular, competências para o desenvolvimento de pesquisa e inovação estão presentes nas diretrizes curriculares de todos os cursos superiores de graduação da área [Zorzo et al. 2017].

A formação avançada de profissionais para o desenvolvimento de atividades de pesquisa, desenvolvimento tecnológico e inovação no país é estruturada no sistema de pós-graduação nacional. A CAPES – Coordenação de Aperfeiçoamento de Pessoal de Nível Superior* –, fundação ligada ao Ministério da Educação (MEC),** define políticas e executa processos para sustentação do sistema de pós-graduação brasileiro, credenciando e avaliando resultados dos diversos programas e cursos de pós-graduação *stricto sensu* no país.

Após muitos anos centrado na formação de pesquisadores para a atuação acadêmica (para a atuação em docência e pesquisa em instituições de ensino e pesquisa), pressionado pelas transformações da economia do conhecimento e sempre inspirado em modelos internacionais europeus e norte-americanos, o sistema de pós-graduação nacional, nas últimas décadas, tem buscado uma flexibilização com a criação de novas linhas de formação. Nesse sentido, surgem os mestrados profissionais, ao final da década de 1990, institucionalizados, posteriormente, em 2009 [Brasil 2009].

Atualmente, a visão do sistema de pós-graduação nacional é a de que o egresso de cursos de pós-graduação atuará em um cenário amplo, em diversas frentes, como: docente (graduação e/ou pós-graduação), orientador, pesquisador, profissional na indústria ou empreendedor/inovador, atuações não necessariamente exclusivas [Araujo et al. 2019]. Isso justifica a diversificação das linhas de formação entre a acadêmica e a profissional.

---

*https://www.gov.br/capes/
**https://www.gov.br/mec/

Segundo a portaria que institucionaliza os mestrados profissionais [Brasil 2009 apud: Bispo 2014], *"esses cursos possuem objetivos claros, em especial, o de capacitar profissionais qualificados para o exercício da prática profissional avançada e transformadora, transferir conhecimento para a sociedade, visando melhorar a eficácia e a eficiência das organizações públicas e privadas e contribuir para agregar competitividade e aumentar a produtividade em empresas, organizações públicas e privadas"*. Os mestrados profissionais são rotas alternativas de formação em relação aos mestrados acadêmicos, com uma visão claramente de pesquisa aplicada [Bispo 2014].

A demanda por esse tipo de formação foi bastante significativa, ao ponto de a CAPES identificar, entre 2011 e 2019, um crescimento de 144% no número de cursos de mestrado profissional em todo o país [CAPES 2021]. No entanto, uma compreensão precisa da natureza da formação desses novos cursos, ditos profissionalizantes, sempre foi cercada de dúvidas pela comunidade científica e pela sociedade em geral, principalmente a respeito das competências a serem desenvolvidas, do perfil do corpo docente e das expectativas de produção de conhecimento gerado [Bispo 2014].

Na tentativa de amenizar essas dúvidas, a área da Computação, por exemplo, elabora um documento de referência para a formação em pós-graduação na área, com a explicitação dos eixos e competências esperadas para a formação em pós-graduação *stricto sensu* em Computação [Araujo et al. 2019]. Para os mestrados profissionais na área de Computação, são esperadas as competências gerais conforme apresentadas na tabela 8.1.

Podemos observar que as grandes competências esperadas dos egressos dos mestrados profissionais não se distanciam muito das competências comumente esperadas dos egressos de mestrados acadêmicos, à exceção do foco na pesquisa aplicada em contextos profissionais (vide a dimensão "Pesquisa") e na geração de artefatos com potencial de transferência para o meio produtivo (vide a dimensão "Desenvolvimento Tecnológico e Inovação"). Com base nessa compreensão, podemos afirmar que o impacto dos mestrados profissionais no ecossistema de pesquisa, desenvolvimento tecnológico e inovação está, em larga medida, na formação de profissionais com mentalidade científica e tecnológica, com capacidade de replicar atividades de pesquisa e desenvolvimento em seus contextos profissionais, bem como gerar produtos com potencial aplicado, estimulando a inovação. A transformação proporcionada por esses profissionais em seus ambientes de trabalho seria, por si só, um indicador qualitativo fundamental do papel dessa formação no cenário nacional.

Além da formação de capital humano, há também a expectativa de que os mestrados profissionais possam produzir e gerar conhecimento de natureza tecnológica com potencial de trazer soluções a problemas reais no setor produtivo e na sociedade, bem como ampliar o capital de conhecimento científico e tecnológico do país. Por analogia às políticas de governança do ecossistema de formação de pesquisadores praticadas até então pela CAPES, pelas agências de financiamento e pelas instituições de pesquisa, fortemente baseadas em indicadores de qualidade e produção, esse conhecimento pode ser classificado tanto segundo sua natureza científica – produção científica, principalmente na forma de publicações – como segundo sua natureza tecnológica ou técnica – produção técnica. Conforme veremos a seguir, a denominada produção técnica torna-se uma concentração sob um mesmo termo de uma diversidade muito grande de itens de produção de conhecimento, com ainda pouca clareza do valor de cada produção.

Tabela 8.1. Competências gerais esperadas para egressos dos cursos de mestrado profissional em Computação (Fonte: Araujo et al., 2019)

Eixo	Competência
Pesquisa	**Realizar** um ou mais estudos, desenvolvimento ou aplicações profissionais fundamentadas em metodologias ou no estado da arte de seu domínio, **aplicando-os** a uma problemática de interesse de seu ambiente de exercício profissional, **participando** do desenvolvimento científico e tecnológico na área de Computação.
Desenvolvimento Tecnológico e Inovação	**Explorar** o potencial de desenvolvimento tecnológico e inovação dos artefatos gerados em seus estudos, **motivando-se** para o exercício da transferência de conhecimento técnico-científico ou exploração de produtos em organizações e pela sociedade.
Docência	**Realizar** atividades de ensino-aprendizagem, **aplicando** recursos apropriados para os objetivos de ensino-aprendizagem em seu campo de conhecimento, **motivando-se** para o exercício da docência.
Organização da Informação	**Gerenciar** a informação, os recursos bibliográficos, documentais e fontes de informação tecnológica, **identificando** evidências que apoiem suas visões de pesquisa e desenvolvimento tecnológico, **sintetizando** informações, dados e ideias.
Comunicação	**Comunicar** claramente o problema, as abordagens metodológicas e os resultados obtidos em um estudo, um desenvolvimento ou uma aplicação profissional feita em seu campo de pesquisa, **aceitando** críticas e sugestões de pessoas competentes dentro do domínio de sua pesquisa.
Ética	**Respeitar** as normas, regras de ética e justiça, bem como boas práticas relacionadas ao seu trabalho, **praticando** a autorreflexão.
Desenvolvimento Pessoal	**Comprometer-se** com um processo de aprendizagem e de melhoria contínua, **demonstrando** vontade e capacidade de aprender e de adquirir conhecimento, **tomando** consciência dos desafios ligados à conciliação do trabalho e da vida pessoal.

8.6 Tipos de Produção Técnica/Tecnológica esperados para a Computação, segundo a CAPES

Com o intuito de apoiar os programas de pós-graduação nacionais na identificação da natureza e das possibilidades de produção técnica/tecnológica, a CAPES publica, em 2019, um catálogo descrevendo tipos de produção dessa natureza [CAPES 2019]. Na visão da CAPES, esse catálogo pretende ser genérico, a partir do qual as diversas áreas de conhecimento e os respectivos programas de pós-graduação podem identificar e selecionar os tipos de produção técnica considerados relevantes e adequados às vocações e às capacidades de produção de conhecimento tecnológico de cada área científica.

No restante desta seção, apresentaremos os tipos de produção técnica considerados como relevantes para a área da Computação, segundo as definições da CAPES e a visão da comunidade de pesquisa nessa área de conhecimento. Os exemplos apresentados para cada tipo de produção técnica estarão também associados especificamente à área da Computação.

No caso da Computação, segundo Documento de Área [CAPES 2019a], são considerados os seguintes itens como produções técnicas/tecnológicas estratégicas e para os quais a área está naturalmente vocacionada:

> "... na produção técnica/tecnológica será' considerada, principalmente, a produção dos seguintes itens, **desde que associados aos objetivos do programa e perfil do egresso** (grifo nosso): a) desenvolvimento de produto patenteável; b) desenvolvimento de processo patenteável; c) software (programa de computador); d) artigo publicado em revista técnica; e) desenvolvimento de tecnologia social; f) participação em comissão técnico-científica; g) base de dados técnico-científica; h) membro de conselho gestor ou comitê técnico; i) organização de revista, anais (incluindo editoria e corpo editorial); j) organização de livro, catálogo, coletânea e enciclopédia. Outras produções relevantes, não listadas, também podem ser incluídas e justificadas pelos programas." [CAPES, 2019a p.15].

Em documento de revisão posterior [CAPES 2020], a área reorganiza esses itens da seguinte forma:

"Desta forma, a Área considera que todos os mencionados acima são relevantes mas seguirá os seguintes 10 subtipos (dos 21 mencionados pelo GT de Produção Técnica*): 1) Produto Bibliográfico 2) Ativos de Propriedade Intelectual 3) Tecnologia Social 4) Curso de formação profissional 5) Produto de editoração 7) Software/Aplicativo (Programa de computador) 8) Evento organizado 9) Norma ou Marco regulatório 15) Base de dados técnico-científica 20) Empresa ou Organização social inovadora ... Outros poderão ser mencionados e justificados no ANEXO 4 à Ficha de Avaliação da Área." [CAPES 2020].

Vejamos, então, com mais detalhes, a seguir, cada um desses tipos de produção explicitamente considerados pela CAPES e pela área de Computação, com alguns exemplos. Importante mencionar que **os exemplos e explicações aqui apresentados representam sugestões e interpretações da autora,** e não exemplos formalmente definidos pela CAPES.

8.6.1 Produto Bibliográfico

Para a CAPES, produtos bibliográficos de natureza técnica/tecnológica incluem: A) artigos publicados em revista técnica; B) artigos em jornal ou revista de divulgação; C) resenhas ou críticas; e D) textos em catálogo de exposição ou de programa de espetáculo.

A) Artigos publicados em revista técnica

"Revistas voltadas para campos específicos do conhecimento, geralmente relacionadas com o conhecimento tecnológico, mas que apresentam como foco o mercado, diferenciando assim das revistas científicas, as quais buscam divulgar o progresso científico." [CAPES 2019]

São muitas as revistas técnicas na área da Computação com foco no mercado, com diferentes temas e propósitos, de abrangência nacional ou internacional. Seus artigos são, em geral, de conteúdo técnico ou opinativo e de análise de tendências tecnológicas ou

---

*GT de Produção Técnica da CAPES (nota incluída pela autora).

gerenciais na área. Costumamos denominar essas revistas técnicas como *magazines*, diferentemente das revistas acadêmicas, comumente chamadas de *journals*.

Com uma tendência de acesso por público profissional especializado ou pela sociedade em geral, são revistas muito associadas ao termo "Informática", em uma referência mais popular à Computação. Os exemplos são inúmeros, mas podemos citar: PC World, MIT Technology Review, Wired etc.

B) Artigos em jornal ou revista de divulgação

> *"Artigos de autoria docente e/ou discente publicados em jornais e revistas de ampla divulgação, sendo que tais veículos não apresentam um foco específico em assuntos científicos e/ou tecnológicos."* [CAPES 2019]

Esse tipo de produção é bastante simples de compreender e se refere a matérias ou artigos sobre a área, mas publicados em jornais ou revistas nacionais ou internacionais não necessariamente da área da Computação, desde veículos de grande abrangência, como O Globo, Veja, Isto é, Folha de São Paulo, Carta Capital, Times, Le Monde etc., e veículos de abrangência estadual, regional, local ou mesmo de circulação interna em empresas.

C) Resenhas ou críticas

> *"A resenha ou crítica não requer apenas um resumo informativo ou indicativo. A resenha ou crítica deve ser entendida como uma análise interpretativa e, por esse motivo, irá depender da capacidade de relacionar os elementos do texto lido com outros textos, autores e ideias sobre o tema em questão, e também da opinião daquele que escrever a resenha, contextualizando o texto que está sendo analisado. Resenha crítica é uma descrição minuciosa que compreende certo número de fatos: é a apresentação do conteúdo de uma obra. Consiste na leitura, resumo, na crítica e na formulação de um conceito de valor do livro feito pelo crítico."* [CAPES 2019]

Resenhas ou críticas são um tipo de produção tecnológica muito interessante para a área, considerando a crescente presença e o contínuo impacto da Computação na sociedade. Além disso, novas tecnologias surgem muito rapidamente, exigindo constante análise crítica sobre seu potencial e eventuais problemas. Por outro lado, a consolidação de práticas e tecnologias e seus reais efeitos nas organizações e na sociedade também precisam de olhares crítico-analíticos.

No entanto, é importante ler a definição acima com cuidado. Resenhas ou críticas são resultados de análises com densidade, e não meramente opinativos. Artigos que trazem simplesmente opiniões individuais, mesmo que de especialistas, não estão enquadrados nesse tipo de divulgação e conhecimento. É importante também não confundir resenhas críticas com levantamentos ou revisões sistemáticas de literatura, métodos muito comuns na área de Computação para, respectivamente, mapeamento do estado da arte e da pesquisa científica.

Podemos encontrar resenhas críticas em periódicos científicos da Computação, principalmente, os editados por associações científicas e que trazem colunas voltadas à análise de tecnologias, tendências, resultados e impactos. Um exemplo muito comum são artigos publicados nas edições da SBC Horizontes*, *Communications of the ACM*, *IEEE Software* ou outros periódicos com colunas específicas para esse tipo de publicação.

No entanto, é importante reforçar que o entendimento desse tipo de produção provavelmente advém da prática de outras áreas de conhecimento, muito devotadas a análises críticas aprofundadas, inclusive, analisando tecnologia, como, por exemplo, Edelman e Weinshall (1989) e Del Pin (2021).

Aqui há espaço para o desenvolvimento de uma prática mais frequente de produções dessa natureza por parte dos pesquisadores brasileiros na área da Computação, principalmente, apropriando-se de métodos e tipos de construção de conhecimento mais comuns em outras áreas, sobretudo, as áreas sociais, como análise crítica, escrita de textos ensaísticos, entre outros.

---

*https://horizontes.sbc.org.br/

D) Textos em catálogo de exposição ou de programa de espetáculo

"Textos em publicações que não recebem ISBN, como, por exemplo, catálogos, prospectos e folhetos de propaganda comercial, industrial, artística ou turística, cartazes de propaganda." [CAPES 2019]

Esse é um tipo de produção técnica/tecnológica muito interessante, porque está diretamente associado a ações de intervenção comercial, industrial ou cultural, de acesso e divulgação de conhecimento em contextos diferentes do ambiente acadêmico-científico. Difícil apresentar exemplos aqui, uma vez que não é um tipo de produção comum na área da Computação, embora devam existir vários pesquisadores no Brasil que desenvolvam produções dessa natureza.

Pela descrição desse tipo de produção, é muito natural compreender que ela apresenta muita aderência a produções de áreas como Artes, Design, Economia, Turismo etc., mas que, talvez, haja aqui um espaço para a área da Computação refletir sobre a oportunidade de contribuir para a elaboração desse tipo de produção, principalmente em conjunto com outras áreas.

De forma direta, pode-se pensar na participação de pesquisadores da área da Computação na elaboração de conteúdos que comporão o material comercial, industrial, artístico, turístico ou propaganda, mas abre-se também uma oportunidade para pensar a participação de pesquisadores na elaboração desses materiais em formato digital.

8.6.2 Ativos de Propriedade Intelectual

Antes de apresentar os tipos de produção técnica relacionadas à propriedade intelectual, convém um esclarecimento sobre o tema. A figura 8.5 apresenta os diversos tipos de propriedade intelectual previstos na legislação brasileira e pelo Instituto Nacional de Propriedade Intelectual* (INPI) [Nunes e Pinheiro-Machado 2017]. São três os grandes grupos de propriedade intelectual: **propriedade industrial**, **direitos autorais** e ativos sob **proteção *sui generis*.**

---

*https://www.gov.br/inpi/pt-br

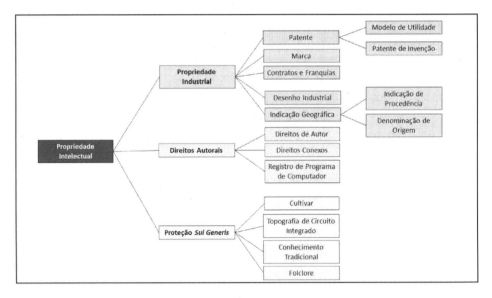

Figura 8.5. Grupos de propriedade intelectual (adaptado de Nunes e Pinheiro-Machado, 2021)

O Documento de Área da Computação, na CAPES, ao mencionar, na lista de tipos de produção técnica esperados pelos programas de pós-graduação brasileiros, os ativos de propriedade **intelectual**, destaca um subconjunto de ativos classificados dentro do grupo de propriedade **industrial**: patentes, marcas, desenho industrial e indicação geográfica, e um ativo de propriedade intelectual sob **proteção *sui generis***: topografia de circuitos integrados.

Registro de programa de computador, um ativo de propriedade intelectual definido como sob proteção por **direitos autorais** (vide figura 5) é apresentado, no Documento de Área, como um tipo de produção técnica fora do conjunto de produções classificadas como propriedade intelectual *"7) Software/Aplicativo (Programa de computador)"*.

Portanto, torna-se importante distinguir (e separar) um tipo de produção técnica que são os softwares/aplicativos desenvolvidos como resultados de pesquisas dos programas de pós-graduação (vide seção 6.3) e os ativos de propriedade intelectual que podem ser gerados mediante o registro no INPI do código-fonte (programas de computador) que compõem o software/aplicativo (registro de programa de computador). Ou seja, softwares/aplicativos são um tipo de produção, já o registro de seu código-fonte sobre direitos autorais (propriedade intelectual) é outro tipo.

Dessa forma, as seções a seguir apresentam detalhes sobre cada tipo de produção técnica classificada como propriedade intelectual no Documento de Área: patente, marca, desenho industrial, indicação geográfica, topografia de circuito integrado e registro de programas de computador. A produção técnica do tipo software/aplicativo será apresentada na seção 6.3.

Para mais informações sobre outras possibilidades de geração de ativos de propriedade intelectual na Computação, há boas literaturas neste tema, como [Nunes e Pinheiro-Machado 2017] e [Nunes e Pinheiro-Machado 2021].

A) Patente

"Patente é um título de propriedade temporária sobre uma invenção ou modelo de utilidade, outorgado pelo Estado aos inventores ou autores ou outras pessoas físicas ou jurídicas detentoras de direitos sobre a criação. Com este direito, o inventor ou o detentor da patente tem o direito de impedir terceiros, sem o seu consentimento, de produzir, usar, colocar à venda, vender ou importar produto objeto de sua patente e/ ou processo ou produto obtido diretamente por processo por ele patenteado. Em contrapartida, o inventor se obriga a revelar detalhadamente todo o conteúdo técnico da matéria protegida pela patente." [CAPES 2019]

Patentes são registros de propriedade intelectual com certa complexidade, que envolvem a descrição de invenções com comprovada eficácia. Invenção é um termo abstrato e, comumente, patentes são associadas a artefatos concretos, como máquinas e mecanismos físicos. No entanto, invenções podem também envolver novos processos, novas formulações, novas formas de solução de um problema. Na Computação, patentes podem ser geradas a partir tanto de invenções que envolvam novos mecanismos de hardware ou dispositivos físicos, como invenções que descrevam novos processos ou soluções algorítmicas aplicados à solução de problemas.

A elaboração de uma patente não é uma tarefa trivial, que possa ser feita pelo pesquisador ou mesmo seu grupo de pesquisas. Em geral, ela exige o apoio de escritórios especializados e especialistas na elaboração de patentes, bem como fontes de financiamento para arcar com os custos tanto da elaboração como do depósito nas bases de patentes nacionais ou internacionais.

Como exemplos, a patente CN104254863, depositada na China, intitulada "*Aprimoramento do diagnóstico de desordens por meio de inteligência artificial e tecnologias móveis de saúde sem comprometimento de acurácia*", descreve "*um sistema computadorizado para gerar uma ferramenta de diagnóstico pela aplicação de inteligência artificial a um instrumento de diagnóstico de desordens, como autismo*". Já a patente US8817078B2, depositada nos EUA, descreve "*um sistema e método para integrar um sistema de renderização virtual e um sistema de captura de vídeo usando controle flexível de câmera para prover realidade aumentada*". Ou a patente US10628673B2, que descreve "*sistemas e métodos de processamento algorítmico para reconhecimento rápido de objetos*".

B) Marca

> "*Todo sinal distintivo, visualmente perceptível, que identifica e distingue produtos e serviços de outros análogos, de procedência diversa, bem como certifica conformidade dos mesmos com determinadas normas ou especificações técnicas.*" [CAPES 2019]

Marcas são importantes ativos de propriedade intelectual na área de Computação, em que empresas e produtos são facilmente reconhecidos por seu nome e/ou emblemas icônicos, como a Apple, a IBM, a Microsoft, a Linux, a Google, a Loggi, a Totus, entre tantas outras.

A geração e o registro de marcas a partir de pesquisas são particularmente interessantes quando os artefatos resultantes da pesquisa científica demonstram potencial para exploração no mercado, sejam como produtos ou serviços. Marcas são muito adequadas para novos produtos, negócios e startups criados a partir de projetos de pesquisa, apoiando o desenvolvimento da presença do empreendimento no mercado.

CAPÍTULO 8. PESQUISA APLICADA, INOVAÇÃO E PRODUÇÃO TECNOLÓGICA EM MESTRADOS PROFISSIONAIS

Um exemplo de marca registrada no INPI proveniente de projetos de pesquisa é a marca da suíte de produtos "Play Your Process", gerada a partir de projeto de pesquisa desenvolvido na Universidade Presbiteriana Mackenzie em parceria com a UFRJ e a UNIRIO (figura 6) [Classe et al. 2019], associada a serviços de projeto de jogos para processos de negócio. Essa é uma marca mista (com palavras e desenhos) em processo de registro no INPI. Outro exemplo é a KUNUMI (figura 8.6), uma marca nominativa (somente nome, sem imagens) registrada no INPI pela UFMG.

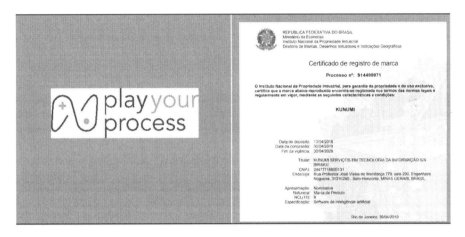

Figura 8.6. Exemplos de marcas depositadas/registradas (Fonte: INPI)

C) Desenho Industrial

> "O registro de Desenho Industrial protege a configuração externa de um objeto tridimensional ou um padrão ornamental (bidimensional) que possa ser aplicado a uma superfície ou a um objeto. Ou seja, o registro protege a aparência que diferencia o produto dos demais (forma plástica). Não são protegidos pelo registro de desenho industrial: funcionalidades, vantagens práticas, materiais ou formas de fabricação, assim como também não se pode proteger cores ou a associação destas a um objeto." [CAPES 2019]

Na área de Computação, desenhos industriais são mais comuns quando as soluções envolvem aparatos físicos: equipamentos, estruturas de engenharia, *design* de novos dispositivos etc. Também podem ser pensados como desenhos industriais, novas configurações de interface, tanto de dispositivos físicos como de interfaces humano-computador, e até mesmo personagens de jogos digitais ou atendentes virtuais.

Em uma busca no site do INPI, podemos encontrar, por exemplo: o registro de um *"PADRÃO ORNAMENTAL APLICADO A/EM INTERFACE GRÁFICA"*, de titularidade de uma empresa chinesa, com a descrição da configuração de uma interface gráfica (figura 8.7); de forma similar, o registro, no Brasil, da configuração de interface do Facebook (figura 8); o registro do *design* de um laptop, de titularidade da Samsung (figura 8.9); o registro de desenho industrial da atendente virtual do Banco Mercantil do Brasil (figura 8.10); e o registro de um personagem de jogo digital (figura 8.11).

Figura 8.7. Exemplo de registro de desenho industrial no INPI relacionado à interface gráfica (Fonte: INPI)

CAPÍTULO 8. PESQUISA APLICADA, INOVAÇÃO E PRODUÇÃO TECNOLÓGICA EM MESTRADOS PROFISSIONAIS

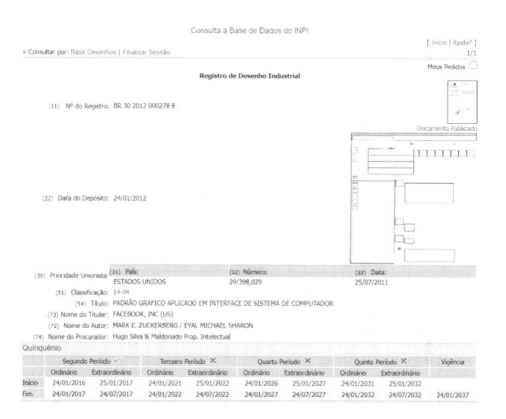

Figura 8.8. Registro de desenho industrial pelo Facebook relacionado à interface gráfica (Fonte: INPI)

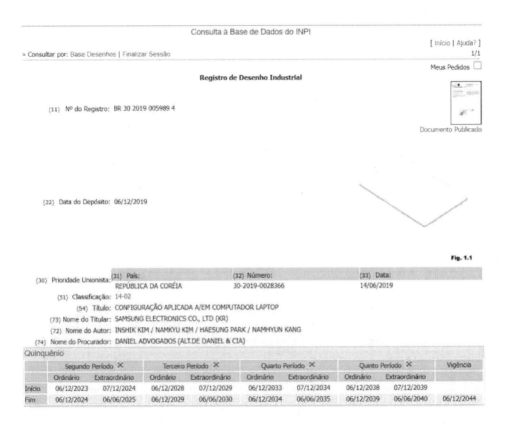

Figura 8.9. Registro de desenho industrial da Samsung relacionado a design de dispositivos (Fonte: INPI)

Registro de Desenho Industrial

(11) Nº do Registro: BR 30 2020 005207 2

Documento Publicado

(22) Data do Depósito: 31/10/2020

(51) Classificação: 20-99
(54) Título: CONFIGURAÇÃO APLICADA A/EM PERSONAGEM ATENDENTE VIRTUAL
(73) Nome do Titular: BANCO MERCANTIL DO BRASIL S/A (BR/MG)
(72) Nome do Autor: LEONARDO ANTÔNIO DE OLIVEIRA / LUAN PESTANA DOS SANTOS / WELLINGTON DA SILVA CIARDULO
(74) Nome do Procurador: LEONARDO VINICIOS DE SOUZA - EDIFICAR

Figura 8.10. Exemplo de registro de desenho industrial no INPI relacionado a assistentes virtuais (Fonte: INPI)

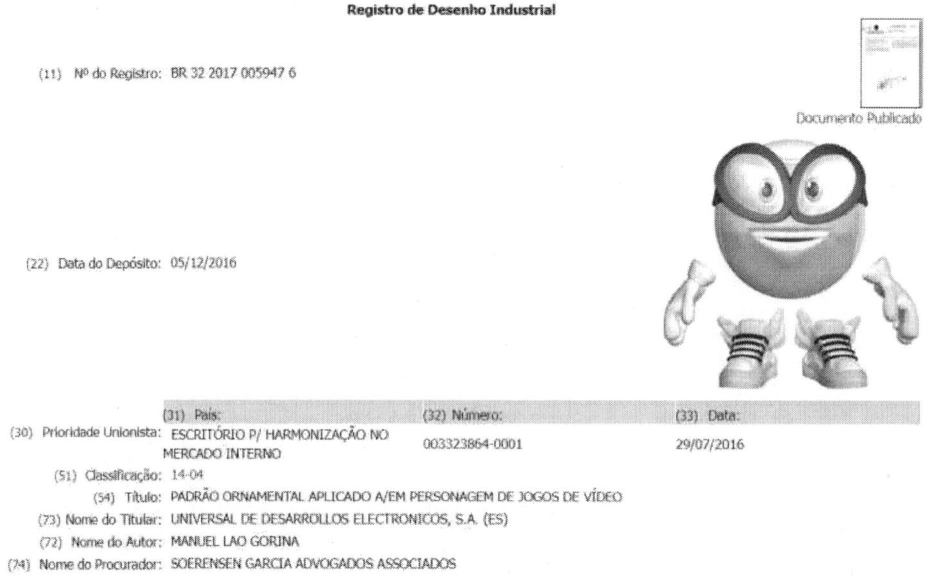

Registro de Desenho Industrial

(11) Nº do Registro: BR 32 2017 005947 6

Documento Publicado

(22) Data do Depósito: 05/12/2016

(31) País:	(32) Número:	(33) Data:
(30) Prioridade Unionista: ESCRITÓRIO P/ HARMONIZAÇÃO NO MERCADO INTERNO	003323864-0001	29/07/2016

(51) Classificação: 14-04
(54) Título: PADRÃO ORNAMENTAL APLICADO A/EM PERSONAGEM DE JOGOS DE VÍDEO
(73) Nome do Titular: UNIVERSAL DE DESARROLLOS ELECTRONICOS, S.A. (ES)
(72) Nome do Autor: MANUEL LAO GORINA
(74) Nome do Procurador: SOERENSEN GARCIA ADVOGADOS ASSOCIADOS

Figura 8.11. Exemplo de registro de desenho industrial relacionado a personagem de jogos digitais (Fonte: INPI)

D) Indicação Geográfica

"A Indicação Geográfica (IG) é usada para identificar a origem de produtos ou serviços quando o local tenha se tornado conhecido ou quando determinada característica ou qualidade do produto ou serviço se deve a sua origem. No Brasil, ela tem duas modalidades: Denominação de Origem (DO) e Indicação de Procedência (IP)." [CAPES 2019]

Indicações geográficas são muito comuns para nós quando relacionadas a produtos de consumo, como vinhos, queijos ou outros produtos, cuja origem e procedência traduzam a qualidade e a forma de sua fabricação. Além disso, a indicação geográfica também pode ser vista como uma estratégia de mercado e de proteção de *know-how* de uma região ou coletivo.

Entre os dois tipos de indicação geográfica, a denominação de origem trata da designação de um produto cujas qualidades estejam intrinsecamente ligadas de forma exclusiva ou essencial ao meio geográfico, incluídos fatores ambientais, como a qualidade e a composição da terra, e humanos, como o modo de manejo peculiar de um determinado produto, por exemplo, os vinhos de Bordeaux, na França, e o café da região do Caparaó-ES, no Brasil. Já a indicação de procedência está relacionada ao ponto geográfico de país, cidade, região ou localidade de seu território conhecido como centro de extração, produção, fabricação de um determinado produto, em que o elemento principal é a notoriedade ou renome. Como exemplos, temos a Associação dos Produtores e Amigos da Cachaça Artesanal de Paraty ou a Associação da Indústria e Comércio de Chocolates Caseiros de Gramado, entre outros.

Na Computação, temos, como exemplo de indicação de procedência conhecido no Brasil, o Porto Digital*, um dos principais parques tecnológicos do país (figura 8.12). A proposta desse registro é indicar, por notoriedade e renome, o pioneirismo, a qualidade, a visão e a forma de produção de serviços de TICs desse espaço geográfico específico. Um ponto interessante sobre a indicação de procedência do Porto Digital é que essa foi a primeira concessão no mundo para serviços, já que, até então, as concessões haviam sido somente para produtos.

Figura 8.12. Registro de indicação de procedência ao Porto Digital (Fonte: INPI)

E) Registro de Programa de Computador

> *"Software é um conjunto de instruções ou declarações a serem usadas direta ou indiretamente por um computador, a fim de obter um determinado resultado. Ele é composto por um código-fonte, desenvolvido em alguma linguagem de programação."* [CAPES 2019]

Na área da Computação é muito fácil gerar produtos de software a partir de pesquisas. Em boa parte das pesquisas na área, encontraremos softwares desenvolvidos tanto como artefatos principais

---

*https://www.portodigital.org/

da pesquisa quanto como artefatos secundários ou correlatos que podem ser registrados no INPI.

Conforme mencionamos anteriormente, na legislação brasileira, o código-fonte de software é considerado como produto sujeito a direito autoral, não patenteável (figura 5). O código-fonte de um software pode ser registrado no Instituto Nacional da Propriedade Industrial (INPI), por meio de um procedimento de submissão bastante simples e pouco oneroso, que registra formalmente os direitos de autoria daquele código.

Alguns pontos são interessantes de serem discutidos aqui. Com relação ao primeiro, é importante diferenciar direito de autor de patente. O objeto de proteção sob registro de programa de computador (direitos autorais) é especificamente o código-fonte. Entenda que um programa pode ser escrito de formas distintas e em linguagens diferentes, e cada uma dessas formas (código-fonte) é passível de direitos autorais via registro de programa de computador. No entanto, um programa de computador pode ser inovador e ter caráter inventivo, ou seja, ter em si um método algorítmico intrínseco que, esse sim, pode ser reivindicado e ser depositado como patente, envolvendo invenções, em que se pede proteção à funcionalidade do método, e não ao código fonte em si.

Um segundo ponto é que o INPI não realiza verificação alguma no software sendo registrado quanto à sua qualidade. Portanto, a qualidade do código-fonte sendo registrado é responsabilidade dos autores. E, quanto ao terceiro, o registro formal de um software no INPI não impede a concessão de seu uso por parte de autores, como, por exemplo, usando licenças livres (MIT, CC, GNU etc.).

A pergunta que se estabelece então é: por que registrar um software de uma pesquisa? Em primeiro lugar, e por razão natural, o registro de um produto de software gerado em uma pesquisa científica é recomendado no caso em que os autores reconhecem claramente a intenção de comercializar o software ou estabelecer um empreendimento que venha a comercializar versões aprimoradas dele e no qual, em seu modelo de negócio, está a necessidade de proteção desse código. Outra razão está no desejo de registrar formalmente o direito de autoria, mesmo que não se pretenda comercializá-lo. O registro de software no INPI também é uma forma de publicização do software criado, uma vez que ele pode ser encontrado em busca na base do INPI por interessados, que podem vir a se tornar parceiros comerciais ou de pesquisa.

Como exemplos, uma busca na base do INPI* com a palavra-chave "educação" retorna 88 resultados de registros de programas de computador, incluindo: *"Sombrinha, software de educação em saúde"*, desenvolvido em Visual Basic por pessoas físicas; *"TinyLabbits Educação Gameficada"*, desenvolvido em C# por uma empresa nacional; *"Competências Docentes Digitais para a Educação Básica CDD-EB"*, desenvolvido em outras linguagens por uma universidade federal; e *"Crawler de Atos Normativos de Educação"*, desenvolvido em Python, por um grupo de desenvolvedores, pessoas físicas.

F) Topografia de Circuitos Integrados

> *"Topografias de Circuito Integrado são imagens relacionadas, construídas ou codificadas sob qualquer meio ou forma, que represente a configuração tridimensional das camadas que compõem um circuito integrado (Fonte: INPI). Cada imagem representa a disposição geométrica ou arranjos da superfície do circuito integrado. Em outras palavras, é o desenho de um chip."* [CAPES 2019]

Esse tipo de produção é bastante compreensível por pesquisadores na área de Computação. Trata-se da configuração de novas placas e circuitos que eventualmente possam ser construídos como produtos de pesquisa para a solução de problemas computacionais específicos. Isso vale tanto para placas de novos computadores, celulares, etc., como também para placas criadas para fins específicos de automação e/ou robótica. É possível compreender a importância desse tipo de produção ao pensar no mercado de hardware, em que novas placas e processadores surgem constantemente e os avanços da capacidade de processamento exigem novas estruturas de funcionamento.

No site do INPI, é possível encontrar os registros concedidos, embora sem detalhes sobre suas configurações (ou seja, conhecimento gerado). Um exemplo pode ser visualizado na figura 8.13.

---

*https://busca.inpi.gov.br/

Figura 8.13. Registro de topografia de circuito integrado (Fonte: INPI)

8.6.3 Software/Aplicativo

"Software é um conjunto de instruções ou declarações a serem usadas direta ou indiretamente por um computador, a fim de obter um determinado resultado. Ele é composto por um código-fonte, desenvolvido em alguma linguagem de programação." [CAPES 2019]

Produtos de software e aplicativos são, sem sombra de dúvida, resultados frequentes e muito importantes de pesquisas realizadas nos programas de pós-graduação na área da Computação, haja vista que é um dos artefatos que dominamos, com muita propriedade, sua construção. A concepção, o design, a construção e a validação de novos softwares e aplicativos podem ser, comumente, o alvo principal de pesquisas na área. Ademais, também é comum desenvolvermos softwares ou aplicativos como artefatos secundários ou de apoio ao desenvolvimento da pesquisa.

Esse tipo de produção técnica corresponde à **disponibilização** de softwares e aplicativos **para uso**, quer seja de forma livre, aberta ou para uso comercial. Exemplos desse tipo de produção podem incluir: i) a disponibilização de aplicativos em lojas de aplicativos para celulares; ii) a disponibilização de sistemas em plataformas web para uso; iii) a disponibilização, em repositórios, de códigos de softwares para download e instalação; v) software ou aplicativo implantado e em uso em uma organização ou em um coletivo social; vi) software comercializado por empresa ou startup; entre outras formas de disponibilização.

Esse é um tipo de produção técnica com a qual podemos contribuir muito em avanços tecnológicos e de conhecimento no país. No entanto, apesar da frequência com que softwares e aplicativos são construídos nas pesquisas científicas da área, é com menor frequência que vemos esses softwares ou aplicativos sendo disponibilizados para uso. Isso pode acontecer por diversos motivos, destacando-se: i) o fato de que o desenvolvimento de softwares/aplicativos em um projeto de pesquisa geralmente chega até o estágio de um protótipo ou mínimo produto viável (MVP) para validação de uma ideia ou hipótese de pesquisa, e não a um produto pronto para uso; ii) a baixa disponibilidade de recursos (principalmente tempo, equipe ou mesmo interesse) dos pesquisadores no esforço de transformar os softwares e os aplicativos em produtos após a finalização do projeto; iii) a tendência a colocar maior foco em produções bibliográficas; iv) a falta de recursos para empreender e/ou manter uma linha de sustentação contínua de produtos de software/aplicativos em uso para um determinado público-alvo (pessoas ou empresas).

De uma forma geral, superar esses desafios passa pelo desenvolvimento de uma mentalidade de produção voltada à concretização de protótipos de pesquisa em produtos; pelo estabelecimento de parcerias com o setor produtivo, governo ou coletivos sociais para o desenvolvimento e a sustentação do produto; pela captação de recursos de apoio ao desenvolvimento tecnológico; e pelo aproveitamento do ecossistema de PD&I da universidade, regional, nacional ou mesmo internacional.

8.6.4 Tecnologia Social

"Método, processo ou produto transformador, desenvolvido e/ou aplicado na interação com a população e apropriado por ela, que represente solução para inclusão social e melhoria das condições de vida e que

atenda aos requisitos de simplicidade, baixo custo, fácil aplicabilidade e replicabilidade." [CAPES 2019]

Tecnologias sociais são um tipo interessante de produção técnica, mas pouco compreendido pela área de Computação. Por força da perspectiva em que estamos como área científica, tendemos a interpretar o termo "tecnologia social" como softwares ou aplicações voltados ao apoio de grupos, conhecidos como sistemas colaborativos [Pimentel e Fuks 2011]. Mas não deve ser esse o entendimento simplificado desse tipo de produção.

Embora tecnologias sociais possam ser sistemas com funcionalidades de colaboração (comunicação, coordenação etc., entre pessoas), essas tecnologias precisam ter seus propósitos voltados à transformação de um coletivo ou população, visando a sua inclusão e melhoria social, ambiental e econômica. Ou seja, **tecnologias sociais são ferramentas tecnológicas para solucionar problemas sociais!** Tecnologias sociais podem estar fortemente associadas ao conceito de Inovação Social [Chueri 2017] ou Negócios de Impacto Socioambiental [Barki et al. 2019].

Exemplos de tecnologias sociais podem ser mencionados, como o U-Report[*], da UNICEF, que incentiva e capacita os jovens a participarem como agentes de mudança, conectando-os a questões relevantes e se envolvendo em assuntos importantes de suas realidades. Os jovens interagem em enquetes e *chats*, acessam notícias diversas e histórias postadas por pessoas de todo o mundo, além de denunciar problemas das redondezas onde vivem. Ou o *Be My Eyes*[**], um aplicativo gratuito que conecta pessoas cegas e com baixa visão a voluntários e representantes de empresas para assistência visual por meio de uma videochamada ao vivo. Nessa mesma linha da inclusão, temos o *Hand Talk*[***], startup brasileira que criou um aplicativo para comunicação em libras. Outros exemplos são o aplicativo PenhaS[†], que apoia mulheres vítimas de relacionamentos abusivos, e o Aplicativo Adoção[††], que auxilia no processo de aproximação entre crianças e adolescentes à espera de adoção e suas futuras famílias.

---

[*]https://www.unicef.org/innovation/U-Report
[**] https://www.bemyeyes.com/
[***]https://www.handtalk.me/br/
[†]https://azmina.com.br/projetos/penhas/
[††]https://www.tjrs.jus.br/app-adocao/home.html

8.6.5 Curso de Formação Profissional

"Conjunto de conteúdos estabelecidos de acordo com as competências requeridas pela formação profissional, em conformidade com os objetivos do Programa de Pós-Graduação." [CAPES 2019]

Este tipo de produção trata da oferta regular ou em alternância de cursos de capacitação profissional **vinculados a temáticas, projetos de pesquisa e produção técnico-científica do programa de pós-graduação**. Este último ponto é muito importante ser observado. É importante que os cursos tenham relação com avanços de conhecimento científico e tecnológico do próprio programa e contem com a participação de seus membros (docentes e/ou discentes).

Exemplos interessantes desse tipo de formação são, por exemplo, cursos de capacitação profissional que surgem no contexto de projetos de PD&I em parcerias entre o programa de pós-graduação e o setor produtivo, em que é percebida a necessidade de transferir conhecimento sobre a tecnologia ou soluções que serão utilizados no projeto para os profissionais da empresa.

8.6.6 Produto de Editoração

"Produto de editoração resulta de atividade editorial de processos de edição e publicação de obras de ficção e não ficção. Compreende planejar e executar, intelectual e graficamente, livros, enciclopédias, preparando textos, ilustrações, diagramação etc., com vinculação ao Programa (projetos, linhas, discentes/egressos)." [CAPES 2019]

Esse tipo de produção envolve a editoração, ou seja, o planejamento, execução e gerenciamento de publicação como: mídias impressas (jornal, revista, livro, panfleto, cartaz, anais de eventos etc.), eletrônicas (e-books, mídias interativas) ou digitais (internet, celular). Nesse caso, o pesquisador (aluno ou docente) do programa figura como o editor (não confunda com autor!) do produto de editoração. Nota-se aqui, mais uma vez, a necessidade de que o produto e seu conteúdo estejam diretamente relacionados aos projetos, pesquisas e membros (docentes e/ou discentes) do programa.

8.6.7 Evento Organizado

"Produto da atividade de divulgação e/ou propagação do conhecimento técnico-científico pelo Programa de Pós-Graduação para público acadêmico ou geral por meio de atividades formalmente concebidas." [CAPES 2019]

Neste item de produção, encontra-se a organização (não confunda com a mera participação) de congressos, seminários, festivais, olimpíadas, competições, feiras ou convenções realizadas por discentes e docentes do programa, desde que, novamente, vinculadas aos temas e projetos de pesquisa do programa.

8.6.8 Norma ou Marco Regulatório

"São diretrizes que regulam o funcionamento do setor público e/ou privado. Tem por finalidade estabelecer regras para sistemas, órgãos, serviços, instituições e empresas, com mecanismos de regulação, compensação e penalidade... marco regulatório em saúde, educação, energia, telefonia, internet, transporte, petróleo e gás, recursos hídricos, pesca, mídia, organizações da sociedade civil, etc.; norma regulamentadora em segurança e saúde no trabalho e prevenção de riscos ambientais; especificação de produto ou padronização de processo; regulamento ou norma organizacional relacionada a negócios, a órgão governamental, a associação comercial ou profissional, a grupo de consumidores; guia ou código de prática." [CAPES 2019]

É importante destacar, nesse tipo de produção, o fato de que não se trata de meros relatórios técnicos, resoluções internas etc., mas de normas ou marcos regulatórios efetivamente utilizados por instituições privadas, governamentais ou associações em âmbito regional, nacional ou internacional. Importante observar também que, em diversos casos, a produção de itens dessa natureza envolve a participação de docentes e/ou discentes do programa de pós-graduação em comitês técnico-científicos, com a participação de instituições interessadas ou que chancelam o produto. A Estratégia Brasileira de Inteligência Artificial*, a Infraestrutura Nacional de Dados Abertos (INDA)**, normas técnicas ISO etc., são exemplos de produções dessa natureza.

8.6.9 Base de dados técnico-científica

> *"É um conjunto de arquivos relacionados entre si com registros sobre pessoas, lugares ou coisas. São coleções organizadas de dados que se relacionam de forma a criar algum sentido (Informação) e dar mais eficiência durante uma pesquisa ou estudo."* [CAPES 2019]

Esse é um tipo de produção bastante interessante para os programas na área de Computação, haja vista que, em muitas áreas e projetos de pesquisa, é necessário organizar bases de dados, quer seja como parte das soluções desenvolvidas nas pesquisas ou para experimentos. É **extremamente importante** observar, nesse caso, as questões éticas e de proteção de dados pessoais ou dados sensíveis na geração, uso e disponibilização de dados originários de pesquisas científicas.

A organização, disponibilização e compartilhamento de bases de dados para estudos na área de ciência de dados, por exemplo, tem sido uma ação extremamente relevante para o avanço dessa área. Além disso, bases de dados em domínios específicos – saúde, educação, transportes etc. – , organizadas e disponibilizadas para uso de outros pesquisadores ou instituições nacionais ou internacionais, são cada vez mais importantes para o desenvolvimento de soluções, sobretudo para problemas globais.

Como exemplos, o Simpósio Brasileiro de Banco de Dados, organizado pela Sociedade Brasileira de Computação, estimula pesquisadores a compartilharem suas bases de dados no *Dataset Showcase Workshop****, e a IBM disponibiliza bases de dados de seu projeto de pesquisa chamado *Debater*, na área de mineração de argumentos[†].

---

*https://www.gov.br/mcti/pt-br/acompanhe-o-mcti/transformacaodigital/inteligencia-artificial
**https://dados.gov.br/pagina/instrucao-normativa-da-inda
***https://sbbd.org.br/2022/chamada-dsw/
[†]https://research.ibm.com/haifa/dept/vst/debating_data.shtml

8.6.10 Empresa ou Organização Social Inovadora

"Uma nova empresa ou organização social formada com base em produto, serviço ou processo tecnológico desenvolvido por docentes e/ou discentes no âmbito do Programa de Pós-graduação." [CAPES 2019]

Neste item estão os empreendimentos e novos negócios oriundos de atividades de pesquisa, desenvolvimento tecnológico e inovação do programa de pós-graduação. Importante observar que o produto, serviço ou processo transformado em negócio precisa ter necessariamente surgido de atividades de pesquisa em andamento no programa, ou seja, que surgiram de conhecimento gerado pelas atividades de docentes e/ou discentes no escopo de suas pesquisas nas linhas temáticas do programa.

Diversos programas de pós-graduação na área de Computação no país possuem exemplos de empresas ou startups originadas em projetos de pesquisa desenvolvidos no escopo do programa. A título somente de exemplo, podemos citar: a *Akwan Information Technologies*, startup criada na UFMG, posteriormente adquirida pela Google [Deutscher et al. 2005]; a NoHarm.ai[*,**], criada a partir de pesquisa da PUCRS.

8.6.11 Participação em comissão técnico-científica, membro de conselho gestor ou comitê técnico

Esses são tipos de produção que não estão na lista geral produzida pela CAPES, mas são considerados importantes pela área de Computação. É muito louvável esse reconhecimento da área a esse tipo de trabalho, tendo em vista que a participação em comissões técnico-científicas são, na maioria dos casos, atividades não remuneradas que envolvem a discussão e o desenvolvimento de políticas, estratégias e ações para a pesquisa, ensino, inovação e extensão na academia e práticas no mercado.

Comissões técnico-científicas, conselhos gestores e/ou comitês técnicos são grupos de especialistas acadêmicos e/ou profissionais formalmente constituídos para discussão ou execução de ações específicas tanto científicas como técnicas. As comissões podem ser organizadas por

---

[*] https://noharm.ai/
[**] https://www.pucrs.br/blog/ciencia-empreendedorismo/

associações científicas ou profissionais, instituições públicas ou privadas, ou mesmo agências governamentais. Como exemplos, o Comitê Gestor da Internet (CGI.Br), o Conselho Técnico-Científico da RNP, a Comissão de Educação da Sociedade Brasileira de Computação, grupos de trabalho da Associação das Empresas de Tecnologia da Informação e Comunicação (TIC) e de Tecnologias Digitais (BRASSCOM), entre diversos outros. Nesse tipo de produção, também podemos relacionar a participação de docentes e/ou discentes em comitês técnico-científicos de eventos acadêmicos nacionais ou internacionais.

8.6.12 Considerações importantes!

Conforme explicitado pela área, outras produções relevantes, não listadas no quadro acima, também podem ser incluídas e justificadas pelos programas. Dessa forma, torna-se fundamental que o pesquisador conheça outros tipos de produção e fique atento às possibilidades de sua geração em seus projetos de pesquisa.

Importante considerar que não se deve descartar a oportunidade de disseminação de conhecimento tecnológico oriunda de pesquisas, apesar de não listadas como relevantes pelo sistema de avaliação nacional exercido pela CAPES e seus comitês. Conhecimento, inclusive tecnológico, não está circunscrito a tipificações e pode surgir sob formatos até mesmo ainda não classificados pelos sistemas de indicadores de produção. Além disso, conhecimento só é útil quando compartilhado, e não se pode desprezar a oportunidade de fazê-lo, mesmo que não reconhecido pelos pares científicos.

8.7 Levantamento de conhecimento tecnológico

A prospecção tecnológica é o termo utilizado para os estudos que têm por finalidade antecipar e entender as potencialidades, evolução, características e efeitos das mudanças tecnológicas, particularmente a sua invenção, inovação, adoção e uso [Coates, 2010]. O monitoramento dessas informações oferece vantagens competitivas às organizações, no sentido de estabelecerem seus planos estratégicos visando a inovação e a introdução de novos produtos no mercado. Algo fundamental no processo de prospecção tecnológica, para que empresas possam tomar decisões estratégicas sobre investimento em novas tecnologias, é compreender estado atual do conhecimento existente em uma determinada área ou nicho de mercado.

Segundo Borschiver e Silva (2016), o conhecimento tecnológico existente pode ser classificado como "passado" – tecnologias já existentes e comercializadas no mercado; "presente" – conhecimento depositado em bases de propriedade intelectual, onde estão disponíveis tecnologias já demonstradas viáveis, porém algumas ainda não comercializadas em mercados; e "futuro" – conhecimento científico, a tecnologia que ainda está por vir. Com base no mapeamento desse conhecimento, uma organização pode tomar decisões sobre investimentos em novas tecnologias, quer seja adquirindo empresas, negociando propriedade intelectual já existente, ou desenvolvendo sua própria tecnologia inovadora.

Conforme discutimos nas seções iniciais deste capítulo não há como negar a complementariedade dos processos de pesquisa científica, desenvolvimento tecnológico e inovação [Araujo e Chueri, 2018]. Enquanto a pesquisa científica instrumenta o pesquisador com métodos que garantem rigor e visa a geração de conhecimento para comunidades científicas, o desenvolvimento tecnológico e inovação conferem visão aplicada a problemas reais e a desafios para o desenvolvimento de soluções factíveis. A combinação destes processos pode alavancar tanto a geração de conhecimento científico com visão aplicada, como a produção de artefatos inovadores baseados em pesquisa científica.

No entanto, os resultados de conhecimento desses processos são endereçados para alvos distintos: enquanto a pesquisa científica se preocupa com a disseminação de conhecimento por meio de artigos científicos, empresas e inventores independentes colocam foco na disseminação de conhecimento tecnológico em bases de propriedade intelectual, haja vista as oportunidades evidentes da transformação desta tecnologia em produtos e licenciamento. Se considerarmos que o conhecimento disponível nas bases científicas e nas bases de propriedade intelectual evidentemente não é o mesmo, resulta que, boa parte do conhecimento tecnológico existente nas bases de propriedade intelectual não é frequentemente estudado pelos pesquisadores.

A busca de informação tecnológica é etapa importante no processo de inovação tecnológica, como também têm se tornado cada vez mais importante no processo de produção científica, haja vista que a compreensão do "estado da técnica" em uma determinada área também passa pela identificação do conhecimento tecnológico disponível.

Segundo Nunes & Pinheiro-Machado (2017), para oportunizar a produção de um novo produto ou processo advindo de uma pesquisa científica ou da inovação tecnológica, é importante utilizar a busca de informação tecnológica para esclarecer questões como: "i) A tecnologia que será produzida é uma inovação? ii) A tecnologia já foi disponibilizada comercialmente? Ela já foi patenteada? Foi ou está sendo comercializada? iii) Se a tecnologia já foi patenteada, quais as lacunas existentes nessa tecnologia? iv) Se a tecnologia não foi patenteada, será que a mesma tem mercado e é passível de interesse nos processos produtivos locais, regionais ou nacionais?"

Considerando o aumento do interesse e prática de geração de conhecimento (tanto científico como tecnológico) em todo mundo na forma de patentes, estimulados por políticas públicas internacionais (WIPO, 2022), a busca de informação tecnológica torna-se uma atividade importante cujo conteúdo não pode ser negligenciado tanto por pesquisadores como empreendedores. A partir desta constatação, a questão que se coloca é como realizar esta busca.

Embora a busca por informação tecnológica possa (e deva) ser realizada em diferentes tipos de propriedade intelectual (vide Figura 5), vamos nos concentrar, em seções a seguir, nas bases de patentes, por entender que são o tipo de propriedade intelectual que mais descrevem detalhes sobre a tecnologia.

8.7.1 Entendo um pouco mais sobre patentes

Uma patente é um título de propriedade temporária sobre uma invenção ou modelo de utilidade, outorgados pelo Estado aos inventores ou autores ou outras pessoas físicas ou jurídicas detentoras de direitos sobre a criação para fazer uso comercial de suas invenções. Patentes podem estar classificadas em Patentes de Invenção (PI) – descrevem uma tecnologia que resolve um problema técnico – e Modelos de Utilidade (MU) – descrevem uma melhoria funcional na forma ou estrutura de um objeto.

Um conhecimento técnico é passível de patenteamento se atender aos critérios de i) **novidade** – algo é considerado novo quando não compreendido no Estado da Técnica*, ii) **atividade inventiva (PI)/ato inventivo (MU)** – uma invenção é dotada de atividade inventiva sempre que, para um técnico** no assunto, a mesma não decorra de maneira evidente ou óbvia do Estado da Técnica; um modelo de utilidade é dotado de ato inventivo sempre que, para um técnico no assunto, não decorra de maneira comum ou vulgar no Estado da Técnica; iii) **melhoria funcional (para MU)** – a introdução em objeto de uma forma ou disposição que acarrete comodidade ou praticidade ou eficiência à sua utilização e/ou obtenção; iv) **aplicação industrial** – se o seu objeto for passível ou capaz de ser fabricado ou utilizado em qualquer tipo/gênero de indústria; e v) **suficiência descritiva** – o texto da patente deve descrever clara e suficientemente o objeto, de modo a possibilitar sua realização por técnico no assunto e indicar, quando for o caso, a melhor forma de execução (um texto bastante distinto da redação científica).

O registro de patentes é realizado mediante depósito de um pedido (patente **depositada**) a instituições responsáveis pela concessão, comumente chamados de escritórios de patentes, como o Instituto Nacional da Propriedade Industrial (INPI), no Brasil. O pedido é analisado por técnicos internamente a estas instituições, de forma a conferir os critérios expostos acima. Uma vez que o pedido atenda aos critérios, a patente passa a ser **concedida**. O registro de uma patente confere benefícios privados ao titular, que detém o monopólio temporário de excluir terceiros de usar sua invenção; bem como benefícios públicos, uma vez que a contrapartida à proteção da invenção é a divulgação da informação tecnológica após o depósito do pedido de

---

*Tudo aquilo tornado acessível ao público antes da data de depósito do pedido de patente, por descrição escrita ou oral, por uso ou qualquer outro meio, no Brasil ou no exterior, ressalvados períodos de graça e prioridades.

**Técnico no assunto – pessoa detentora dos conhecimentos medianos sobre a matéria e não um grande especialista ou sumidade na matéria.

patente. Portanto, conforme queremos alertar, **um documento de patente – independentemente de ser concedido – contém informação tecnológica**.

8.7.2 Estrutura de um Documento de Patente

Uma patente é estruturada por: i) folha de rosto com informações bibliográficas; ii) relatório descritivo da tecnologia: detalha o estado da técnica, a invenção, ressaltando os problemas técnicos resolvidos, as vantagens alcançadas e um melhor meio de execução da invenção que permita um técnico no assunto implementá-la.; iii) reivindicações – o escopo legal de proteção de uma patente sendo indiscutivelmente a parte mais importante das patentes, uma vez que definem as fronteiras dos direitos protegidos.; iv) desenhos, se for o caso; e v) resumo. As informações bibliográficas disponíveis na folha de rosto são importantes para a busca, conforme veremos, e é importante identificá-las.

A Figura 14 apresenta a folha de rosto de uma patente brasileira, registrada no INPI. O conjunto de dados da folha de rosto inclui: as datas de depósito e publicação da patente; sua classificação internacional (já veremos do que se trata adiante); título; resumo; o requerente ou titular da patente; o(s) inventores; e a prioridade para sua análise, se houver. Os códigos entre parênteses (21), (22), (43) etc., representam códigos internacionais de identificação de dados bibliográficos de patentes. Isto significa que, não importa em que idioma esteja a patente, nestes códigos/campos, o leitor encontrará sempre a informação relacionada ao código.

A Classificação Internacional de Patentes (CIP) (veja toda a classificação em: http://ipc.inpi.gov.br) compreende uma estrutura hierárquica de classificação de patentes em 8 grandes assuntos, com subseções e detalhamentos: Seção A – Necessidades Humanas; Seção B – Operações de Processamento; Transporte; Seção C – Química e Metalurgia; Seção D – Têxteis e Papel; Seção E – Construções Fixas; Seção F – Engenharia Mecânica; Iluminação; Aquecimento; Armas; Explosão; Seção G – Física; Seção H – Eletricidade. Como exemplo, a classificação da patente apresentada na Figura 8.14) – **G06F 17/30** – pode ser entendida conforme apresentado abaixo:

G – Seção G – Física

G06 – Cômputo; Cálculo; Contagem

G06F – Processamento elétrico de dados digitais

G06F 17/00 – Equipamentos ou métodos de computação digital ou de processamento de dados, especialmente adaptados para funções específicas

G06F 17/30 – Recuperação das informações; respectivas estruturas de banco de dados

Figura 8.14. Folha de rosto de uma patente Fonte: INPI

8.7.3 Bases de informação sobre propriedade intelectual

Nunes e Pinheiro-Machado (2017) indicam uma lista de sites e bases de consultas públicas e privadas onde são disponibilizadas informações sobre propriedade intelectual (Tabela 8.2). Estas bases podem conter informações restritas a um país ou ao mundo inteiro. Variam em formas de acesso, disponibilidade de formato dos itens e procedimentos de busca.

Tabela 8.2. Exemplos de bases de Informação sobre Propriedade Intelectual [Nunes e Pinheiro-Machado, 2017]

INPI www.inpi.gov.br	Disponibiliza documentos nacionais e estrangeiros em todas as áreas de conhecimento, via busca online. Base principal de patentes brasileiras.
PATENTSCOPE www.wipo.int/patentscope/en	Base de patentes da OMPI que reúne patentes depositadas através do PCT (*Patent Cooperation Treaty*), oriundas de diversos escritórios de patentes do mundo.
Derwent World Patent Index (DWPI) www.periodicos.capes.gov.br	Criada e mantida pela Thomson Reuters, tem cobertura de diversos escritórios de patentes no mundo. Disponibilizada à comunidade brasileira de pesquisa através da Capes e Fapesp, acesso por computadores internos das universidades.
Esp@cenet ep.espacenet.com	Base do Escritório Europeu de Patentes (EPO), contendo patentes do mundo todo.
USPTO www.uspto.gov	Base de patentes norte-americanas.
Google patent search www.google.com/patents	Foco em patentes norte americanas, atualmente permite a busca em bases de patentes públicas de todo o mundo.

8.7.4 Processo de Busca de Informação Tecnológica em Bases de Patentes

Dada a importância da busca de informações em bases de patentes, Araujo et al (2018) apresentaram uma proposta de sistematização visando complementar a atividade de levantamento do estado da prática usualmente realizada nos processos de pesquisa científica.

A proposta de processo é equivalente aos levantamentos acadêmicos realizados nas bases de informação visando mapeamentos e/ou revisões sistemáticas de literatura científica [Kitchenham 2004]. O protocolo compreende as fases e atividades conforme apresentadas na tabela 8.3. Para exemplos de execução do processo sugerido consulte [Procaci et. al., 2016] e [Paula e Araujo, 2018].

Tabela 8.3. Fases e atividades para a busca de informação tecnológica em bases de Patentes. Fonte: [Araujo et al., 2018]

Fase	Atividades
1) Planejamento	• Formular questão para a busca • Identificar palavras-chave • Montar string de busca • Identificar classificação internacional (CIP) • Decidir quanto ao período • Definir critérios de inclusão e de exclusão • Selecionar base(s) de dados
2) Execução	• Realizar busca nas bases de dados • Organizar resultado das buscas • Selecionar patentes
3) Análise	• Analisar patentes selecionadas
4) Relato	• Gerar relatórios/publicações

8.7.4.1 Planejamento

A fase de planejamento tem como objetivo organizar um protocolo para a busca de informação, de forma a sistematizá-la minimamente.

Formular questão para a busca

O planejamento da busca de patentes se inicia com a formulação da pergunta ou questão que se espera responder com a busca por informação. A questão pode envolver uma combinação de perguntas a respeito do problema, o contexto de aplicação e a solução técnica elaborada. Como exemplo, um pesquisador poderia fazer as perguntas a seguir:

- *Q1: Quais patentes existem que resolvem o problema de transferência de imagens entre servidores web e aplicativos?* → *foco no problema*

- *Q2: Quais patentes existem que resolvem o problema de transferência de imagens entre servidores web e aplicativos em comércio eletrônico?* → *foco no problema em seu contexto*

- Q3: Quais patentes existem que resolvem o problema de transferência de imagens entre servidores web e aplicativos em comércio eletrônico usando métodos de comunicação? → foco no problema, contexto e solução

Importante considerar que patentes descrevem conhecimento de ampla aplicação. Questões muito fechadas ou muito específicas podem se demonstrar pouco úteis inicialmente. Cabe ao pesquisador calibrar a abrangência de suas questões conforme for aprofundando sua busca. Outro aspecto importante é que como a descrição de patentes não necessariamente apresenta resultados experimentais de uso, questões que envolvam conhecer resultados específicos de aplicação da solução podem não ser efetivas.

Identificar palavras-chave

A identificação de palavras-chave é outra atividade fundamental da busca de informação sobre patentes. As palavras-chave vêm diretamente das questões de pesquisa, e compreendem termos relacionados ao contexto, ao problema e à solução. Em geral, quando estamos realizando uma pesquisa científica, aos poucos vamos nos familiarizando com os termos chave do referencial teórico e conceitos relacionados ao problema e enfoque de solução da pesquisa comumente utilizados pela comunidade científica. Estes termos também podem ser utilizados aqui, para a busca de patentes.

No entanto, o uso dos mesmos termos identificados na literatura científica pode ser muito restritivo quando se realiza a busca em bases de patentes. A razão é que, no universo da propriedade intelectual, comumente o conhecimento tecnológico de uma solução é generalizada ao máximo, de forma que possa abranger um campo bastante amplo de sua aplicação. Por exemplo, a construção de um novo tipo de *lâmpada*, provavelmente não será registrada com este termo na patente. Muito mais provável será que seja registrado como um *sistema de iluminação*, pois assim a tecnologia produzida e o conhecimento que encerra se tornam mais abrangentes para aplicação em diferentes contextos, aumentando seu espectro de proteção.

Desta forma, caso o pesquisador inicie suas buscas e se frustre com poucos retornos, recomendamos que reflita, mesmo que minimamente, a respeito de como os termos de busca conhecidos em sua pesquisa científica podem ser ampliados em sua forma de aplicação, aumentando a chance de encontrar resultados significativos nas bases de patentes. Por outro lado, este exercício é por si só uma oportunidade de refletir quanto à abrangência do problema e solução de sua pesquisa, identificando oportunidades de aplicação até então não pensadas.

A identificação de palavras-chave é um processo recursivo, que pode ser aprimorado em sua precisão de acordo com o avanço da busca e com o aumento do conhecimento do pesquisador a respeito de como o assunto é organizado na base.

Montar *string* de busca

As bases de dados variam muito quanto ao mecanismo oferecido para a busca por palavras-chave. Algumas são mais sofisticadas e permitem combinações lógicas para a busca. Outras são mais simples e o processo de busca menos poderoso. A construção de uma string de busca vai depender muito destes mecanismos, tanto de sua capacidade de combinação de palavras-chave, como nos campos que podem ser pesquisados (título, resumo, etc). O importante aqui é que o pesquisador organize a combinação das palavras-chave de forma a aumentar suas chances de encontrar patentes relevantes.

De maneira lógica, espera-se que as patentes relevantes para a pesquisa contenham as palavras-chave identificadas de forma conjunta (AND). No entanto, sabemos que isto pode tornar a busca muito restritiva. Desta forma, recomendamos que o pesquisador realize diversos ciclos de busca, variando as combinações das palavras-chave, ou mesmo pesquisando por cada uma delas, observando, a cada ciclo o volume e o tipo de patente retornada. Espera-se também que o pesquisador explore os termos sinônimos das palavras-chave identificadas.

Identificar classificação internacional

Conforme descrito em seção anterior, as patentes são organizadas nas bases segundo uma classificação internacional comum. Recomenda-se que o pesquisador navegue por esta classificação tentando identificar quais categorias estariam as patentes que deseja consultar.

A identificação da CIP das patentes desejadas pode ajudar como critérios de inclusão/exclusão de patentes, quando o pesquisador já possui mais segurança sobre o domínio de conhecimento que deseja consultar. No entanto, a identificação da CIP pode ser útil também para as primeiras buscas de um pesquisador, navegando por patentes dentro de uma determinada classificação, para identificação de termos e palavras-chave relevantes para sua busca.

Decidir quanto ao período

As bases de dados de patentes permitem a seleção do período para o qual se deseja fazer a busca. O pesquisador pode deixar o período da busca em aberto, de forma a ter uma maior abrangência e oportunidade de encontrar patentes com conhecimento relevante para sua pesquisa, mesmo que antigas – afinal conhecimento não se perde. Determinar um período específico para a busca pode ser um exercício interessante, pois implica em refletir e buscar informação sobre a evolução de uma determinada tecnologia e sua aplicação industrial/mercado.

Definir critérios de inclusão e exclusão

Nesta atividade, é importante que o pesquisador identifique critérios simples que o ajudem a determinar se uma patente encontrada deve permanecer ou não em sua lista para investigação. Os critérios de inclusão e exclusão devem estar diretamente relacionados às questões de busca definidas pelo pesquisador, podendo dizer respeito ao conteúdo e da tecnologia em si apresentada pela patente. Os critérios podem dizer respeito também a aspectos adicionais da patente, como por exemplo, o idioma de descrição da patente, a abrangência – país/mundo, tipo de patente (invenção, MU) etc. Não há regras quanto aos critérios a serem utilizados pelo pesquisador, desde que ajudem na determinação da relevância do conhecimento que pretende encontrar.

Selecionar bases de dados

O planejamento se encerra com a decisão a respeito de quais bases de dados são relevantes para a busca. Esta decisão implica em refletir quanto a qual a abrangência da busca que se deseja realizar – nacional, mundial ou em algum país em específico (existem também as bases específicas de outros países – Canadá, Japão, América Latina etc, não listadas na seção anterior). Boa parte desta decisão é determinada pelo escopo e contexto da pesquisa que se quer realizar (se o problema ou solução é específico para o Brasil ou para o mundo), bem como na estratégia que o pesquisador possa ter de depósito de patentes ou de comercialização do(s) produto(s) de sua pesquisa no futuro.

8.7.4.2 Execução

A fase de execução tem como objetivo executar a busca nas bases de patentes selecionadas, usando como base o protocolo planejado, refinando-o, conforme as buscas vão sendo realizadas.

Realizar busca nas bases de dados

Nesta atividade sugere-se que o pesquisador realize diversos ciclos de busca, refinando seu protocolo de acordo com as patentes sendo encontradas. As buscas podem ser feitas combinando o uso da *string* de busca montada a partir das palavras-chave especificadas no planejamento, bem como busca pelas classificações internacionais identificadas como possíveis alvos para a pesquisa.

Organizar resultado das buscas

Sugere-se que um conjunto de dados sobre as patentes seja organizado conforme as buscas são realizadas, a saber: Nº da patente, País de origem, Classificação Internacional de Patente (CIP), Titular/Inventor(es), Data de depósito, Data de Publicação e resumo.

Selecionar patentes

Por meio da aplicação dos critérios de inclusão e exclusão definidos no planejamento, o pesquisador pode realizar um primeiro filtro sobre as patentes relevantes retornadas na busca. Uma vez selecionada uma lista de patentes potencialmente relevantes, pode-se proceder com a leitura da patente por completo – relatório, reivindicações etc – retirando da lista aquelas que não se demonstrarem pertinentes ou úteis. Importante ressaltar aqui que algumas bases podem não disponibilizar o texto completo das patentes registradas.

8.7.4.3 Análise

Esta etapa compreende a análise das patentes selecionadas. Implica na leitura cuidadosa do texto da patente, tentando responder às questões da pesquisa. As perspectivas pelas quais o pesquisador irá fazer sua análise são, obviamente, livres, mas é importante que seja capaz de tecer conclusões a respeito do estado da técnica representado pelo conhecimento das patentes analisadas e como este estado da técnica traz implicações para sua pesquisa.

Ressaltamos duas informações contidas nas patentes que merecem ser analisadas nesta fase. A primeira se refere às citações feitas à patente e vice-versa, patentes que citam a patente analisada. Navegar pelas citações pode ser uma boa maneira de identificar patentes relevantes relacionadas, eventualmente não identificadas na busca. A segunda se refere a citação no texto da patente de artigos acadêmicos publicados pelos inventores. Convém também buscar artigos publicados pelos inventores nas principais bases científicas.

8.7.4.4 Relato

Recomenda-se a documentação do processo de busca de patentes e a análise resultante no formato de relatórios. Este relatório possui potencial para publicações e disseminação de conhecimento, ressalvadas as estratégias de proteção estipuladas pelo pesquisador, que pode preferir manter a busca para seu uso restrito.

8.8 Conclusões

Este texto buscou ajudar o leitor pesquisador a refletir sobre a natureza de suas pesquisas, identificar oportunidades de produção técnica/tecnológica a partir de suas pesquisas, considerar empreender em atividades de inovação junto a parceiros do mercado, da indústria e da sociedade, e levantar conhecimento existente nas bases de informação tecnológica disponíveis.

Aproveitar essas oportunidades envolve: i) saber distinguir, dentre os resultados de seu projeto pesquisa, aqueles que têm potencial de gerar produção tecnológica e produtos; ii) saber buscar informação científica e tecnológica existente, a fim de destacar claramente o diferencial inovativo de sua pesquisa; iii) desenvolver produtos tecnológicos com qualidade para consumo de parceiros e sociedade; iv) disponibilizar a produção e seu conhecimento associado segundo estratégias definidas (fechado/aberto, licenciamento etc.); v) conhecer o ecossistema onde estão inseridos os produtos de sua pesquisa (parceiros científicos, de mercado, industriais ou sociais), identificando oportunidades de parcerias para compartilhamento de conhecimento para vencer desafios científicos ou para produção em escala e introdução no mercado/sociedade; vi) conhecer as políticas e processos de apoio de sua instituição para produção tecnológica, inovação e empreendedorismo; vii) reconhecer claramente o impacto de sua produção (científicos e tecnológicos), considerando os contextos, problemas e oportunidades em sua pesquisa.

Atividades

Seguem sugestões de atividades relacionadas ao tema deste capítulo:

1. Buscar informação tecnológica.

(a) Visite a ferramenta de busca por patentes da Google – Google Patents (https://patents.google.com/). Faça uma busca por patentes, usando termos relacionados à tua pesquisa. Navegue e leia o conteúdo das patentes encontradas. A estrutura de organização de conhecimento de uma patente é peculiar ao processo de divulgação de conhecimento tecnológico. Para conhecer mais sobre essa estrutura, consulte Araujo e Chueri (2018) e Silva et al. (2018a; 2018b; 2018c; 2018d);

(b) Uma sugestão de como realizar um processo sistemático e detalhado de busca de informação tecnológica pode ser consultada em Araujo e Chueri (2018);

(c) Exemplos de busca por informação tecnológica podem ser encontrados em Paula e Araujo (2018) e Procaci et al. (2016).

2. Navegar pelo conteúdo de propriedade intelectual no INPI.

   (a) Visite a ferramenta de busca por propriedade intelectual do INPI (https://busca.inpi.gov.br/);

   (b) Realize buscas usando palavras-chave relacionadas à tua pesquisa nas bases providas (patentes, marcas, programa de computador etc.).

3. Conhecer o ecossistema de inovação de sua universidade.

   (a) Procure informações institucionais sobre o ecossistema de inovação da universidade à qual está vinculado. Em geral, as instituições possuem um (ou mais) órgão específico que coordena o ecossistema, comumente denominados de agências ou núcleos de inovação tecnológica;

   (b) Procure conhecer as oportunidades e facilidades que esse ecossistema pode te oferecer em termos de editais, parcerias, financiamentos ou suporte para empreendedorismo (incubadoras de empresas);

   (c) Busque e consulte os instrumentos normativos/regulatórios da universidade que definem regras e práticas para inovação e gestão de propriedade intelectual na instituição.

4. Identificar oportunidades de produção técnica/tecnológica a partir de projetos de pesquisa.

   (a) Liste os produtos de conhecimento e contribuições tecnológicas esperados em tua pesquisa;

   (b) Reflita sobre o potencial que cada produto tem de ser disponibilizado para uso e sob que forma (produção técnica);

   (c) Identifique oportunidades de propriedade intelectual a partir desses produtos;

   (d) Planeje atividades de disponibilização e/ou registro desses produtos no cronograma de sua pesquisa.

Agradecimentos

A autora agradece a valiosa revisão, os excelentes comentários e sugestões, as necessárias correções, as oportunidades de reflexão e a disponibilidade de tempo dedicada a este texto pela Professora Maria Augusta Nunes (Universidade Federal do Estado do Rio de Janeiro) e pelo Professor Avelino Francisco Zorzo (Pontifícia Universidade Católica do Rio Grande do Sul).

Referências

Araujo, R.M., Alves, A., Gouvea, M.T., Gomes, S.B., Frattini, V.C.M.S. (2018) "Levantamento de Informação Tecnológica para Pesquisa: Uma Proposta de Sistematização". RelaTe-DIA – Relatórios Técnicos do DIA/UNIRIO. nº. 0001/2018.

Araujo, R. M., Chueri, L. O. V. (2017) Pesquisa e Inovação: Visões e Interseções, Publ!t, Rio de Janeiro.

Araujo, R. M., Chueri, L. O. V. (2018) Da Pesquisa à Inovação em Sistemas de Informação. In: Santos, R., Martinoto, A. L., Silva, S. A. (eds). Tópicos em Sistemas de Informação: Minicursos do XIV Simpósio Brasileiro de

Sistemas de Informação. Sociedade Brasileira de Computação. Porto Alegre. https://sol.sbc.org.br/livros/index.php/sbc/catalog/book/20

Araujo, R. M., Procaci, T., Classe, T. M., Chueri, L. O. V. (2017) "Da Pesquisa Científica à Inovação". In: Araujo, R. M., Chueri, L. O. V. (eds). Pesquisa e Inovação: Visões e Interseções. Publ!t, Rio de Janeiro.

Araujo, R. M., Simão, A., Malucelli, A., Zorzo, A. F., Monteiro, J. A. S. e Chaimowicz, L. (2019) "Referenciais de Formação para os Cursos de Pós-Graduação Stricto Sensu em Computação". Sociedade Brasileira de Computação. 19p. https://www.sbc. org.br/documentos-da-sbc/send/131-curriculos-de-referencia/ 1234-referencias-de-formacao-pgcc-2019.

Barki, E., Comini, G. M., Torres. H. G. (2019) Negócios de impacto socioambiental no Brasil: como empreender, financiar e apoiar, FGV Editora, Rio de Janeiro.

Borschiver, S. e Silva, A.L.R. (2016) Technology roadmap: planejamento estratégico para alinhar mercado-produção-tecnologia. Rio de Janeiro: Interciência.

Bispo, A. C. K. (2014) "A Trajetória dos Mestrados Profissionais em Administração no Brasil: Uma abordagem dinâmica e multidimensional". Encontro da ANPAD, 38(14), 2-16. http://www.anpad.org.br/admin/ pdf/2014_EnANPAD_EPQ1918.pdf.

Brasil. (2009) Ministério da Educação e Cultura. Portaria Normativa nº. 17, de 28 de dezembro de 2009.

CAPES. (2021) "Sumário Executivo do Plano Nacional de Pós-Graduação 2011-2020". https://www.gov.br/ capes/pt-br/centrais-de-conteudo/documentos/09022022_ SumrioExecutivoPNPG20112020.pdf.

CAPES. (2019) "Produção Técnica". https://www.gov.br/capes/ pt-br/centrais-de-conteudo/10062019-producao-tecnica-pdf.

CAPES. (2019a) "Documento de Área: Ciência da Computação". CAPES. "Produção Técnica". https://www.gov.br/capes/pt-br/ centrais-de-conteudo/ccomp-pdf.

CAPES. (2020) "Anexo da Ficha de Avaliação da Área de Computação" https://www.gov.br/capes/pt-br/centrais-de-conteudo/documentos/avaliacao/ORIENTACOES_CCOMP_ATUALIZADA.pdf.

Chesbrough, H. (2003) "Open Innovation: The New Imperative for Creating and Profiting from Technology". Boston, Massachussets: Harvard Business School Press.

Chueri, L. O. V. (2017) "Inovação Social". In: Araujo, R. M., Chueri, L. O. V. (eds). Pesquisa e Inovação: Visões e Interseções, Rio de Janeiro: Publ!t Soluções Editoriais, p. 266-281.

Classe, T. M., Araujo, R. M., Xexéo, G. B.; Siqueira, S. (2019) "The Play Your Process Method for Business Process-Based Digital Game Design". International Journal of Serious Games, [S. l.], v. 6, n. 1, p. 27-48. https://doi.org/10.17083/ijsg.v6i1.269.

Coates, J. F. (2010) "The future of foresight—A US perspective". Technological Forecasting and Social Change, v. 77, n. 9, p. 1428-1437. https://doi.org/10.1016/j.techfore.2010.07.009.

Coelho, D. (2017) "Empreendedorismo". In: Araujo, R. M., Chueri, L. O. V. (eds). Pesquisa e Inovação: Visões e Interseções. Publ!t, Rio de Janeiro.

De Castro, L. N., Araujo, R. M., Fragoso, N. D. e Tropiano, L. M. C. C. (2021) "Uma metodologia de avaliação do nível de maturidade empreendedora: um estudo de caso na incubadora da Universidade Presbiteriana Mackenzie". International Journal of Innovation, v. 9, p. 295-321. http://dx.doi.org/10.5585/iji.v9i2.18840.

Deutscher, J. A.; Renault, T.; Ziviani, N. (2005) "A geração de riqueza a partir da universidade: o caso da Akwan". Inteligência Empresarial (UFRJ), v. 24, p. 2-8, 2005. https://homepages.dcc.ufmg.br/~nivio/papers/inteligenciaempresarial.pdf.

Fuks, H.; Pimentel, M. (Ed.). Sistemas colaborativos. Elsevier Brasil, 2011.

Kitchenham, B. (2004) "Procedures for Performing Systematic Reviews". Joint Technical Report Software Engineering Group, Department of

Computer Science Keele University, United King and Empirical Software Enginneering, National ICT Australia Ltd, Australia, 2004.

Koslosky, M. A. N.; Speroni, R. M.; Gauthier, O. (2015) "Ecossistemas de inovação – Uma revisão sistemática da literatura". Espacios, v. 36, n. 3, p. 13.

LEI N.º 13.243, de 11 de Janeiro de 2016. "Marco Legal da Ciência, Tecnologia e Inovação". Disponível em: http://www.planalto.gov.br/ccivil_03/_Ato2015-2018/2016/Lei/L13243.htm.

Nunes, M. A. S. N., Pinheiro-Machado, R. (2017) "Propriedade Intelectual e Busca de Informação Tecnológica na área da Computação". In: Araujo, R. M. e Chueri, L. O. V. (eds). Pesquisa & Inovação: Visões e Interseções, Publ!t Soluções Editoriais, p. 67-92.

Nunes, M. A. S. N.; Pinheiro-Machado, R. (2021) "Propriedade Intelectual, Empreendedorismo e Busca de Informação Tecnológica para a Informática na Educação". In: Pimentel, M., Sampaio, F. F.; Santos, E. O. (org.). Informática na Educação: ambientes de aprendizagem, objetos de aprendizagem e empreendedorismo. Porto Alegre: Sociedade Brasileira de Computação, 2021. (Série Informática na Educação, v. 5). Disponível em: http://ieducacao.ceie-br.org/empreendedorismo.

Paula, F. C., Araujo, R. M. (2018) "Tecnologias no Cotidiano Escolar: Levantamento de Patentes no Brasil e Estados Unidos de 2000 a 2017". Latin American Conference on Learning Technologies, São Paulo.

Pimentel, M., Filippo, D., Calvão, L. D., Silva, A. R. (2017) "Design Science Research: pesquisa científica para o desenvolvimento de artefatos inovadores". In: Araujo, R. M., Chueri, L. O. V. (eds). Pesquisa e Inovação: Visões e Interseções, Rio de Janeiro: Publ!t Soluções Editoriais, p. 47-66.

Procaci, T. B., Araujo, R. M., Siqueira, S. W. M., Nunes, B. P. (2016) "Prospecção Tecnológica: Levantamento de Patentes, Atuação da Academia e Potenciais Inovações em Ambientes de Aprendizagem no Brasil de 2000 a 2015". iSys: Revista Brasileira de Sistemas de Informação, v. 9, p. 69-88. https://doi.org/10.5753/isys.2016.316.

Recker, J. Scientific Research in Information System: A Beginner's Guide. Springer, 2013.

Santos, M. E. R. (2017) "Núcleos de Inovação Tecnológica: os Escritórios de Tecnologia Brasileiros". In: Pesquisa e Inovação: Visões e Interseções, Editado por Renata Mendes de Araujo e Luciana de Oliveira Vilanova Chueri, Publ!t, Rio de Janeiro.

Scherer, F.O, Carlomagno, M. S. (2009) "Gestão da Inovação na Prática", Editora Atlas.

Silva, I. D., Nunes, M. A. S. N., Rodrigues, R. C., Pinheiro-Machado, R., Santos, A. C. (2018a) "Almanaque para Popularização de Ciência da Computação. Série 6: Metodologia Científica e Tecnológica. Volume 1: Informação Tecnológica", 1. ed. Porto Alegre: SBC. v. 1. 40p.

Silva, I. D., Nunes, M. A. S. N., Rodrigues, R. C., Pinheiro-Machado, R., Júnior, J. H. S. (2018b) "Almanaque para Popularização de Ciência da Computação. Série 6: Metodologia Científica e Tecnológica. Volume 2: Informação Tecnológica: classificação internacional de patentes (CIP)", 1. ed. Porto Alegre: SBC, v. 2. 32p.

Silva, I. D., Nunes, M. A. S. N., Rodrigues, R. C., Pinheiro-Machado, R., Júnior, J. H. S. (2018c) "Almanaque para Popularização de Ciência da Computação. Série 6: Metodologia Científica e Tecnológica. Volume 3: Informação Tecnológica- Esp@cenet -Parte 1", 1. ed. Porto Alegre: SBC, v. 3. 32p.

Silva, I. D., Nunes, M. A. S. N., Rodrigues, R. C., Pinheiro-Machado, R., Júnior, J. H. S. (2018d) "Almanaque para Popularização de Ciência da Computação. Série 6: Metodologia Científica e Tecnológica. Volume 4: Informação Tecnológica- Esp@cenet -Parte 2", 1. ed. Porto Alegre: SBC, v. 4. 44p.

Stokes, D. E. O Quadrante de Pasteur: a ciência básica e a inovação tecnológica, Editora Unicamp, 2005.

Tidd, J., Bessant, J., Pavitt, K. Gestão da Inovação. Bookman, 2008.

WIPO: World Intellectual Property Organization (2022) "Global Innovation Index 2022". https://www.globalinnovationindex.org/Home.

Zorzo, A. F., Nunes, D., Matos, E., Steinmacher, I., Leite, J., Araujo, R. M., Correia, R. e Martins, S. (2017) "Referenciais de Formação para os Cursos de Graduação em Computação". Sociedade Brasileira de Computação (SBC). 153p. ISBN 978-85-7669-424-3. https://www.sbc.org.br/documentos-da-sbc/send/127-educacao/1155-referenciais-de-formacao-para-cursos-de-graduacao-em-computacao-outubro-2017.